U0481299

名师工作室
品牌建设论坛

名师工作室成员的45项修炼

胡继飞　主编

MINGSHI GONGZUOSHI CHENGYUAN DE
45 XIANG XIULIAN

SWUP 西南大学出版社
国家一级出版社 全国百佳图书出版单位

图书在版编目（CIP）数据

名师工作室成员的45项修炼 / 胡继飞主编. -- 重庆 : 西南大学出版社, 2024. 7. -- ISBN 978-7-5697-2516-2

Ⅰ. G451.2

中国国家版本馆CIP数据核字第2024RK9090号

名师工作室成员的45项修炼

MINGSHI GONGZUOSHI CHENGYUAN DE 45 XIANG XIULIAN

胡继飞　主编

责任编辑： 秦　路

责任校对： 陈　郁

装帧设计： 言之凿

出版发行： 西南大学出版社（原西南师范大学出版社）

地　　址：重庆市北碚区天生路2号

邮　　编：400715

印　　刷： 北京政采印刷服务有限公司

成品尺寸： 170 mm×240 mm

印　　张： 29

字　　数： 387千字

版　　次： 2024年7月　第1版

印　　次： 2024年7月　第1次印刷

书　　号： ISBN 978-7-5697-2516-2

定　　价： 90.00元

编 委 会

全国名师工作室品牌建设论坛 组织编写

主 编：胡继飞

编 委：李余仙　詹海洲　郭鲲鹏　李晓耘　董友军
肖春琳　肖小亮　万　妍　张　黎　陈　迪
曾剑波　黄永刚　蔡敏胜　陈爱华　张茂良
龙文婷　洪淑贤　胡枝子

名师工作室旨趣何在

“进入名师工作室的教师，应该都是名师的种子选手，如同半熟的‘桃子’。经过几年工作室的历练，他们应该都能散发出‘成熟的味道’。苏州市吴江区唐秦初中历史名师工作室成立11年，培养了60多位骨干教师，走出4位姑苏教育人才、3位区教学名师和1位教研员；南通市王笑梅小学语文名师工作室5年里有2位教师评上正高级职称，3位教师成为特级教师……但从全国范围上看，名师工作室在培育名师、骨干教师的‘产量’上差距悬殊，不得其法、流于形式的问题也在一定程度上存在，一些名师工作室甚至有名无实。”《中国教育报》在2020年历时两个月针对我国的名师工作室建设进行过深度访谈，上面这段话就是摘自其中的一篇深度观察。

现在大家看到的这本名为“名师工作室成员的45项修炼”的专著，自然是专门为这些半熟的“桃子”量身定做。从专业学习共同体的构建来看，名师工作室由三类人员组成，即引领者（工作室主持人）、参与者（工作室成员）和促进者（工作室顾问和导师），其中参与者人数最多。本书所讲的工作室成员，包括核心成员（长期）和跟岗学员（短期），人数有十几人到上百人不等，他们是最需要成长的群体。促进工作室成员的专业成长，正是成立名师工作室的旨趣所在。同样，这里所讲的名师工作室，既包括名教师工作室，也包括名校长工作室、名书记工作室和名班主任工作室，还包括教育专家工作室、教育科研名师工作室、科技教育名师工作室和课程思政名师工作室等。

教师专业共同体是促进教师成长、学校变革和质量提升的重要路径，这已成为教育界的共识。据资料显示，我国的名师工作室建设始于2000年的上海市卢湾区，现在已经遍布除港澳台地区之外的全国各地，形成包括从国家级到县区级的名教师、名班主任、名校长、名书记以及基础教育、职业教育、高等教育在内的庞大体系，有关“名师工作室”主题词的研究文献也超过9000条（截至2024年5月），为我国的教育科学领域开辟了一个独特而富有活力的研究领域。但名师工作室建设仍存在诸如定位不明、职责不清、绩效不显等问题。广东的省级名师工作室始于2009年并持续至今，逐步形成了名师工作室建设的“三四五”目标任务体系（也是考评依据），即三大任务、四项指标和五个定位。

一、名师工作室要承载“三大任务”

名师工作室旨在建设高质量的教师团队，其任务或职责可以形象地概括为：一个人带动一群人，一群人推动一批人，一批人鼓动一代人。为了让工作室明确自己的历史使命，早在2009年我们就为工作室制订“三位一体”的任务清单，即名师工作室要集教育教学、教育科研、教师培训于一体。具体来说，就是要以教育教学研究为抓手对青年教师进行培训以促进其教育教学能力和教学质量的提高。简言之，名师工作室是“三位一体”的教师学习共同体，教育教学、教育科研和师资培训是名师工作室的三大任务。

以广东省李余仙名师工作室为例，该工作室通过不断的接力奋进，短短的第一个三年周期就在教学、科研、培训“三位一体”方面取得了显著成效，如孵化了五个省级科技教育名师工作室、十个市级工作坊，开创了线上“科学名家讲坛”活动，承办了“粤东粤西粤北地区教师全员轮训”跟岗学习、“深中科学名师讲坛”等活动，仅2022年工作室就以讲座和送课的方式帮扶过广东省下辖8个地市以及云南、山东、安徽、新疆、甘肃、重庆等省区市的部分科学教师，联动市科协开发了50集《未来科学家》视频节目，在“学习强国”展播点播量超100万人次。同时，在工作室成员个人发展方面，已有3名入室学员成功晋升高一级专业职称，2名学员被评为市级学科带头人，学员的课例、精品课程等荣获国家、省、市级奖项20多项，在《实验教学与仪器》等刊物发表论文10多篇，成功获得2个省级课题立项。

需要注意的是，我们不能将名师工作室“窄化”为一个单纯的教育科研机构，不能将主要任务甚至唯一任务集中在课题研究上。即使是名为“教育科研名师工作室”，也应如此，教育教学和教师培训也是其重要职责。名师工作室是由相近学科或领域的教师自愿组成并拥有共同发展愿景的专业共同体，其核心任务就是确立共同目标，通过协同活动、关注学生、分享实践成果以最终实现工作室成员和学员的共同成长。

二、名师工作室要落实“四项指标”

为教育高质量发展培养一批“新质教育人才”，是名师工作室的首要任务。名师工作室尤其要促进名师和成员的协同发展和共同进步，也就是要“让名师更有名，让骨干更能干”。基于上述“三大任务”，我们进一步明确名师工作室建设的“四项指标”：

一是培育职业精神。名师工作室要将立德树人置于首位，注重工作室成员职业精神的培育，包括爱生爱教、无私奉献的敬业精神，严于律己、为人师表的勤业精神，与时俱进、敢于创新的创业精神。所以，一方面工作室要把师德教育列入工作计划并付诸实施；另一方面主管部门要将师德作为考评工作室的重要指标，并实行“一票否决”评价机制。

二是优化知识结构。名师工作室要创设爱读书、善分享的学习氛围，既要不断丰富知识内涵，更要完善知识结构，包括本体性知识、条件性知识、实践性知识和一般文化知识等多个维度。近年来教育工作者不读书、不学习的情况饱受诟病，工作室应该积极引导教师不断学习新知识、掌握新技能，教育者首先要受教育。

三是提高教研能力。新时期的教育教学工作出现了诸如大单元教学、教学评一体化、跨学科主题学习、境脉学习等新理念和新要求，工作室要重视以研促教，通过课题研究、区域教研、专题报告等形式提高教科研水平，重在提高发现问题、解决问题和反哺教育教学的教育行动研究能力。无论是做中学教师还是做大学教师，笔者一直坚守这样一个信条，那就是“有教无研难发展，有研无教是空谈，研教结合天地宽”。这也可以作为我们名师工作室的座右铭。

四是提升教学智慧。促进教育高质量发展是今后一个时期的主要任务，教师要从教的专家走向学的专家，工作室要引导成员从教学程式走向教学艺术，让课堂充满求知的欢愉和生命的活力，尤其要通过技术提升教学智慧，包括提高成员们的数字素养、PTACK（技术化的学科内容教学技能）能力和打造智慧课堂。求知的欢乐和自我实现的愿望，是推动课堂教学发展永恒的内在动力。

三、名师工作室要凸显“五个定位”

基于“三大任务”和“四项指标”，我们进一步确定了名师工作室的“五个定位”，使得名师工作室的建设更具操作性。

定位之一：骨干培养的基地

培养骨干教师和青年教师尤其是薄弱学校的师资是工作室的首要职责。工作室要定期承担各级骨干教师培养对象的培训、跟岗和指导工作，参与区域教师培训和校本培训工作，让工作室真正成为骨干教师培养的实践基地。工作室可以下设工作坊，让工作室成员担任坊主并吸纳工作室之外的更多同行参与。

“一个人带动一群人，一群人推动一批人”，也许这就是对名师工作室建设宗旨的直白表述。这里的“一个人”是指担任工作室主持人的挂牌名师（名教师、名校长、名班主任等），“一群人”是指工作室成员和学员，“一批人”则是指那些与工作室主持人、成员和学员有工作关联的更多的教育同行者。让教师专业成长从“我”变成“我们”，是通过建构一种培养机制，改变名师成长与产生的自然状态，工作室要致力于名师与骨干教师协同发展。

名师工作室要真正成为骨干教师培养的基地，有两点尤为重要：一是要懂得教师专业成长规律，掌握教师培养的技能与方法。教师培养是一项专业性的活动，除了要具备扎实的本学科专业知识与能力，工作室成员还要懂得如何指导和促进青年教师的专业发展；二是要建立协同共进的工作室文化，让工作室成为教师专业成长的文化栖息地。文化的表现形式包括工作室的办公场所及其设施、管理制度、共同理想与目标、教研成果等。我们提出工作室要倡导协作共进的社群文化，成员彼此之间要经常进行学习交流，分享各种学习资源，共同完成学习任务，在成员之间形成相互影响、相互促进的人际关系。

定位之二：名师展示的舞台

名师工作室要成就名师，要助力名师形成自己的经验、模式甚至思想。名师是第一责任人，除了工作室的日常管理外主要是发挥示范引领作用。正因为如此，挂牌名师个人更需要发展，工作室要让名师更有名，这样才能更好地发挥榜样示范作用。应该说，工作室为名师及其合作团队搭建了一个施展才能的舞台，也为名师及其合作团队自身的发展提供了学习和实践的机会。

名师工作室主持人的发展目标就是成为“教育家型教师”。那么教育家有何特质？一是要饱含赤诚的爱国情怀和教育情怀，有强烈的使命感和责任感；二是要积极践行社会主义核心价值观，品行高洁，充满大爱，是社会道德的模范；三是具有丰富的教育思想，理论建树丰硕，有教育界认可的代表作，对一定时期和范围内的教育理论、实践产生了重要影响；四是具有人格魅力和学识魅力，在社会上享有崇高声誉、具有深远影响力，受到教育界的拥戴和社会的认可。笔者认为，其中“具有丰富的教育思想”是教育家的核心特质。教育思想是人们对人类特有的教育活动现象的一种系统和深刻的理解与把握，这种理解和把握常常以某种方式加以组织并表达出来，其主旨是对教育实践产生深远影响。

教育家是否可以培养？学界对此向有争议。有人认为教育家不是培养出来的，而是自主成长的，笔者认为此说失之偏颇且容易产生错误导向！我们先看一份调查研究，中国教育科学研究院李新翠博士曾对300位省级名师做过一次问卷调查，并对其中10人进行深度访谈，获得了这样一组数据。名师是如何炼成的？其中60.6%的人认为成为名师靠个人努力，75.8%的人认为与同伴交流很重要，87.9%的人认为专家引领很重要。这说明名师需要培养，教育家也是如此。我们认为，教育家可以培养而且需要培养。其实，系统培养和自主成长并不矛盾，就如同外因和内因的关系，系统培养的价值就在于让其少走弯路和激发其内在动机，并加速培养进程和扩大培养规模。教育家是稀缺的社会公共资源，其专业发展不能仅仅依靠“自然成长”，必须借助外力的推动来提升培养的速度与规模，同时从外部因素来看，创设激励性环境和完善管理机制尤为重要。

定位之三：教学示范的窗口

教学既是教师的核心工作，又是教师的看家本领；既是教师职业的根基，又是教师专业的“脊梁”。这就意味着，在赋能学员教师专业成长上，工作室应紧紧围绕教学工作，引领他们扎根教学、深耕教学。“为党育人，为国育才”是教育工作者的使命，名师工作室的一切工作最后要落在教育教学上，也就是要提升教师的教育教学能力，进而提高教育教学质量。

名师工作室要为教育教学改革和教师教学能力提高提供指导和示范。“教学技能”“教学策略”“教学模式”“教学风格”“教学主张”应成为工作室的常用词汇。名师工作室是教育教学改革的试验场，必须兼顾研究和实践。工作室要发挥名师的教学示范和辐射作用，要团结一批本学科或领域的精英和骨干，创建教学模式甚至形成教学风格，通过送教下乡、名师讲堂、同课异构、教学竞赛和观课议课等形式对本地区乃至全省、全国范围内的教育教学改革和教育教学实践起到示范引领作用。

工作室要树立学科育人和为素养而教的理念。问题激活有效课堂，反思提升教学智慧。过去我们常说，“教给学生一碗水，教师得有一桶水”，今天看来这句话并不完全对。事实上，如果用“一桶水”来代表教师的应知应会，那我们的教师很难真正做到有“一桶水”。从学科素养来讲，应提倡教师具备“一桶水”的专业知识积累；从教育素养来看，更应提倡教师具有“一碗水”的教育教学理念。新时期的教师既要成为一名学者，更应成为一名师者。“问渠那得清如许，为有源头活水来”，重要的不在于教师是“一碗水”还是“一桶水”，而在于是“死水”还是“活水”。在大力倡导核心素养的今天，我们更应倡导“一碗水”的教育理念和教学行为方式，更应提倡教师用自己的一碗“源头活水”引来学生源源不断的“汩汩清泉”。

定位之四：科研兴教的引擎

教科研往往是中小学教师尤其是青年教师的短板，名师工作室要补齐这块短板。如何基于教育教学现状提出需要解决的问题？如何将需要解决的问题转化为研究课题？如何运用科学的方法展开研究？如何将研究的过程与成果表达出来？如何对成果进行推广应用？这些都需要专业引领。工作室要引领学员和区域其他教师开展教育教学研究，尤其是工作室要以课题研究为抓手带动工作室成员和其他教师开展基于工作实际需要的教科研工作。

一般而言，工作室必须有自己的研究课题，最好获得一定级别的立项，而且课题的选题要基于教育教学的现实需要和工作室特色建设的需要。要组织一批队伍开展教育教学研究和专项攻关，在行动中研究，在研究中行动，积极倡导和营造科研兴教、科研兴校的学术氛围，成为本地区学科教育研究的发动机。由于我国教育研究存在思辨有余而实证不足的问题，名师工作室应多做实证研究，包括教育实验研究、教育调查研究、教育行动研究、课堂观察研究、案例研究、叙事研究、文本分析、话语分析等。

工作室要树立以研促教、研教合一的科研观。工作室要真正成为科研兴教的引擎，前提是工作室要具备良好的教科研指导能力。工作室主持人和成员首先要具备基本的教科研知识，包括教科研的目的和意义、教科研的方法与规范、课题的申报与结题、论文的撰写与投稿、成果的提炼与申报等。

定位之五：教育改革的论坛

名师工作室应成为促进区域教育教学改革的平台和智库。工作室首先要服务于所任职的工作单位，名师工作室与所在单位是共生共荣的关系，名师工作室的建设离不开名师所在单位的大力支持，包括办公场地、活动设施和教学工作安排等，所以工作室应该为任职单位的发展出一份力。那种只是“墙内开花墙外香”的工作室是走不远的，如果得不到所在学校的支持，工作室就很难开展工作。所以工作室要主动为任职单位的发展出谋划策和出汗出力，为师资队伍的建设搭建平台，为教学质量的提升贡献良策，为任职单位品牌建设打造精品，要让单位的领导和同事感受到“近水楼台先得月”的优越性。

同时，名师工作室应为更大范围的区域教育发展提供帮助，尤其是乡镇教育。名师不再是任职单位独有的部门资源，而应成为区域乃至全社会共享的公众资源。建立名师工作室，旨在实现名师效益的最大化，加快构筑区域教育人才高地。工作室要利用自身的资源优势，积极为学校和地区的教育教学改革建言献策，组织专题探讨，使之成为激发创新思维、评点教育现实的专业性论坛。比如，广东省汤锦洪科技教育名师工作室带领其他10个省市级名师工作室及区县科协，组建地方科创方阵，从“清城模式”到“清远模式”，每年组织多场科技教育论坛和成果展演，受益师生超万人次，成为清远科技教育的一张名片，为经济欠发达地区推进科技教育、做好科学教育加法提供了经验。

虽然我们的教师不可能都成为教育家，但我们可以学习甚至拥有教育家精神。名师工作室要以教育家精神统领工作室建设，要在促进区域教育高质量发展方面贡献自己的智慧和力量。习近平总书记在2023年的中共中央政治局第五次集体学习时强调：建设教育强国，“基点在基础教育”，“龙头是高等教育”。这也是新时代引领各级各类名师工作室高质量发展的新思想和高要求。工作室要以建设教育强国为思想引领，坚持立德树人宗旨，坚持统筹联动，牢记工作室的“三大任务、四项指标和五个定位”，不断优化工作室的内部机制和外部环境，推动学校和地区教育不断走向高质量发展。

最后需要说明的是，本书是此前出版的《名师工作室建设指南》一书的姊妹篇，是在《名师工作室建设指南》基础上的延伸与拓展。《名师工作室成员的45项修炼》遴选了13个关键词作为主题并演绎出45个具体研修项目，这13个关键词包括建设任务、岗位职责、职业素养、成长路径、论文写作、课题研究、课程开发、教学建模、单元整合、质量测评、教学赋能、班级建设以及学校治理，聚焦了我国学校教育发展的诸多重要议题，回应了新时代教师专业发展的关键要素。本书的出版，希望能为促进各级各类名师工作室成员快速成才提供帮助，进而为促进我国新质生产力的发展贡献一份来自名师工作室的绵薄之力！

目 录

专题13　学校治理

专题1

建设任务

名师工作室，如同教育海洋中矗立的一座灯塔，凝聚了一群优秀的教育人，在这个多元互动的空间里共同擘画教育创新的蓝图，其核心建设旨趣在于集结行业内的优质教育资源，依托明确的战略定位、独特的组织文化和锐意进取的问题解决机制，以“催化”教师队伍从量到质的飞跃，进而有力地驱动整个教育生态系统的质量升级。

本专题将深入探讨理解、规划好名师工作室建设目标的路径，剖析文化构建的精髓与艺术，详细阐述在实践过程中应对各种挑战问题的策略与智慧。同时，精选具有代表性和启发性的实践案例，将教育理论与实践经验深度融合，使得工作室建设的理念更具象化、生动化，从而帮助广大读者触及其深层次的价值内涵和丰硕成果。

修炼 1

理解好工作室建设目标任务

名师工作室是名优教师培养的摇篮，对它的建设目标任务的准确理解和深度把握，是成员专业素养的核心修炼。这种修炼不仅在于明晰工作室在提升教学质量、塑造高效团队、驱动科研进步以及履行社会责任等方面的核心使命，更在于通过理解目标而实现从理论到实践的内化转变，促进工作室从愿景规划至具体行动的无缝对接。理解建设目标任务，有助于成员找准角色定位，积极参与决策，联动内外资源，切实推动工作室在教育改革洪流中发挥领航灯塔的作用。

一、建立工作室目标的全景式认知

名师工作室作为教育领域的一种新型组织形态，承载着提升教育质量、培养卓越教师队伍、推动教育科研进步及服务社会的多重使命。理解和把握名师工作室建设的全景式目标认知，是每位成员锤炼专业素养的第一步。这一认知涵盖了从教育核心任务的聚焦，到团队协作精神的凝聚；从前瞻性教育教学研究的引领，到科研成果的社会转化与影响力的扩大，再到社会服务功能的深度拓展与强化，无不体现出名师工作室立足当下、面向未来、服务社会的全方位发展目标。

（一）深度解读教育目标

名师工作室在教育领域的首要目标是以提高教学质量为核心，这意味着工作室不仅要精研教学方法与手段，更要在教学理念上有所突破和创新。工作室应当积极推动教学改革，倡导以学生为中心的教学模式，注重培养学生的核心素养和创新能力，从而实现教学质量的整体跃升。此外，名师工作室还应发挥在课程改革和素质教育方面的示范引领作用，通过研究和推广先进的教育理念与实践，影响并带动整个教育生态的优化与发展。

1. 明晰以提高教育效能为核心的任务导向

名师工作室建设，核心目标在于利用工作室活动、工作室资源、工作室成员、工作室成果推动学科、教育效能的提升，让教师成长得更快，让学生有更广阔的发展可能。作为名师工作室的构建者、组成者，需要明确这一核心任务，并将其作为基本导向。

从具体措施来看，首先要细化日常活动，提升活动效能，可以通过举办教学研讨、观摩示范课等活动，探讨和分享有效的教学策略与评价体系，以高质量的教学案例驱动成员共同提升教学质量；其次要做到持续关注，全程跟踪，要追踪国际国内最新的教育动态与研究成果，及时更新教学内容与方法，始终保持教育实践的领先性，在整个工作室活动中，要做好全程记录和反思，跟踪改进。

2. 探讨如何通过名师工作室推动学生的全面发展

名师工作室的运营还承载着一项至关重要的使命——“催化”学生的全方位成长。若非致力于培育英才，工作室的建构无疑将失去其灵魂与价值。实践中，要求我们具备全人教育的广阔视野，坚持德、智、体、美、劳并重的发展方针，鼓励学科间的融合与综合技能的锤炼，于多元化的学习生态系统中，为学生铺设一条全面成长与发展的坚实道路。

同时，重视并应对学生的个性化差异显得尤为关键。我们应秉持尊重个体的教育哲学，实行因材施教，充分利用工作室丰富的资源平台，为每一位学生量身定制支持体系，确保每位学生在适合自己的土壤中茁壮成长，最终成就每一位学生的个性化全面发展。

3. 推动名师工作室学科教师共同体建设

名师工作室建设，意在构建一种工作室引领、学科教师参与的共同体，在这个共同体中，所有成员共同发展、共同享有发展成果。如何更好地发挥名师工作室在教师共同体建设过程中的引领和带动作用？要以文化为引领，做好常规管理工作；要以目标为导向，促进教师专业发展；要以项目跟进，让教育科研有手可抓。通过先进的理念引领、强大的精神支撑、完善的制度保证，推动名师工作室学科教师共同体建设。

4. 发挥名师工作室教育教学改革和引领示范作用

在教育教学改革的过程中，教育教学基层一线的实践尤为重要，名师工作室要在其中发挥示范引领作用。一个优秀的工作室，一定是以教育教学改革前沿为核心理念的，一定是能够探索、落实教育改革内容，积极开展实践的。在具体的实践过程中，首先要积极学习前沿的理论，用科学的理论作指导；其次要积极探索多元的、能够促进教育改革的教育教学模式，以研促教，提升实效。在具体的实践中，成都市科技创新名师工作室就针对科技教育改革创新进行了具体的实践，通过工作室总引导、下设机构分坊研究、工作室集中研讨的模式和跨界、跨段、跨校多学科融合策略的框架，积极推进教育改革的落实。

（二）规划实施好工作室团队建设目标

一个强大的名师工作室背后，必然有一支高效协同且富有创新精神的团队。在团队建设方面，工作室应致力于构建独特的团队文化和精神风貌，强化资源共享与互补，精心培育团队凝聚力与创新能力。

1. 构建高效协同的团队精神和文化

精神是浇灌生命之树的源泉，团队精神和文化对工作室建设的意义重大。通常来说，合作共赢、相互学习、资源共享、互相帮助、团结协作等类似的团队精神在团队文化建设中发挥着重要作用。名师工作室的建设当然也离不开精神的引领。在具体实践中，要积极推动价值观塑造，确立共同的价值观与教育理念，鼓励成员间的思想碰撞与交流，形成积极向上、互助互学的团队氛围。建立明确的规则，设立明确的团队行为准则和合作规范，保障团队运作秩序井然，激发每个成员的最大潜力。

2. 设计并执行团队资源共享与互补的具体策略

团队资源共享，也是团队建设的重点内容，通过资源的互通和互补，可以查缺补漏，推动工作室建设和发展。资源共享的具体策略包括：通过推动知识技能共享、搭建内部交流平台，鼓励成员展示特长，分享教学心得与科研成果，实现知识技能的流动与增值；探索互补合作项目，策划并实施一系列互补型项目，让团队成员在相互配合中取长补短，共同攻克教育难题。

（三）设定达成教科研目标

教科研是名师工作室可持续发展的重要驱动力，工作室应瞄准前瞻性和实用性相结合的教育教学研究方向，积极探索科研成果转化的有效途径，并通过学术成果发表与奖项申报提升工作室的学术地位。

1. 指导开展具有前瞻性和实用性的教育教学研究

教育教学研究是名师工作室工作内容的重点，前瞻性是教研的高水平要求，实用性是教研的硬性要求，二者兼备才能让教研效能最大化。名师工作室要开展前瞻性和实用性兼备的教育教学研究，首先，要积极推动课题立项，围绕教育热点与难点问题，启动系列研究项目，力求解决实际教学问题，引领教育教学理论与实践的发展趋势；其次，要加强多方合作，积极与其他教育机构、高校及企业合作，开展跨领域、跨地域的研究合作，共同攻关教育科研课题。

2. 探索科研成果转化的有效途径

教科研成果转化的有效性直接影响了教科研成果的利用和影响力，利用有效的途径，将教科研成果进行传播，积极推动其使用和探索，再根据反馈进行反思和修订，让其成为具有普适性的经验，能够为教科研水平和教育质量提升提供帮助。在具体的实践中，首先，可以通过应用推广，将教科研成果转化为具体的教学产品或解决方案，如教材编写、培训课程设计等，广泛应用于各级各类学校。其次，可以借助社会传播，通过研讨会、讲座、网络平台等多种途径，向广大教育工作者传播研究成果，进一步扩大其影响力。

（四）拓展与强化社会服务功能

名师工作室不应局限于校园之内，要走出校门，充分发挥名师辐射效应，引领教育改革，满足社会需求，促进教育公平与社会发展。

1. 发挥名师辐射效应，引领区域乃至全国的教育改革

"名师"之誉，核心在于其深远的社会影响力与示范价值。欲使"名师"之名副其实，关键在于积极播撒其智慧火种，强化交流探讨，以此充分施展其辐射力，引领本区域内乃至全国范围内的教育改革风潮。应着力提升示范引领作用，借助巡回讲学、高端教育论坛等平台，广泛传播工作室在教育革新领域的卓越成果与宝贵经验，促动更广阔地域内的教育质量全面提升。

此外，开展专业咨询服务也可以作为重要的一环，为地方政府教育管理部门及各级学校提供深具前瞻性的决策咨询与强有力的技术支撑，直接参与并赋能地方教育政策的精准制定与高效执行，共筑教育事业的辉煌未来。这样，才能最大化名师的影响力，使其成为驱动教育进步与转型的强劲引擎。

2. 创新多元形式，积极回应社会需求与期待

名师工作室还需要做到践行社会责任，回应社会关切。要满足社会对优质教育的需求，为社会发展做出贡献，激励教师积极参与社会公益活动，培养教师社会责任感。提升教育行业的社会声誉和形象，可以开设公益性质的线上线下相结合的公开课程，满足社会公众对优质教育资源的需求；还可以进行定制服务，针对特定群体，如家长、社区居民等提供定制化的教育服务和家庭教育指导，回应社会需求，承担社会责任。

3. 构建多元化的教育公共服务体系，助力教育公平与发展

在社会责任这一层面，名师工作室还需要积极参与构建公共服务体系，以教育公平、教育发展为己任，不断加强教育资源整合，联合各方力量，整合线上线下教育资源，构建覆盖城乡、满足多元需求的教育公共服务体系；要持续推进教育扶贫支援，积极参与教育精准扶贫项目，帮助贫困地区改善教育条件，缩小教育差距，促进教育公平。

二、精细管理与有效执行工作室建设任务

名师工作室建设任务的精细管理与有效执行，是确保工作室建设目标顺利实现的关键所在。这一环节不仅涉及规章制度的构建与执行，更囊括了人才队伍的锻造与优化、教育资源的整合与创新利用，以及顺应时代潮流的多元平台搭建与数字化转型。通过制度化建设与规范化运行，工作室能够维持稳定运作与高效管理；通过高素质队伍的培养与人才梯队的构建，工作室得以源源不断地注入活力与创造力；资源整合与优化配置，则是实现工作室综合实力提升的基石；而多元平台搭建与数字化转型，则是工作室面向未来、拓宽发展空间、提升工作效率与影响力的必由之路。

（一）建设制度化和运行规范化的工作管理模式

1. 研究制定科学合理的管理制度与工作流程

在进行管理制度建设时，需要结合国家教育政策法规与工作室的实际需求，设计出涵盖组织架构、岗位职责、工作程序在内的管理制度，确保每项任务都有章可循，有法可依。还需要优化工作流程，强调流程的科学性与实用性，减少无效劳动，提高工作效率，同时引导所有成员对制度和流程进行熟悉并遵守，共同维护制度建设的最终成果，为工作室合理有序发展助力。

2. 强化制度执行力，确保工作室的规范运作与高效管理

制度的生命力在于执行，一个制度的确立，只有在落实中才能发现问题，解决问题，才能保证其生命力。名师工作室需建立健全监督机制，确保制度得到有效贯彻，通过定期检查、考核评估，推动制度落地生根；还可以通过运用信息技术手段，如网络监管平台，实现制度执行情况的实时追踪与可视化管理，为决策者提供及时、准确的信息反馈，以便对制度进行动态调整与完善。通过强化制度执行力，工作室的规章在具体的落实过程中能被最大限度地遵守，大大提高工作室的运行效率和管理水平。

（二）建设培养人才梯队和高素质队伍

1. 明确选拔标准，发掘与引进优质师资力量

名师工作室团队建设需要设立合理的准入门槛，对选拔标准进行明确的规定，积极发掘与引进优秀的师资力量。首先，要设立严格细致的选拔标准，尽量兼顾教师的专业能力、教育情怀、创新思维等多方面素质，确保引入的师资具备高水准的教育实力。其次，开展广泛的人才寻访与引进活动，充分利用各种资源渠道，吸引具有发展潜力的优秀教师加入工作室。最后，人才引入需要提前进行合理规划和配置，不仅引入本学科本专业人才，还可以进行跨学科人才引入；不仅引入经验充足的优秀教师，还

可以引进青年教师。通过引进人才的多元化，为工作室注入新鲜血液，促进工作室发展。

2. 设计个性化培养方案，形成梯次结构合理的团队布局

团队组建之后，人才的培养需要设计合理的培养方案，要能够根据成员特点和工作室需求，量身定制不同的培养计划，包括专业技能提升、科研能力培养、领导力发展等各个方面；还需要结合资深教师的传帮带作用，通过“老带新”“强带弱”等方式，形成层次分明、年龄结构合理的教师梯队。

3. 推进团队成员的职业生涯规划与专业发展

在成员个人发展这一层面，要与成员共同制订职业发展规划，提供多样化的职业发展通道与晋升路径，激发成员的主动性和积极性；同时可以举办各类专业发展培训与研讨活动，鼓励成员终身学习，持续提升专业素养，实现个人与工作室的共同发展。

（三）资源整合与优化配置

1. 全面盘点与挖掘教育资源，实现最大化利用

资源整合是实现效益最大化的方式之一，通过对现有的教育资源进行全面盘点与分类整合，找出资源的优势与短板，有针对性地进行优化配置，能够实现1+1>2的效果。在名师工作室建设中，要学会挖掘资源，还要学会整合资源，要能够创新教育资源的开发与利用模式，如线上线下融合、跨地区跨行业合作等，拓宽资源渠道，提高资源使用效率。

2. 建立共享机制，提升工作室整体教学与科研效能

共享机制的确立，是提升工作室整体工作效率的重要手段。通过设立资源库，建立资源共享平台，鼓励成员间开放共享优质的教学材料、科研成果和实践经验，降低重复投入成本，提升整体效能；还需要推行协同创新模式，通过团队合作项目，实现资源的集约化利用和成果的规模化产出。

3. 探索引入外部资源，拓宽工作室发展空间

工作室内部发展离不开外部条件的支持。在实践中，可以寻求与政府部门、企事业单位、高等院校等多方合作，引入资金、技术、设备等外部资源，为工作室发展注入更多活力；还可以建立合作伙伴关系网络，通过交流互访、联合研发等形式，拓宽视野，增强工作室的竞争力与影响力。外部资源的引入，能够在一定程度上破解工作室发展受限的问题，不断拓宽发展空间，提高教育时效。

（四）搭建多元平台与数字化转型

1. 构建线上线下融合的工作平台，畅通信息交流渠道

进入新媒体时代，互联网的运用也成为工作室发展的重要补充路径之一，构建线上线下相融合的工作平台，就要利用互联网技术，建立一体化的工作室管理系统，实现工作计划、项目进展、资源管理等在线协同办公；要畅通信息交流的渠道，就需要创建丰富的线上线下交流平台，如研讨会、工作坊、网络社群等，增进成员间的学习交流与思想碰撞。

2. 推动工作室信息化建设，增强远程协作与创新能力

推动工作室信息化建设，还需要加大对信息技术工具的应用力度，如云课堂、在线直播、虚拟实验室等，利用这些新型的教育教学手段提高教学与科研的信息化水平；还可以引入远程协作工具，打破地域界限，让工作室工作减少区域的局限性，提升团队在项目开发、资源共享等方面的远程协作效率。通过这一举措，工作室能够朝着更为科学的方向发展，工作室的管理也变得更加高效。

3. 利用现代科技手段，提升工作室工作效率与影响力

“互联网+”的发展，对于工作室发展来说也是一大机遇，如何实现工作室发展与现代互联网技术相融合，是工作室需要思考的问题，这一问题的解决离不开现代科技手段的应用。现代科技手段的应用，能大大提高

工作效率与影响力，在实践中，可以利用融合大数据、人工智能、云计算等前沿科技，优化教学过程，提升教学质量，实现个性化教学与智能化管理；还可以通过社交媒体、官方网站等多渠道宣传工作室成果，提升工作室的品牌形象与社会影响力，吸引更多优秀人才加盟，促进工作室的持续发展。

三、掌握落实建设目标任务的方法与策略

理解与践行名师工作室建设的关键在于每个成员将理论知识转化为实际行动，从而实现从个人成长到团队共赢。从具体的方法与策略来看，首先，要密切关注国家教育政策，了解教育发展趋势，制定长远发展战略。其次，通过参与工作室活动，深入理解目标并解决问题，积累实践经验。良好的沟通与协作是基础，能促进团队合作，推进工作室建设。最后，定期总结与反思，借鉴国内外经验，不断调整优化策略，实现工作室的持续发展。

（一）政策导向与战略定位

1. 深入解读国家教育政策，紧跟教育发展趋势

国家教育政策构成了工作室行动指南的基石，正如航船需明确航道以确保顺利航行，精准把握政策导向是工作室启航前行的首要前提。因此，深入剖析并领悟国家相关政策精髓，对于工作室而言至关重要。成员需细致研习，透彻理解政策内涵，紧握教育改革的脉搏与核心议题，确保工作室的战略导向与国家教育大政方针同频共振，实现策略上的高精准对接。

2. 结合政策导向，精准定位工作室的长期发展战略

结合政策的学习，工作室可以依据实际情况精准定位工作室未来的发展战略。根据国家教育政策的指导，工作室应结合自身优势与特色，分析行业发展态势，精准定位未来的发展方向、主要任务和实施路径。在制定

战略的过程中，既要体现前瞻性，又要注重可行性，确保战略既能反映教育发展的大势所趋，又能引导工作室在教育实践中不断创新进取。

（二）实践行动与深度参与

1. 通过亲身参与工作室各项活动，深化对目标的理解

教育目标确立之后，具体的推行需要每一位成员亲身参与其中，才能让其更有成效。具体来说，成员应积极参与工作室的各项教育教学、科研创新、社会服务等实践活动，通过实际操作和体验，将抽象的目标概念转化为生动的实践感知。在实践中，成员应深入思考各个目标的实现方式和价值意义，将理论知识与实践经验相结合，进一步明晰工作室建设目标的具体内涵。

2. 在实践中发现、解决问题，积累宝贵经验

成员在参与活动中要有敏锐的问题意识，及时发现工作中的不足与瓶颈，通过团队协作和独立思考寻求解决方案，不断积累实操经验和应对复杂问题的能力。在解决问题的过程中，成员应记录和分享经验教训，将其转化为工作室的知识资产，供全体成员学习借鉴，共同提升工作室的整体效能。

（三）沟通协作与共识共建

1. 加强团队内部沟通，形成共谋发展的良好氛围

工作室应建立健全内部沟通机制，鼓励成员间自由、坦诚地表达观点，增进理解与信任，形成团结和谐、相互支持的良好氛围。可以通过定期举行团队会议、研讨会等形式，让成员有机会深度参与决策过程，共同探讨工作室的发展方向和建设任务，形成广泛的共识和共同的愿景。

2. 通过协作互动，共同推进工作室建设任务的落地

成员间应学会有效地分工协作，基于各自的专长和优势，共同承担和推进工作室的各项建设任务。通过团队共创、协同作战的方式，工作室能够更好地调动成员的积极性和创造性，确保建设任务得以有序、高效地执

行，最终达成工作室的建设目标。

（四）反思改进与迭代升级

1. 定期进行工作总结与反思，提炼实践经验

工作室应定期组织成员进行工作总结和反思，梳理已完成的工作内容，客观评估工作成效，深入剖析成功案例与失败教训，提炼出具有普遍指导意义的实践经验。通过这种持续的反思与总结，工作室可以逐步建立起一套科学、有效的实践方法论，为未来的工作提供有益的指导和借鉴。

2. 借鉴国际国内先进经验，适时调整工作室建设策略与路径

工作室应密切关注国内外同领域内的优秀案例和先进经验，积极开展对标学习，汲取他人之长，弥补自身之短。在借鉴和学习的过程中，工作室应及时审视并调整自身的建设策略与路径，使之紧跟教育改革的步伐，更有利于工作室持续优化、迭代升级，从而在激烈的竞争中保持领先地位，实现长远且健康的发展。

四、例析名师工作室目标建设

这里以广东省李余仙名师工作室为例。

（一）明确目标定位

目标一：提升教学质量

通过定期举办教学研讨会和课堂观摩活动，搭建教师交流平台，分享优秀教学案例和教学经验，引导教师相互学习借鉴，共同提升教学水平。

目标二：提高科研水平

组织科研项目申报培训，引导教师参与科研项目，推动教育教学理论与实践相结合，提高科研成果转化率。

目标三：建设专业化团队

开展团队合作项目，让教师在团队合作中发挥个人优势，共同完成教

学资源开发、课程设计等任务，建设高效、专业的教学团队。

目标四：推动教育信息化

开展教育技术培训，提升教师信息化教学水平，推广应用教育技术手段，打造数字化、智能化的教育环境，促进教学改革与创新。

目标五：服务学生全面发展

开展学科竞赛辅导、兴趣小组活动等课外教育项目，关注学生个性化需求，促进学生综合素质的全面提升，实现教育目标的多元化发展。

（二）实践智慧与经验启示

1. 经验与收获

第一，注重团队合作的力量。我们在建设之旅中深刻认识到协同合作的至关重要性。以一项跨学科教学资源开发项目为例，我们组建了一支由多元学科教师构成的精英小组。各成员凭借其深厚的专业造诣与实战经验，携手设计出一套全面适应不同年级学生能力与需求的优质教学资源。这一实践不仅见证了我们如何高效整合团队优势，实现互补共赢，更促成了一座高质量教学资源宝库的诞生。这是对团队合作效能的有力证明，它深刻启示我们：在未来所有的目标设定中，持续强调并践行团队合作，是推动项目迈向卓越的必由之路。

第二，不断学习和更新知识。我们意识到教育领域的知识和技术在不断更新，不能停留在过去的成就上。因此，我们定期举办专题讲座和培训，邀请专家、学者分享最新的教育理论和技术应用。通过这些活动，我们不仅学到了新知识，也激发了创新的灵感，为工作室的发展注入了新的活力。

第三，学习借鉴他人的经验。我们积极寻求与其他名师工作室交流与合作的机会，通过参观其他工作室，了解他们的经验和做法，我们发现了许多值得借鉴和学习的地方，并及时对自身存在的问题进行了整改。

第四，培养团队文化和氛围。我们也重视团队文化和氛围的培养，定期举办团队活动，如团队拓展训练、团队聚餐等，增进成员之间的情感交流和彼此之间的信任，这种良好的团队氛围不仅有利于工作效率的提高，也增强了团队的凝聚力和向心力。

通过这些经验和收获，我们名师工作室的目标建设逐步完善，发展也愈发科学，为提升教育质量和推动教育改革作出了积极的贡献。

2. 反思与改进

第一，缺乏有效的沟通和协作机制。在工作室成员众多的情况下，可能会出现沟通不畅、信息传递不及时的问题，影响工作效率和团队凝聚力。

改进措施：建立定期的团队会议制度，明确会议议程和参会人员，及时沟通工作进展和重要决策，保持团队成员之间的信息互通；同时，采用在线沟通工具，如即时通信软件或项目管理平台，方便成员之间随时随地进行交流和协作。

第二，缺乏清晰的目标和规划。工作室在刚开始建设阶段，缺乏明确的发展目标和长远规划，导致工作重心不明确，成员工作方向不一致。

改进措施：制订明确的工作室发展规划和目标，包括短期和长期目标，明确工作重点和优先任务；同时，建立评估和反馈机制，定期对工作室的发展情况进行评估和总结，根据评估结果及时调整和优化工作计划，确保工作室发展方向的连续性和稳定性。

第三，缺乏跨学科合作和资源共享。工作室建设中，多元的学科构成、不充分的沟通机制导致学科之间存在信息孤岛，缺乏跨学科合作和资源共享的机制，限制了教学资源的充分利用和创新能力的发挥。

改进措施：促进跨学科合作和资源共享，建立跨学科项目组，吸引不同学科的教师参与共同的教学资源开发和研究项目；同时，建立教学资源共享平台，鼓励教师分享优秀教学案例和资源，促进资源共享和教学经验的交流。

活动与思考

一、自我反思

回顾加入工作室以来，个人在专业素养提升、团队协作、科研能力、社会服务等方面的成长轨迹，反思这些成长如何与工作室建设目标相契合，以及在实现目标过程中，个人在理论知识、实践技能、创新能力、领导力等方面所取得的进步与有待提升之处。

二、经验分享

分享如何将工作室建设目标内化为个人专业追求，以及在教学、科研、团队协作、社会服务等具体工作中，如何创新方法、工具或模式，以高效达成目标，请举出一些实际案例。

三、集体研讨

以“名师工作室建设目标的全景式认知”为主题，组织工作室全体成员根据工作室的实际情况，一起研讨、制订或修正自己所在工作室的目标，以更好地促进工作室的发展。

修炼2

把握好工作室文化建设方向

在这个知识爆炸、信息飞速传播的时代，名师工作室不仅是知识的集散地，更是文化的熔炉。制订工作室文化建设方略，不仅关乎工作室的持续发展，更对培养新时代的优秀教师、传承和弘扬先进教育文化具有重要意义。文化建设在工作室建设中起着至关重要的作用，如果说文化是一个国家的软实力，那在名师工作室中，工作室文化也是整个团体软实力的具体体现。把握好工作室文化建设的方向，就需要以国家大局为根本出发点，以回应社会关切、以教育质量的提升为着力点，通过价值观的弘扬、文化环境的营造与浸润，利用顶层设计、实践活动的落实来进行具体的实施。从这几个角度出发，我们就来聊聊如何把握好名师工作室文化建设的方略，让工作室成为每一位成员成长的摇篮、思想的殿堂。

一、理解工作室文化建设的理念体系

（一）价值观的确立与弘扬

名师工作室文化建设的灵魂，莫过于其价值观的确立。工作室价值观的确立，首先必须符合社会主义核心价值观的范畴规定，要明确工作室的核心教育理念和精神追求，那就是“育人为本，追求卓越”，这一理念要贯穿于工作室的每一项工作、每一次活动，成为我们共同的信仰和追求。

同时，我们要构建体现工作室特色的文化标识与符号系统，如独特的标志、口号、歌曲等，让每一位成员都能从中感受到工作室的独特魅力和文化内涵；还要通过教育培训课程、讲座或工作坊，引导成员了解和内化价值观，将其融入日常工作和生活。领导者和老师要以身作则，成为价值观的榜样，通过自己的行为和言行，引导他人践行价值观，形成良好的价值导向。

（二）文化环境营造与氛围浸润

文化环境是工作室文化建设的重要载体。我们要在物质环境建设上下工夫，打造富有文化底蕴的工作室空间，让每一面墙、每一个角落都充满文化的气息。我们还要组织丰富多样的文化活动，如读书会、座谈会、教学研讨等，让成员们在活动中增进了解、凝聚人心。文化氛围的塑造同样重要，我们要倡导尊重、包容、互助、创新的文化氛围，让每一位成员都能在这里找到归属感、成就感和幸福感。

从具体措施来看，可以建立共同愿景，确立工作室的共同愿景和目标，让所有成员都能对未来的发展方向有清晰的认识和期待；可以促进沟通与协作，建立开放、透明的沟通机制，鼓励成员之间进行良好的沟通和合作，分享经验和资源，共同成长；可以提倡创新与思维碰撞，鼓励成员提出新观点、新想法，搭建创新的交流平台，促进思维的碰撞和融合，激发团队的创造力和想象力；可以建立学习文化，倡导学习型组织的理念，鼓励成员持续学习和提升自我，为个人和团队的发展提供持续的动力和支持；可以落实育人导师制度，建立健全的导师制度，让经验丰富的老师或领导者担任新人的导师，传授经验和指导，帮助新人快速融入团队；可以健全奖励机制，及时表彰在工作室文化建设中表现突出的成员，激励大家积极参与和贡献。名师工作室需要打造出积极向上、凝聚力强的文化环境，让成员在其中获得成长和满足感。

（三）团队精神与行为规范塑造

团队精神是工作室文化建设的核心。我们要制定符合工作室文化的团队行为准则与规范，让成员们明确什么该做、什么不该做；我们还要弘扬团队合作精神，强化成员间的互信与支持，让每一位成员都能感受到团队的力量和温暖；此外，推行榜样引领也是非常重要的，我们要树立并表彰体现工作室文化的典范人物，让他们的优秀品质和事迹成为激励我们前行的动力。

具体可以培养互助和支持氛围，鼓励团队成员之间相互帮助和支持，共同解决问题，共享资源和经验。例如，建立导师制度，让经验丰富的老师指导新人，促进团队成员之间的交流与合作；建立行为规范准则，制定明确的行为规范，规范团队成员的行为和言行，确保团队氛围和谐稳定，这包括尊重他人、遵守规章制度等多个方面。通过这些方面的塑造和培育，为工作室发展助力。

二、探寻工作室文化建设的基本路径

（一）顶层规划设计

顶层设计是工作室文化建设的基石。我们要系统梳理工作室的历史脉络了解发展愿景，明确工作室文化建设的方向和目标；我们还要结合工作室的特色与优势，规划长远的文化发展战略，制订阶段性的文化建设实施方案与行动计划，确保文化建设工作有序、高效推进。

（二）文化活动策划与执行

文化活动是工作室文化建设的重要抓手。我们要开展系列主题文化活动，如教学研讨、专题讲座、培训研修等，让成员们在参与中感受文化的魅力；我们还要通过跨领域、跨团队的合作项目，展现工作室文化的开放性与包容性，让更多的人了解并认同我们工作室的文化；此外，对外文化交流与展示也是非常重要的，我们要积极参与各种文化交流活动，提升工作室的社会影响力与品牌知名度。

文化活动类型可以丰富多样。例如，可以定期举办教学经验分享会，让工作室内部的优秀教师分享自己的教学经验、教学方法和教学资源，从而促进成员之间的教学技能提升和知识共享；可以组织教育创新沙龙，让成员分享和探讨教育领域的前沿理论、研究成果和教育技术应用，激发成员创新思维，推动教育实践的改进和发展；可以开展教育讲座系列，邀请教育领域的专家或知名学者举办教育讲座系列，涵盖教育心理学、课程设计、教学评估等方面的话题，为成员提供学习和思考的机会；可以进行教师成长工作坊的建设，针对教师的职业发展需求和兴趣特点，开设各类专题培训课程，如课堂管理、教学设计、学生评价等，帮助教师提升专业素养和教学水平；还可以组织教育志愿者活动，参与社区教育服务或公益项目，为贫困地区或弱势群体的学生提供教育帮助和支持，传递爱心和正能量。

这些文化活动既可以促进成员之间的交流合作，又可以提升教育工作者的专业素养和综合能力，对于名师工作室的发展和成长具有重要意义。

（三）文化内化与传承

文化内化与传承是工作室文化建设的长期任务。文化要在人心中形成强大的动力，必须内化于心，才能最终外化于行。我们要创设条件，让工作室成员深度参与到文化建设中，通过亲身实践实现自我成长与文化内化；我们还要建立完善的新老成员传帮带机制，确保工作室文化的代际传承；此外，我们还要通过文献资料整理、成果汇编等方式固化与传播工作室文化成果，让更多的人能够了解和传承我们的文化。

在具体的实践中，可以树立榜样，名师以身作则，展现工作室的价值观和行为准则；可以构建师徒制度，老教师与新教师结成师徒对子，帮助新教师快速成长；可以分享成功案例和经验教训，促进成员学习，如定期组织案例分享会，让成员相互学习；可以积极促进团队建设，通过活动增强团队凝聚力和认同感；可以推动项目合作：在项目中培养合作精神和实践能力，共同完成教学研究项目等；可以构建制度保障，建立相关制度，确保文化传承，如制定明确的培养计划和考核制度；还可以利用网站、社交媒体等进行宣传，制作宣传画册或视频，展示工作室的文化和成果。

三、掌握工作室文化建设的方法技巧

（一）理论学习与文化认知提升

理论学习是提升文化认知的重要途径，通过理论文化的学习，不断促进成员对集体文化的认知。首先，我们要学习先进的教育文化理念，吸收古今中外优秀文化精髓，不断提升自己的文化素养和认知水平。其次，我们要关注教育改革动态，了解新时代背景下工作室文化建设的新要求和新趋势，确保我们的文化建设工作始终走在时代前列。

（二）实践探索与文化创新

实践是检验真理的唯一标准，一切理论的落地都离不开实践的检验。我们要将文化理念融入日常工作与生活，做到知行合一。我们还要鼓励成员提出创新性文化建设建议，激发集体智慧，让文化建设工作不断焕发新的生机与活力。此外，我们还要及时总结实践过程中的经验教训，不断修正和完善文化建设策略，确保文化建设工作始终沿着正确的方向前进。

具体实践中，可以进行理念创新，不断完善更新工作室的核心理念，以适应变化；可以进行人才培养创新，积极探索新的培养模式；可以进行管理创新，引入先进的管理方法和工具，提高效率，例如：实施扁平化管理，减少层级，提高决策效率；可以推动服务创新与合作创新，与其他企业或机构合作，实现资源共享和优势互补；可以进行流程创新，优化工作流程，提高工作质量和效率，如运用信息化手段；还可以推动文化活动创新，举办具有特色的文化活动，增强团队凝聚力。

（三）文化评估与反馈机制建立

文化评估与反馈是确保文化建设工作取得实效的重要保障。我们要建立工作室文化效果评价体系，定期对文化状态进行诊断与评估，了解文化建设工作的进展和成效。我们还要开展文化建设满意度调查，收集成员的意见与建议，为改进文化建设工作提供重要参考。根据评估结果与反馈信息，我们要及时调整优化文化建设方案，确保文化建设工作始终符合成员的需求和期望。

活动与思考

一、自我反思

请回顾自己是否真正领悟了工作室文化建设的内涵与价值，想一想自己是否积极参与文化活动策划、文化氛围营造、文化内化与传承等工作。

二、经验分享

邀请工作室成员分享如何在工作室文化构建中提出创新性建议，以及如何将文化理念融入日常工作与生活。

三、集体研讨

以“名师工作室文化建设方略”为主题，组织工作室全体成员对工作室提升卓越名师文化素养的有效途径进行深度研讨，如文化研修、文化考察、文化项目实践、跨文化合作等，并结合工作室现有资源与条件，提出针对性的行动计划与建议。

修炼3

厘清工作室发展的问题与对策

名师工作室不仅是教育教学改革的重要平台，更是提升教育教学水平的关键引擎。它承载着培养优秀教师、保障教师队伍质量的重要使命，对于教育事业的长远发展具有举足轻重的意义。深入分析名师工作室的发展问题，有助于我们精准地识别出存在的挑战与障碍，进而提出切实可行的解决方案。这不仅能为教育教学改革提供有力的参考与支持，还能推动教育资源的优化配置与高效利用，进一步促进名师工作室的健康发展，从而带动整个教育教学水平的提升。

一、认清名师工作室发展的问题

首届全国名师工作室品牌建设论坛于2023年8月在兰州大学成功举行，大会认为名师工作室建设仍存在诸多问题，主要包括基础研究薄弱、目标指向偏差、人员遴选不严格、制度建设不完善、部门配合不协调、考核回馈难落实、培养过程流于形式、示范引领不到位、投入产出效益不佳、地区发展不均衡等。对此，这里笔者进一步提出如下的思考与建议。

（一）发现并梳理内部管理问题

1. 组织结构合理性分析

在名师工作室建设中，组织结构合理性容易出现一些问题，如层级过多或过少、权责不清、信息沟通不畅、人员流动较大等。

名师工作室的组织结构应当合理分层。层级过多会导致决策效率低下，而层级过少则可能使得管理不到位；权责不清，容易导致责任推诿现象。另外，组织结构设计不当，还有可能导致内部信息流通不畅和人员容易流动的问题，从而影响工作室的长期稳定发展。因此，在名师工作室建设中，需要重视组织结构的合理性，避免出现层级过多或过少、权责不清、信息流通不畅、团队协作不足以及人员流动问题等情况，确保工作室能够高效运作，充分发挥其作用。

2. 人力资源管理考量

在名师工作室建设中，成员能力匹配度和激励机制的有效性容易出现一些问题，如成员能力匹配度低、激励机制不明确、奖惩制度不公平、激励机制与绩效脱节等。

如果名师工作室的成员能力不匹配，会导致工作室内部的协作效率低下。例如，一些成员可能缺乏教学或科研方面的专业能力，难以有效参与工作室的教学改革和科研项目，影响工作室整体水平。如果名师工作室的激励机制不明确或不合理，会影响成员的积极性和工作热情。例如，如果工作室没有明确的激励政策，无法有效激发成员的工作动力，可能会出现成员流失或者工作效率低下的情况。如果工作室的奖惩机制存在不公平现象，会影响成员的工作积极性和团队凝聚力。例如，一些成员可能因为个人关系或其他原因而获得不公平的奖励，导致其他成员产生不满和动摇，影响工作室的稳定发展。如果激励机制与成员的绩效脱节，会导致成员对激励失去信心，影响工作室的凝聚力和执行力。因此，需要确保激励机制与成员的绩效紧密结合，能够及时、公正地反映成员的贡献和表现。

3. 资源配置状况评估

在名师工作室的建设过程中，资源配置的合理性直接关乎工作室的运行效率与成长成效。当前，工作室面临的核心挑战包括资金短缺、师资薄弱、场地与设施局限、教育资源不足以及科研支持缺失等关键问题。

首先，充足的经费是名师工作室建立的基石，涵盖基础设施建设、器材采购及人员培训等多方面。资金链的紧张不仅会制约工作室的基本运营，还会严重限制其发展潜力。其次，优秀的师资团队作为工作室的中流砥柱，其构建面临招募难等障碍，减弱了教育质量和科研潜力，对工作室的可持续发展构成威胁。再次，适宜的教学与科研环境是必要条件，场地狭小或设施不足直接妨碍了日常活动与长远规划的实施。然后，教学资源的稀缺，如教材、教具及实验设备的不足，直接影响教学质量，成为发展的瓶颈。最后，科研活动缺乏充分的资金、设备与文献支持，将严重影响研究成果的产出与工作室的学术影响力。

为应对上述挑战，迫切需要优化资源配置：①增强财政扶持力度，确保名师工作室获得充足的资金供给，保障其稳健运行与未来发展。②强化名师引进与培养机制，优化师资结构，全面提升教学与科研水平。③主动寻求资源合作，解决场地与设施难题，为工作室营造优良的工作与学习环境。④推动教学资源共享机制，高效利用现有资源，提升资源使用效益。⑤加大科研项目申报力度，精细科研管理，争取更多科研资金，加速科研成果转化。

（二）分析并提高教育教学质量问题

1. 教学质量监控与改进机制的缺失或不足

名师工作室在发展过程中，就教学质量监控和改进机制方面可能存在以下不足：第一，缺乏有效的评估标准和指标，导致评估过程不够客观和科学。第二，监控手段和技术不够先进，无法及时获取教学数据和反馈信息。第三，缺乏有效的反馈机制，师生之间的沟通和反馈渠道不畅通，难以及时发现问题并进行改进。

解决上述问题的方法包括：第一，制定明确的评估标准和指标，确保评估过程科学可靠。第二，引入先进的技术手段，如教学数据分析和人工智能辅助系统，实现对教学过程的实时监控和分析。第三，建立健全的反馈机制，包括定期的教学评估、学生问卷调查和教师自我评估，促进师生之间的有效沟通和信息共享，及时发现问题并进行改进。

2. 教育科研成果的质量与影响力不达标的根源

名师工作室教育科研成果质量与影响力不达标的问题可能源于以下原因：首先，研究课题前瞻性不足或与实际教学需求脱节，导致成果的实用性和创新性不高。其次，缺乏系统性的研究方法和科学的实证研究设计，使得研究结果的可信度和说服力不足。最后，缺乏有效的科研成果传播渠道和推广机制，导致成果无法得到广泛的关注和应用。

要解决上述问题，可以加强对教育实践和政策需求的调研，确保研究课题与教育实践紧密结合，具有实际应用的指导意义；可以提升研究人员的专业水平和科研能力，鼓励以多种研究方法和跨学科的研究视角，提高研究成果的学术水平和可信度；可以建立健全的科研成果推广机制，包括学术期刊发表、学术会议交流、科研成果展示等，促进成果的传播和应用，提升影响力。

此外，名师工作室的专业发展存在“同途殊归”的现象。所谓“同途”，就是共同拥有教育部门提供的培养通道和发展平台，都是经过相同的遴选程序被确定为名师、名师培养对象或名师工作室主持人；所谓“殊归”，就是发展的结果明显不同，有的无论是工作业绩还是个人荣誉，都在“芝麻开花节节高”，有的却在专业上“啃老本”，少有建树。对此，胡继飞教授有自己独到的观察，他在接受光明日报出版社《教育家》杂志访谈时指出，名师工作室专业发展受挫主要有这样几种情形：一是名师工作室主持人本身的教育教学核心素养（必备品格和关键能力）存在先天不足，如学科基础不扎实、专业知识不系统、教育教学创新能力一般、专业写作能力较弱等，由于选拔机制本身存在难以解决的缺陷，有些专业基础和创新能力一般的人也可能成为名师，这类人的发展往往没有后劲；二是工作室缺少准确的自我认知和正确定位，名师们都有自己的优势和短板，有些工作室对自己的优势和短板缺乏清晰的认知，找不到适合自己的发展方向和定位，没有在保证完成基本职责前提下致力于名师的风格凝练或工作室的特色建设；三是没有长远发展愿景和强烈的自我期待，这类名师及其工作室过早地“躺”在已有的成绩和荣誉之上，对自己未来的发展没有制订挑战性的规划，更没有付诸实质性的努力；四是没有处理好个人发展与专业共同体发展、教书育人根本任务的关系，比如将自己的成长与团队的发展割裂开来、将个人的业绩与教书育人的成效割裂开来，这类工作室往往得不到相关单位的持续性支持和社会的认可，所以虽然荣誉满地或者著作等身，但在专业学科领域或者教师学习共同体中仍难以取得相应的专业地位。

二、探寻解决工作室发展问题的方略

（一）优化革新管理机制

1. 构建立体化、高效能的组织管理体系

针对管理体系的立体化和高效能这一措施，在具体的实践中，可以设立清晰的管理架构，明确组织结构，划分各级管理层次，明确职责和权限，建立组织内部的权责关系；可以强化项目管理，采用项目化管理模式，针对不同的教育项目设立专门的项目组或团队，负责项目的策划、执行和评估，提高项目执行效率和质量；可以建立有效的沟通机制，利用多层次、多渠道的沟通机制，包括定期会议、信息共享平台、团队讨论等，促进组织内部各层级之间的沟通和信息流动；可以倡导团队合作文化，营造积极向上的团队合作氛围，倡导团队精神和协作精神，鼓励成员之间的互助和支持，共同推动组织目标的实现；可以引入先进的管理工具和技

术，借助信息化技术和管理软件，建立项目管理平台、工作流程自动化系统等，提高管理效率和信息化水平。

2. 优化资源配置方案，提高资源使用效益

要优化资源配置，提高名师工作室的资源使用效益，可以考虑以下方法：

第一，资源调查和评估。对名师工作室现有资源进行全面调查和评估，包括人力资源、物质资源和财务资源等，了解资源的类型、数量、质量和利用情况。第二，制定资源利用策略。根据资源调查结果，制定资源利用策略和规划，明确资源的优先级和分配原则，合理配置各类资源，确保资源的有效利用。第三，强化资源共享和协作。促进内部资源共享和协作，建立资源共享平台或机制，推动资源的跨部门、跨项目的合理利用，避免资源的重复建设和浪费。第四，积极引入外部资源。外部资源包括合作伙伴、专家学者、行业企业等，充分利用外部资源的专业知识和技术优势，弥补内部资源不足，提高资源利用效率。第五，提升资源管理水平。加强资源管理和监控，建立资源管理制度和流程，加强对资源的监控和评估，及时发现资源利用中的问题和短板，采取措施加以改进，不断优化资源配置策略和管理措施，提高资源使用效益。

（二）探索教育教学质量提升策略

1. 探索教学方法创新，提升课程吸引力与实效性

第一，要积极探索多样化的教学方法，尝试引入不同的教学策略，如案例教学、项目式学习、合作学习、游戏化教学等，以激发学生的兴趣和提高学生的参与度。第二，要进行个性化教学，根据学生的学习风格、兴趣爱好和能力水平，设计个性化的教学方案和任务，提供多样化的学习体验。第三，开展实践教学，注重将理论知识与实践能力相结合，开展实践教学活动，如实地考察、实验实践、社会实践等，提升课程的实效性和应用性。第四，创新教学工具，利用新技术和教学工具，如虚拟实验室、在

线学习平台、教学视频等，丰富课堂教学内容，提高课程的吸引力和互动性。第五，跨学科整合，借鉴其他学科的教学理念和方法，进行跨学科整合，创造跨学科的教学场景和学习体验，促进学生全面发展。

举例来说，某名师工作室开设了一门关于环保的课程。为了提升课程的吸引力与实效性，他们采取了以下创新措施：引入项目式学习，让学生分组开展环保项目，如组织垃圾分类宣传活动、设计环保公益广告等，通过实践项目培养学生环保意识；创设虚拟实验室，利用虚拟实验室模拟环境污染情景，让学生在虚拟环境中进行环境监测和污染治理实验，提高学生的实践能力和应用能力；整合跨学科资源，邀请生态学、社会学等多个学科的专家参与教学，开展跨学科的讨论和探究，拓宽学生的知识视野和思维方式。

2. 加强科研能力建设，提升研究成果质量和影响力

科研能力的建设，可以依托教科研活动，提供专业培训、搭建学术交流平台、鼓励跨学科研究、成立合作网络等方式，与区域内其他名师工作室、研究机构建立合作关系，开展合作研究项目，共同攻克教育领域的科研难题，提高研究成果的质量和影响力。

名师工作室可以通过提供科研项目支持和组织学术交流活动，加强科研能力建设。鼓励教师团队开展跨学科的研究项目，如教育技术与教学法的结合、学习心理学与教育实践的应用等。同时，组织定期的学术研讨会和学术讲座，邀请知名学者和专家分享最新的教育研究成果和理论观点，为科研人员提供学术交流和合作的平台。这些举措可以促进科研人员之间的学术交流和合作，提高研究成果的质量和影响力。

（三）做好文化建设与发展战略融合

1. 深化文化内涵挖掘，提炼工作室文化特色

名师工作室可以深入挖掘区域内文化内涵，提炼具有区域色彩的工作室文化特色，可以通过文化研究与传承，研究本土文化、历史和传统，将

这些元素融入工作室的活动和教学，以传承和弘扬本土文化；鼓励名师工作室成员通过艺术创作、演出或展览等形式表达对文化的理解和感悟，同时注重创新，将传统文化与现代元素结合，形成独特的文化特色；可以积极参与社区文化活动，与当地居民互动交流，借助社区资源和平台，拓展工作室的影响力和文化内涵；可以建立积极向上的团队氛围，通过团队建设活动和文化分享会等形式，加强团队成员之间的文化交流和共享，形成共同认同的文化特色。

2. 推动文化实践与日常工作的深度融合

推动文化实践与日常工作深度融合，是文化建设的实际运用的重点内容，可以通过制订文化实践计划，将文化实践纳入工作室的日常计划和活动安排，明确实践目标和内容，确保文化实践与日常工作有机结合；可以在教学和培训过程中，通过实践活动、案例分析等方式，引导成员将文化元素融入教学内容，促进文化实践与专业技能的结合；可以设计文化体验项目，组织文化体验活动，让成员亲身参与文化实践，如参观博物馆、文化遗址，体验传统手工艺等，以丰富的体验激发成员对文化的兴趣和理解；可以创新文化活动形式，结合工作室的特点和成员的需求，设计具有创新性和吸引力的文化活动，如文化节庆、主题讲座、艺术展览等，激发团队成员的参与热情；可以建立文化学习机制，建立定期的文化学习和交流机制，组织成员分享文化研究成果、心得体会，促进文化实践与日常工作的深度融合和持续发展。

三、提升解决问题的洞察力与应变能力

（一）培养问题意识与洞察力

1. 提升工作室成员发现问题、分析问题的能力

问题意识和洞察力的培养，对于工作室发展、成员个人发展都至关重

要，培养团队的解决问题能力，能够提高工作效率和质量，推动工作室的发展。在日常工作中，成员要具有洞察力，能够积极提出问题，合理解决问题，通过定期的问题反馈、评估、改进，促进工作室的发展。

2. 培养预见未来趋势、预防潜在问题的眼光

名师工作室培养成员预见未来趋势、预防潜在问题的眼光的必要性在于确保工作室能够持续适应变化，保持竞争力和创新性，能够预见未来发展的大势，这对于工作室的发展是尤为重要的。工作室可以提供行业发展趋势的培训和学习机会，让成员了解行业动态，掌握未来发展方向，及时调整工作策略，并据此及时进行发展规划，用更新的理念、方式来引领成长，同时进行潜在问题的预防和解决——进行定期的战略规划和风险评估，分析未来可能面临的挑战和风险，制定相应的预防措施和灵活应对方案。

（二）提升问题解决与决策能力

构建科学的问题解决模型和方法对名师工作室至关重要，因为它可以提高工作效率、优化资源利用，并帮助团队更好地应对挑战和解决问题。

具体措施方面，可以创建契合工作室状况的模式。例如：第一，进行问题定义。要确定清晰的问题陈述，明确解决的目标和范围，如工作室面临较低的学生参与度，问题定义为“如何提高学生参与度”。第二，信息收集。收集相关数据和信息，了解问题的背景和现状，如调查学生参与活动的原因和障碍，分析数据得出影响学生参与度的因素。第三，分析与诊断。运用适当的分析工具和方法，对问题进行深入分析和诊断，如通过SWOT分析确定工作室的优势、劣势、机会和威胁，找出提高学生参与度的潜在机会和挑战。第四，解决方案设计。制订多样化、创新性的解决方案，并评估其可行性和效果，如组织多样化的活动以满足不同学生的兴趣和需求，提供奖励机制激励学生参与。第五，实施与评估。实施解决方

案，并持续监测和评估其效果，如跟踪学生参与度的变化，收集反馈意见，及时调整活动方案以提高效果。

通过建立科学的问题解决模型和方法，名师工作室可以更加系统和有序地解决各种问题，提高工作效率和成果质量。

四、例析名师工作室问题解决实践

这里以中山市温刘军名师工作室为例。

（一）剖析问题与对策

温刘军名师工作室为提升成员的问题解决能力，总结了如下举措：

第一，开展跨学科合作项目，并鼓励成员参与跨学科合作项目，让他们面对来自不同领域的挑战，从多角度思考问题并提出解决方案。

第二，导师指导制度。为成员提供问题解决导师，由经验丰富的老师或领导者担任，在他们解决问题的过程中提供建议和支持。导师可以分享自己的经验教训，帮助成员更好地应对挑战。

第三，实践项目经验积累。给予成员参与实践项目的机会，让他们通过实际操作和经验积累提升解决问题的能力。在项目中，成员将面对各种挑战和困难，通过不断摸索和实践，逐步提升自己的解决问题能力。

（二）实践智慧与经验启示

（1）积极推动教学资源共享，利用云盘等教学资源共享平台，让成员们共享自己开发的教学资源和课程设计，如教案、课件、教学视频等。这样可以让成员从其他人的经验中学习，快速获取优质教学资源，提高自己的教学水平。

（2）积极开展实践项目交流，组织实践项目交流活动，让成员分享自己参与的教育实践项目经验，包括项目目标、方法、成果和遇到的问题等。通过这种交流，成员可以从其他项目中学习借鉴，提高自己的解决问题能力和实践能力。

工作室通过这些举措为工作室成员解决问题能力的提升助力。

活动与思考

一、自我反思

请回顾自己在参与工作室发展过程中，如何识别、分析、解决工作室面临的问题，审视自己在工作室决策过程中的角色定位与实际贡献，反思在面对工作室发展问题时，个人在决策、执行、应变等方面的优点与不足。

二、经验分享

分享在工作室发展过程中成功解决某一关键问题的具体案例，描述在面对复杂问题或重大决策时遭遇的困扰与挑战，以及如何运用专业知识、团队智慧或外部资源进行有效应对。

三、集体研讨

以“工作室发展的问题与对策”为主题，组织工作室全体成员进行深度研讨：卓越名师问题解决能力的构成要素有哪些？这些要素在新时代教师队伍建设中的重要地位与独特价值是什么？结合实例思考如何帮助工作室发展得更好。

四、读书分享

结合《名师工作室建设指南》一书相关专题的研读，围绕“如何搞好名师工作室建设”组织一次读书分享会。

专题2

岗位职责

名师工作室是名师和领军人才的“孵化器”，它的设立不仅充分利用了名师优质资源的辐射作用，推进了教学改革，促进了教育的均衡发展。如何厘清工作室中成员个体与个体之间的职责，成员个体与工作室、任职校等集体的关系，让三者在科学合理、相助相长的氛围中良性运转，从而更好地助推工作室的运行、成员的成长、任职校本职工作的开展是我们要探讨的一项重要运转关系。

本专题包括三部分：第一部分是关于成员与工作室平台之间的关系，包括契约关系、个人与集体的关系；第二部分是关于成员与任职校之间的关系，包括和谐发展的关系、行政主导与校本培训并重的关系、反哺与发展的关系、美美与共的关系；第三部分从成员与成员之间的职责方面进行重点阐述，从而理解工作室存在的意义，发挥其作用。

修炼4

把握个人与工作室间的关系

名师工作室作为一种专业学习和成长的共同体，成员在工作室共同愿景引领下，形成了一个相互学习，共同发展的全新载体。在这个共同体内，工作室不仅坚定每一个成员的教育信念，而且发挥每一个成员的教育智慧。在工作运行中，工作室与成员不仅具有法理上的契约关系，更是个人与集体信任相携、互助共生的关系。这种坚定的关系铸就了工作室积极遵循成员的成长规律，以培养和造就教育教学骨干力量为主要任务，充分挖掘成员成长的专业素质，而成员的成长也会形成反作用力，反哺工作室的运行、健全工作室的示范引领作用，这种有机的互助成长关系就是成员与工作室之间的生态关系，也是引领工作室团队发展的强有效机制。

一、理解好教育生态的制度化——契约关系

一个优秀的团队首先要建立优秀的团队文化，优秀的团队文化要在制度建设基础上形成，然后通过文件契约形成制度建设，并逐渐内化为每个成员发自内心的一种自觉行为，这是工作室培养成员内在驱动力的手段。

放眼国内各地的教育行政部门，我们发现工作室一般都要求每位成员要制订三年发展规划，规划要体现工作目的、执行思路、预设效果等，好的规划内容具有系统性、逻辑性、可执行性、监管性。其实，工作室制

订规划并且组织成员签订的过程就是履行契约精神的过程，可以有效地唤醒并强化成员自觉意识。自觉意识越强，成员对工作室的特色认识就越深刻，所以自觉意识是突出名师工作室特色的基础。

何谓契约关系？契约关系是指通过合同签订而达成的双方要一致遵守的道德准则和行为规范。它本是在市场经济条件下，为保证交易双方的合法权益、增强交易的信誉度和稳定性而形成的一种行为方式。这种源自市场经济的产物，对于成员与工作室同样具有法理作用。

首先，契约关系要求合同双方要诚实守信。在合同签订和履行过程中，各方应该保持诚实守信的态度，不得欺诈、虚假陈述或隐瞒重要事实，这是契约精神的最基本要求。

其次，契约关系要求合同各方要认真履行自己的义务。合同是双方约定的法律文件，各方应该认真履行合同约定的义务，如果一方未能履行合同约定的义务，就应当承担相应的后果。

再次，契约精神要求合同各方要协商解决争议。如果出现争议，各方应该通过协商解决，避免采取过激行为。在协商解决争议的过程中，双方应该遵循公平、公正、诚实的原则，尽力达成双方都可以接受的解决方案。

最后，契约关系要求合同双方要建立互信、互利、长久共赢的合作关系。因为，只有在契约关系的引领下，各方才能在信任、诚信、公正、公平、长远共赢的基础上开展合作，从而实现名师工作室教育生态的健康、稳定和可持续发展。

那么，名师工作室和成员的契约关系体现在哪儿呢？纵观全国各级各类工作室，我们发现成员加入工作室后，工作室一般会为每位成员把“脉诊断”，分析他们的特长与短板，然后量身定制适合成员个性发展的具体目标和措施，引导成员制订出符合个人实际的三年发展规划或是学期（学年）规划，让成员在契约的制度下，感受到进步和成功的滋味，提升效能感与幸福感，为成员的发展提供驱动力作用。

工作室会通过签订《工作室成员培养责任书》《成员三年个人专业发展规划》等文本，深入推进“青蓝工程”项目，落实成员的“结对帮扶”成长制度，通过设立任务清单，如制订读书计划、撰写教学后记、集体备课及同课异构观摩等方式，在教育教学理论的引领下，提高成员的专业发展意识和能力。此外，名师工作室还可以结合各级政策文件要求，通过制定“考核制度”“评优制度”等，落实任务驱动，将成员的读书笔记、教学反思、听评课记录、教学论文撰写及课题研究等纳入考核内容，促进成员自主教研的开展，激发成员专业发展的内驱力。工作周期内，工作室成员可以根据个人专业水平制定专业成长目标和行动计划，包括学习课程、读书计划、研究专题等，从而促使成员在工作室的带领下，不断总结、改进学科教育教学方法，提炼成果经验，提高效能效率。

作为工作室，有职责对每位成员的工作业绩、发展现状、授课特点等进行全面诊断，就其个人发展方向作出科学客观的评估，为每位成员专门设计专业成长方案，以更好地对工作室成员进行个性化培养。

通过契约关系，双方可以深入研究名师工作室管理办法，对名师工作室建设进行顶层设计，明确工作室软硬件建设标准、管理制度等，在文化建设、成员遴选、教学主张、课题研究、教研活动、教师成长预期及成果展示等方面提出规范要求；明确工作室常规活动项目、活动范围、活动形式、参与人员和激励措施，保证工作室活动有保障、见实效。又可以对工作室成员进行考核，形成可以参考的依据，生成科学有效的考核体系。比如，工作室通过对成员的遴选工作，对各位成员的个性特点、教学特色、学习模式和发展目标进行详细的摸排，在制定工作室三年发展规划时充分考虑到成员们的“共性”需求，从而上升为工作室发展的共同目标。同时，工作室通过建立成员的个人档案，促使成员加深对自己的认识，使每一位成员都有重点发展的方向、不懈追求的目标。

具体来说，对于骨干教师，工作室应该制订高层次培养目标，通过专家引领、研究教育专著等方式促使其提升理论素养，拓宽教育视野，进一步增强教育情怀和科研能力，助其成为能够引领学科发展的区域名师；对于青年教师，工作室应该加大关注力度，针对教学设计、教案撰写等工作环节进行精准指导，不断发掘其特质潜能，促进其提升学科素养，以把他们打造为青年骨干教师为培养目标；对于乡村教师，工作室应该注重为其提供多种学习机会和多元发展平台，帮助他们成长为所在区域的“示范教师”“学科带头人”等。

制度是团队成员遵守的规则。制度文化是名师工作室促进团队良性发展、持续发展而创建的规范体系。通过契约关系，工作室可以扎实地落实制度化管理，从而形成强有力的制度文化。因为名师工作室要用制度来管理成员，包括考勤制度、学习制度、合作制度、研究制度、宣传制度、管理制度和奖惩制度等。例如，对工作室成员可实施动态管理，对缺勤超过3次的懒散成员，或不利工作室发展的成员予以劝退，吸纳有学习成长意愿的优秀成员破格加入，确保工作室有效运行、高效运行。

为了保证工作室成员的深度参与，名师工作室需要尽可能在组织目标与个体目标间找到平衡点，在制订名师工作室发展目标、工作室管理制度，设计研修活动等方面，名师工作室主持人应积极引导成员进行沟通协商，这体现了工作室的民主性、自主性，是契约关系的一种内在呈现。

其实，工作室和成员签订的契约越是细化，越有助于成员的成长，从而越能发挥契约的指导性功能，“实践”不是名师手把手地教成员怎么去做，或者无的放矢地做，而是让成员们依照契约目标去实践，去获得较高的实践价值；而“评价”则是基于高屋建瓴的方向性、前瞻性、研究性地实施，让工作室成员在实践中学会独立设计、自主实施、科学评估，逐步学会自我总结，升华理论认知，“评价性”的契约关系不仅可以关注成员的公开课、专题讲座、教学研讨活动、名师送教及工作室成员论文发表等量化指标，还可以形成对工作室成员工作量及工作成效的定性评价，从而形成全面的、科学的评价体系。立足契约关系，名师工作室成员可以依据评价考核指标，制订工作室发展目标，分解年度任务，建立发展档案，完善自我管理体系。

细化双方的契约精神，工作室应为每位成员建立文本或电子“成长档案袋”，完整收录成员的读书笔记、课题、论文、公开课等资料，努力客观地记录成员成长足迹。从而，通过契约精神，让成员在名师工作室活动中，在处理好“竞争与学习、合作与学习”的关系中更有保障地成长。

值得注意的是，优化工作室考核方式，评价标准不宜过细，作为主持人要在工作室整体稳健运行的基础上去架构契约项目，从而有利于工作室活动开展、有利于工作室成员的和谐发展、有利于教学问题解决与教育质量提升。

通过契约关系，还可以促使工作室完善考核机制，立足成员学科教育素养水平目标，根据成员各学科教育素养的发展情况，通过评选年度优秀成员、任期优秀成员等机制，促使成员主动认真地参与工作室各项活动。具体的考核形式，可以是成员自评、同伴互评以及主持人对成员的标志性成果进行考核等方式，确保公平公正，努力做到教学、研究、评价一体化。

这种体现名师工作室教学生态的契约关系，本质上是立足“以人为本”的工作理念，最终实现的是名师工作室建设由关注“物的建设”到关注“事的质量”的过渡，从关注“专业的成长”到关注“人终身幸福”的深入。

二、渗透好多元共生的归属意识——个人与集体的关系

名师工作室是一个由名师主持、其他教师自愿参加的学习研修共同体，是一个融自主性、特色性、实践性、研究性为一体的教师学习研修共同体，其成立的目的是引领教学改革，搭建促进教师专业发展以及名师自我提升的共生平台。

这种基于实践共同体成长的名师工作室建设离不开契约、资本等外源性支持，也离不开驱动力、价值观等内源性支持，这就需要我们从宏观上渗透好多元共生的归属意识，形成共同愿景。实践共同体的建设，离不开每一位成员形成的共同价值观，也就是归属意识。这就需要工作室在建设过程中，多倾听实践共同体成员的发展诉求，引领成员将个人愿景和工作室愿景有机结合起来，本质上讲，这就是个人和集体的关系。

（一）集体对个体的引导力——引导成员找到成长点

名师工作室应该有自己基于理解与实践的教学主张，通过独特的教学主张把全体工作室成员凝聚在一起。名师与成员之间、成员与成员之间理应是一种“互学互长”关系。工作室应该充分保障每个成员研修主题制订权、研修方式选择权等权益，并通过集体协商、反思性对话等方式，参考各位成员的教科研能力以及研修愿景，倒推制订研修计划，形成“自下而上”的决策系统，以保障成员的参与度、融入度，从而促进工作室全体人员的共同发展。

名师工作室的研修不应局限于简单意义上的教师听课、磨课、评课，而要上升到更高的价值意义，发挥其更大的功能价值。例如：引导成员基于教学实践总结提炼出独特的教学主张、教学策略等。我们知道，不同成员教师有着不同的教学特点，强贴标签不是目的，名师工作室应鼓励成员通过实践反思、内化形成具有个人风格的教学主张。因为，每位成员都有

亮点，有的成员课堂教学能力强、有的成员科技创新水平高、有的成员教科研劲头足……主持人要善于发现不同成员的不一样的闪光点，发挥成员的优势，让每位成员都有不同的展示和学习机会。

教师成长的过程，本质上是教育主张逐渐形成的过程。教师成长需要名师带领，更离不开个体自身基于教育教学实践的反思。名师工作室不仅要为教师成长提供更广阔的教研平台，更要让活动成为个性鲜明的“高产试验田”“多产育苗区”，而非千人一面的“模具工厂”“流水产品”，同时要固化实践成果，通过交流探讨，适时、及时地让大家看到自己的付出与进步，驱动成员的深度研学、纵深发展。

比如：工作室可引领成员把省、市、区县各级名师或学科带头人等专业荣誉遴选条件作为自己专业发展的目标，引领成员认真分析自己专业发展上的优势和劣势，对照遴选条件找差距，对照差距找策略，合理制定两年或三年的近期发展目标，乃至五年的长远发展目标，使成员教师有方向地思考、有规划地执行、有梯度地成长，借助工作室研修提升的平台和团队教研的氛围，推动自身在各级教研平台上不断进取、打磨历练、反思总结、步步提升。

在名师工作室的指引下，成员会慢慢地融入集体氛围，也慢慢地敢于挑战自己，积极地参与集备和评课任务，主动承担各研讨课、观摩课、示范课，参加各级公开课和送教下乡活动，参加各级教学技能比赛、教学业务比赛，开展课题研究，撰写教学论文在各级刊物上发表等，这些具体的教研任务都是优秀教师专业发展的驱动源和动力泉。在集体任务的驱动下，成员教师的专业进化曲线慢慢实现由被动向主动发展转变，实现由驱动发展到自发提升的质变，最终呈现出来的是成员不断波浪式前进、螺旋式上升、积极进取的专业姿态。

名师工作室在引领成员教师专业成长的过程中，既提倡团队合作，也提倡良性竞争，提倡正确处理合作与竞争的关系，提倡在合作中竞争、在竞争中合作。

名师工作室在团队建设、研讨交流学习、开展课题研究、集备磨课评课、送教下乡帮扶、指导青年教师、培养参赛选手、教师技能大赛、教师素能培训等方面都离不开成员间的齐心协力、通力合作。在合作的基础上，工作室会给每位成员教师全力营造公开、公平的竞赛机会和平台，鼓励成员教师积极参加各级各类教学业务竞赛，鼓励成员教师多出成果，出好成果，争创个人佳绩，形成良性竞争机制。

此外，工作室会在科学的研讨中，制定并完善对教师专业成长有益的年度考核评价制度。每年度以骨干教师参与工作室各项工作的积极性、对团队成果的贡献率以及教师个人专业成果在工作室年度总成果中的占比率等各项指标来考核教师年度专业成长的业绩，客观公正地评价骨干教师的专业成长。这种重参与、重贡献、重成果的工作室考核评价制度，既有利于建设优秀工作室团队，也有助于教师个人专业快速地发展提升，从而营造工作室积极进取的教科研氛围和正能量。

同时，名师工作室对教师的专业成长讲究遵循团队培养和自身努力相结合的原则。教师可以客观地分析自身的优劣势，激发专业上的优势和潜能，通过再学习、再提升补齐自身短板，努力提升自身专业素养。首先，通过勤阅读、善思考、多积累、会反思，养成每天坚持阅读和反思的好习惯，日积月累，教师的专业素养就能得到快速成长与提升；其次，珍惜各种培训和学习提升的机会，积极参加各级学科业务竞赛，敢于挑战含金量高的教学技能大赛。教学技能大赛的每个阶段的历练过程，其实就是教师专业成长逐步提升、不断走向成熟的过程。另外，教师还要善于借力，借助名师的力量，借助工作室、教研组团队的力量，借助优秀同行的力量。在成员自身不断学习、努力、思考、反思、拼搏中，在团队培养和自身努力的合力下，成员的专业成长势不可挡。

（二）集体对个体的塑造力——助力成员成长

集体对个体的塑造，根本上离不协作氛围的熏陶。集体点亮个体，氛围凝聚力量，如果说主持人和成员是名师工作室的基础架构，那么，协作文化一定是为工作室每位成员带来有生命力的教育和启迪的专业灵魂。协作氛围的实现是建立在团队成员相互信任与尊重的基础之上的，需要成员对合作共享理念有着清晰认知与认同感，并且发挥价值引领作用。名师工作室成员在日常研修活动和自主学习过程中，通过同伴互助、听课评课、成果研讨会等形式交流学习，促进个体自我反思和研修成果分享。名师工作室作为一种专业学习共同体，在创新教师专业发展模式和提升教师研究力等方面提供了全新的途径。成员之间是亦师亦友的关系，在日常的工作和交流中学会转变角色并听取他人的意见和建议。从成员个体角度而言，工作室创设如“伙伴式成长”“同课异构”“单元主题建构”等教学交流平台，有助于成员深刻意识到团队在引领个体专业发展方面发挥的巨大力量。

名师工作室为成员专业成长提供了强有力的专业支持和广阔的展示舞台，充分利用名师工作室的优质资源和有利条件，有利于学科教师的专业成长。携手同行勇担当，名师携领共成长，名师工作室带领广大有志教师坚守教育情怀，潜心教学研究，争做新时代有责任、有担当、有情怀、有素养的思政教师，切实承担好铸魂育人的时代重任。

（三）集体对个体的“药效力”——排忧解难

我们知道，中医是以“天、地、人”合一的思维给人看病，讲究的是辨证论治，通过望、闻、问、切，搜集病人的症状、体征，由此判断病人的病因、病位、病性等情况，综合起来为病人诊治疾病。以“整体观念、辨证论治”的哲学思维从气与血、体态与营养等方面进行分析调理，通过整体与局部的关系细微结合，可使身体逐渐地恢复到生命正常的生理状态。

名师工作室对于成员的“药效力”和我们中医学有着异曲同工之妙，其中找准问题是首要。什么叫找准问题？找准问题就是要清楚工作室的任务、实现工作室目标的过程中还面临什么问题，要分析这些问题产生的原因，并且研究解决问题的对策。名师工作室开展一系列的教育教学实践，其实就是解决成员在日常教育教学工作中所遇到的系列问题，而这一系列问题就是名师工作室的具体实践内容。

我们知道，在工作实践中会出现许多问题，这些问题有时千头万绪，一时难以厘清；有时错综复杂，难以找到突破口。当矛盾呈现出这样的情况时，我们就要善于找出主要矛盾，集中力量予以解决，随后再恰当地处理次要矛盾。同样，面对千头万绪的问题时，我们也要找出关键问题和典型问题。名师工作室需要对这类问题进行分析研究，找到这些问题的意义点、价值点，并且在实践中加以解决。找到并解决这样的问题就是实践的主要内容，就是增强了实践的针对性。针对性是突出名师工作室特色的保证。通过找准问题明确名师工作室的实践内容，这个过程不能由主持人一个人说了算，需要集体研究、共同讨论、群策群力，这样不仅保证了问题的准确性和实践内容的正确性、针对性，还提高了工作室成员发现问题、分析问题和解决问题的能力，这个过程本身就是在提升教师的素质。

所以，在塑造协作性组织文化的基础下，名师工作室会充分考察来自成员的不同意见与建议，并将所收集的意见深入采纳到群体建设中，使成员感受到对组织的高度归属感。成员走在一起形成了一个新的团体，工作室就像是一个温馨的新家，让成员有家的感觉，团结一致，并且通过内部系统的协调，促使成员快速融入新家庭，实现团队和谐、共创、共享。正是在“家”的氛围中，实行群策群力的交流机制，更容易解决成员的各种问题。

工作室可以努力建构示范引领式、主题活动式、深度会谈式、课题研究式等工作模式，让大家在工作活动中得到更多的人格熏陶、情感感染、学业互补和文化浸润。每一位成员不仅能学到相关专业的显性知识，而且获得了崇高人格的隐性知识。

此外，工作室会充分考虑成员的个体发展，根据成员发展的不同特点与方向，进行个性化引导。比如，以任务驱动的方式促使成员反思，包括教学设计、教学环节、教学方法的反思，成员根据自己的特色与特点形成自己的教学风格。教师走向成熟的标志是凝练明确的教学主张，工作室研修设计中必须涉及教育理念相关内容，鼓励成员通过“问题—反思—交流—行动”的学习过程，积极总结教育经验，凝练实践性反思知识，促使成员把所学知识转化为解决问题的能力。

事实上，每个人的成长和进步的发生，都是缓慢渐进的，需要时间的磨炼、外在的点拨和内在的沉淀。在专业成长的路上，我们会遇到各种各样的挑战和困难。这些困难如同风雨，考验着我们的毅力。成员在发展的过程中，常常也会出现“思想瓶颈”和“高原状态”的实际问题，而工作室会善于分析现实与理想、主观与客观、方向与路径的关系，培植大家的教育情怀，丰富大家的专业生活，鼓励成员用正确的教育理论指导教学实践，既致力深厚的理论积淀，又夯实学以致用的能力，通过“做中学”来修正和完善自己的学生观和教学观。

除此之外，工作室可以采用集中研修和分散指导相结合的方式，一方面注重专家学者的评点、指导、激励、示范，一方面注重参与者的反思、感悟、应用、研究，既强调对操作主义、经验主义的超越，又落实对内在尊严、专业素养的诠释，充分尊重和发掘各成员的禀赋和潜能，让成员在职业道德、专业知识、教学技能、科研水平等方面得到和谐发展，逐步推动成员形成各具特色的教学个性和风格。

最后，成员要通过研究来获得专业发展和专业品质提升，而教学研究是工作室日常活动的一个重要基础和保证。工作室强调将研究落实在实践中，落实在课堂上，落实在反思的过程中，引领成员通过目标驱动、项目设计、考核评价等手段，聚焦课堂教学问题，开展课题问题研究，争取策划更多的名师工作室之间的联动活动，不断促进每一位成员的能力发展和自我完善。工作室可以邀请专家对课题研究的方案的制定、组织实施和成果提炼等进行专门指导，强调课题研究过程中的行动性、过程性和科学性，鼓励大家结合课题研究进行课堂改革和学术研讨，人人参与课题研究和成果分享，个个撰写课题报告和教学论文，做一个真正的反思型实践者。

工作室通过集体对个体的“药效力”，助力成员排忧解难，最终关注的不只是成员外在的成功，更重要的是其内心的丰富和成熟。在解决问题中，助力成员了解自己的长处和短处，不断地自我完善，最终找到属于自己的价值和意义。

（四）聚是一团火——融和共进的关系

“一花独放不是春，百花齐放春满园”，体现了个体与集体之间的互动和相互依赖的思考，核心是通过共同进步和多元共生，实现真正的繁荣和发展的本质思想。

身处工作室中的每个人都是这个集体不可或缺的组成部分。工作室的每个人都有责任为工作室的进步和发展做出贡献。因为，个人的光明不应该是通过吹灭别人的灯来获得的，而是通过与他人的合作、共享知识和经验，实现个人和集体的共同进步。

所以，个人和集体之间的终极关系应该是相互促进、融合共生的关系。个体通过为集体做出贡献，获得成就感和满足感。工作室的成员一旦进入集体，就要努力形成一种积极的生活方式，就是“研学”姿态——研究性学习。研学，一为厚根基，二为专业发展。而集体也通过提供机会和环境，使每个个体都能发挥出最大的潜力。这种互相促进的关系不仅有利于个人的成长和发展，也有助于集体的进步和繁荣。

我们知道，名师工作室的发展离不开国家和各省、区、市出台的各种文件支撑，但是教育政策的影响是刚性的、显现的，而传统文化的影响是柔性的、隐现的。成员身处在工作室这个社会共同体中，其成长发展离不开特定的社会环境和文化传统，在不同的地域，文化沉淀不同，工作生活在其中的教师所形成的文化修养也是不同的。

实践共同体是由每一位成员组成的，离开成员的参与，名师工作室就失去了存在的意义。因此，从成员层面而言，工作室要帮助每一位成员在共同愿景的指引下，强化专业发展理念，并以实践活动为基点，实现专业发展计划的落地生根。

实践共同体建设的目的在于促进教师的专业发展，从而使教师更好地胜任新时期教育教学的需要。这就需要实践共同体能够帮助成员强化专业发展理念，制订个人切实可行的专业成长计划。计划要贴近个人实际，要细化，要制订阶段性计划，并根据个人成长实际，合理调整，以实现更好的专业发展。

名师工作室层面的研修不只是一对一的师带徒关系，因为，名师工作室从长远目标研制到具体研修内容确定，都需要有成员的支持与配合。共同体的长远发展需要每一位成员的投入，名师工作室的成长离不开所有成员的共同协商、参与决策、组织承诺等方面的付出。

成员的专业发展和思想建设与工作室同步成长。工作室在组织活动中，会牢牢把握师德修养与专业修炼并重的原则，用时代精神烛照团队文化，在课程设置、活动安排、主题推进等方面体现教育工作的意义。人文化教研团队能将大家的发展目标确立为共同的愿景，以形成价值认同，使团队成员把个人目标升华到群体目标之中，清楚地知道他要做什么和怎样与其他成员共同工作。

这就是工作室的价值点，工作室应充分激发和引导参与者内在的、向善的、生长的生命意识，用心去感悟教育的真谛，只有教师的专业意志坚定了，才能让我们的教育教学改革得到真正的落实。要让全体成员充分把握名师发展的精髓及其规律，工作室要通过专业引领、同伴互助、自我反思等各种形式丰富的培训活动，引领教师专业发展真正走进“人的意义世界”，从而提升教师的专业素养和思想品质，工作室也在同时形成学习型、反思型和研究型的组织。

成员个人在积极融入工作室生态中恣意生长，在工作室的学习中，注重理论提升和经验推广，注重用创新思维解决现实问题，注重自身的专业自主发展。成员通过工作室中的教育理论学习、教育思想碰撞、教学手段改革等，进行自我教育教学反思，总结自身教育教学经验，及时整理“名师工作室”中的各种学习、研究资料，形成反映个人教育思想或教学特色的学术性总结、论文或专著，并向全体教师传播体现区域特色、创新性的教育理念与方法，提升专业自主发展意识。

正如习近平总书记所言：“如果世界上只有一种花朵，就算这种花朵再美，那也是单调的。”相比之下，当百花齐放时，花园才能变得丰富多彩。同样，一个充满活力和创造力的工作室需要每位成员都能发挥、贡献自己的特长和才能，共同建设一个充满生机与活力的工作室。

“聚是一团火，散是满天星。”在共同愿景的感召与激励下，工作室的所有成员共同努力，积极挖掘自身长板，每个人都有闪光点，在不同的地方发挥相应的作用。团队群策群力和自我规划的过程促使全体教师凝聚成一个共同体，“相同的舞台，共同的愿景”“和而不同，共同发展”等理念，使每一位工作室成员都为了共同的愿景和每一个人的奋斗目标而努力，追求自身的专业成长，满足自我“引领需求”和实现自我“价值需求”成为每个人的精神内驱力，最终促使名师工作室逐渐成为精神的家园、学习的乐园、知识的学园。

活动与思考

一、“1加1”——带动全员思考

活动目的：了解成员的特点，助力成员成长。

活动安排：工作室每次活动后，建议以随机点名的形式请出部分成员进行点评，要说出“1点正面评价+1点批评建议”，并且要求前面成员说过的，后面的成员不能重复，即使是同一观点也要从不同层面进行解析。这样可以督促所有成员带着头脑来思考活动，从而了解成员特点，助力成员成长。

二、“小团队成长”——人人都是组长

活动目的：体验专业学习共同体的分工合作。

活动安排：以组内异质、组外同质的要求，将工作室分成“小团队”，每次活动后，先由组内每人评议，然后生成要点，再抽取或指定每组的一人进行整个工作室的汇报，全面调动“小团队”的思辨能力。

三、“智慧漂流”——集体造句

活动目的：体验个人与集体的合作共存关系。

规则：将工作室成员分成若干小组，每一小组第一位组员准备好一支笔和一张空白纸。游戏开始后，每小组第一位组员随意在纸上写一个字，然后将笔和纸传给第二人，第二人按要求写完一个字后交给第三人……直到组成一个句子。

要求：如果到排尾句子没有结束则排尾的组员将句子写完整，写完后将所造的句子展示，最后以句子通顺、先展示句子的小组为胜。

修炼5

把握个人与任职校间的关系

名师工作室，是教育行政化下促进教师专业成长的特色产物，但其对专业自主的发展诉求，往往又欲去教育部门或是学校管理部门行政化。可是，在名师工作室这个生态场域中，行政化是否简单等同于层级化、限制化，是否一定要受到贬抑呢？通过多年各地的践行实效来看，未必。难道名师工作室的运行与研修真的不需要学校行政化力量的推动？

这里将从如何处理工作室中个人和任职校的关系方面进行阐述，厘清如何让名师工作室研修活动在保存其独有的专业发展权的同时又不受限于学校行政或管理体制的限制，更好地发挥工作室应有的价值属性。

一、维持好和谐发展的张力——适可而止的关系

现在，国内名师工作室运行的普遍形式是“官方推进”“学校自建”和“教师自主”三层有机结合，这三层关系凸显了“官方”“领导”“行政”。所以，名师工作室的长效管理运行机制包括以价值导向、任务导向、行为导向为主的行政导向机制，完全脱离任职校的行政管理机制是不切实际的。

以任光升为代表的专家建议将名师工作室主持人或成员所在学校的校长作为名师工作室的负责人，对名师工作室的工作运行给予指导和支持。

成员可以协助任职校从宏观方面引领学校教育教学工作，在校长的带领下着力在“校本培训”和“科研课题”两大方面进行改革。这种运行机制表明名师工作室与行政管理者构成了利益共同体，可以在一定程度上实现合作共赢的良好局面，但校长与名师工作室主持人在名师发展方面的主导权、话语权、课程领导权等方面可能存在分歧，从而可能导致名师工作室的过度行政化。

以曾艳为代表的专家则提出了自己的不同见解，他们认为：等级化的教研制度既赋予了名师领导权也制约其领导行动的深度。行政化对名师工作室运行的过度介入会让人陷入欲罢不能的两难境地。杨丽等专家提出，在本质上名师工作室的组织管理和运行机制要弱化，弱化行政化，工作室才有更深层次的专业化。也就是说，名师工作室不仅不能去行政化，反而可以将其作为可利用的权利资源与行政资源融入名师工作室运行与管理之中，从而实现助力教师的专业发展。

综上所述，教育行政部门掌握着名师工作室的考核评估、资源调配与供给、管理制度的情境化运用等权力，而且教育部门的行政权力掌握者一般兼有较好的专业学术能力与领导能力。

因此，名师工作室要恰当地运用任职校的行政权力、行政资源等，但又要谨防行政权力对名师工作室运行、成员发展的过分干预与介入。也就是说，名师工作室既不能完全脱离任职校的行政化，也不能让各成员任职校过度干预，应引领成员与任职校保持适度的张力，以彰显工作室的业务活力。

二、落实好行政主导与校本培训的并重原则——智慧共享的关系

名师工作室是一种专业发展共同体，共同体的发展在很大程度上是基于相互认同的价值观，从而自发形成的学习共同体。其中的集体探究是

专业学习共同体的特征要素，也是名师工作室的主要特点，集体探究的根本指向是促进成员的专业发展，尤其是诊断日常教育教学问题，并提出优化的践行策略。应建立一支强劲的师资队伍，以应对大规模的教育教学改革，更好地发挥集体教研活动的引领作用。

集体探究文化重在学术文化，是共同体中营造协作文化的重点，所以它的前期，需摆脱学校行政层面过多的安排与指导，这时工作室的运行应该是在基于工作室成员的实际需求，通过组织内部成员的合作学习、工作室联合研修等非正式合作学习活动，实现工作室内外联动，促进深度交融学习。

作为任职校要以名师工作室建设为出发点，组织开展校内教师教育的重要模式的探究与实践，以教师专业标准为依据，遵循“理念先行、自主发展，骨干带动、全员发展，注重实效、均衡发展”的工作原则，在规范基础上创新教师教育工作，不断增强教师培训的针对性和实效性，形成以教育事业需求为导向、行政主导与校本培训并重、教师履行义务与自觉学习相结合、各方面积极性得到充分发挥的教育教学新机制。

三、助力于任职校的教师成长——反哺发展的关系

一个人可以走得更快，一群人可以走得更远，工作室成员的发展离不开任职校的前期培养，没有任职校良好的校本培训基础、师徒帮扶机制的塑造、研讨氛围的熏陶，也就没有教师的成长，也就没有教师入选为名师工作室成员的契机。

比如：很多成员任职校常态开展的校本研修，聚焦课堂教学，探讨课堂教学评价机制；落实常规检查，了解教师课堂动态；设立师徒结对，助力教师成长模式；开展常态教学质量分析，全方位进行的质量监控；立足《义务教育课程方案和课程标准（2022年版）》，主抓课堂主题活动；基

于各种示范项目，以学科为抓手，进行“技术融合，赋能教学”等主题研修模式等举措无不促进了成员的专业提升和教育教学能力的发展。

作为成员也要主动有所为，向自己的任职校汇报工作室的工作进展或自己碰到的困难等，对于各省、市教育行政部门对名师工作室制订的管理方案，尤其是对成员的研修要求也要及时分享到任职校，从而以制度保证的形式，保障自身的研学时间和经费支出，从而强化任职校与教研效果的关系。

从教研成效来看，学校表面出现的是一位或若干位工作室成员，可这一位或若干位成员背后是一个或若干个工作室力量的支撑，这背后的强大团队无疑是促进成员教研能力提升和造就名师的重要平台，更是推动区域内教师教研能力提升的有效模式。在工作室一系列的培养引导下，成员可以高效地提高自身的课堂教学技术、促进自身的专业发展。在工作室教研活动与学校校本教研融合的背景下，名师工作室教研活动的有效开展，必将强化成员任职校教研活动的成效。

成员任职校还要充分发挥工作室“共同体、孵化地、辐射场”的功能，放大辐射效应，构建一个可持续发展的优秀教师群体。借助工作室项目在校内的有机推进，立足工作室成员在项目中成长、成熟的契机，从而带动学校教师积极参与工作室项目的研究，在探索和实践中不断提升，形成区域名优群体效应，最终促使学校总体教育教学质量的提高。

成员入选工作室以及后续的一系列发展完全离不开任职校的情感交融、学术交流和思想交汇，成员入选工作室后的所思所长，也会在回馈或反哺任职校中继续发光发热，助力任职校的持续发展。这样成员在团队中行走中才不至于迷失自我，也才能更好地获得长远发展。

四、着眼于持久发展的追求——美美与共的关系

工作室的持久发展，一方面需要得到一大批成员的支持，组织他们在工作室活动中和大家一起研讨和指导教学改革，尽快拓宽成员的专业视野和提升大家的能力水平；另一方面需要成员在其任职校内建立属于自己的青蓝工程、梯队模式，帮助和指导广大年轻教师的专业发展，带动大家明晰发展方向，实现智慧共享。比如：以工作室成员为梯队构成的结构布局，可以充分发挥优秀教师的示范引领作用，在传帮带中造就一支过硬的学科教师队伍。

从一线调研发现，名师工作室成员的有效发展离不开其任职校的大力支持。任职校的支持是名师工作室向好发展的基石，如任职校为成员教师提供的物质、精神保障；任职校为成员教师提供的参与培训时间保障、优先外出培训权等等。

工作室成员在校都是骨干教师，往往较一般教师承担了更加繁重的教学任务，也承受着巨大的压力。部分成员常担心过多的外出活动对自己的学科教学、班级管理的影响，会受到学校的埋怨。有些学校领导对成员关心不够，不仅不能鼓励支持成员积极参加活动，更有甚者找各种借口在经费支持、时间安排、调课代课等方面设置障碍。

此外，我国部分名师工作室的教研活动基本沿用传统备课组和教研组结合的教研模式，这种“自上而下”的领导模式往往无法形成“分布式领导力”，这就与我们工作室的特征之一，即“支持性和共享型的领导”相矛盾。还有名师工作室“非官非民”的尴尬身份，导致有些成员经常被教育行政部门和学校推行的活动所左右。比如，为了应对市、区级教育行政部门组织的赛课而开展教研；为了参与上级部门组织的“雷锋月”“读书月”“科技月”等活动而进行的“一哄而上”式教研；为了争创某些项目

或荣誉校，以磨课为名而开展教研……此等种种教研活动的开展既偏离了教师发展的实际需求，又缺少证据证明其有效性，具有运动式特点，缺少系统的规划，对教师专业成长不利。

又比如：某些学校借着“新理念”的东风，依据某个“新主题”，巧借工作室名义开展“跟风式”的教研活动，如翻转课堂、慕课、互联网+、STEAM课程、项目式学习等，开展一系列以展示理念、形式、技术和概念为内容的教研活动，却忽视了党和国家成立名师工作室、开展教研活动的主旨是提升教师的专业发展和促进学生核心素养的培养。

有些学校的校本培训只有短期的目标，缺少长远的规划，开展的活动经常是“一锤子买卖”，表面看来“风风火火”“热热闹闹”，成果丰硕，但是对于成员来说，其收获只停留在“感知”层面，既没有职业态度的提升，又没有专业精神的培养，更缺少对“自我觉醒意识”的促进。基于以上分析，我们发现工作室成员的有效发展，离不开学校管理层孙悟空式的“火眼金睛”对各种学校活动的梳理和评估，只有融合既利于教师专业发展，又利于推动学校校本研修的活动，才能真正在“减负”中促进教师的专业发展，最终形成“与心相交，成其久远”般美美与共的关系。

所以，开发和完善名师工作室的功能，离不开任职校对成员的大力支持，为成员提供工作、学习、交流的场所以及便利先进的办公条件，以更好地激发成员的工作活力，使其更好地发挥引领、示范作用。学校主管单位，要提供条件和场地，协调帮助成员借助名师工作室经常开展不同级别、不同类型、不同内容、不同对象的经验交流活动，并使其成为交流互动的常态。这样可以拉近工作室成员与不同需求教师的距离，让成员在助力任职校教师解决实际问题中增加亲和力。

总之，学校教育管理部门在制订名师培养规划、名师工作室建设规划中，要注重发挥名师的专业引领作用，在工作室建设、校本研修、课题研究、外出培训、参观考察等方面为成员提供便利，为名师工作室的常态建设和成员的专业成长创造良好环境，从而实现一荣俱荣的良好发展生态。

活动与思考

一、“追忆往昔”——我的成长故事

活动目的：感悟成长足迹，反思任职校对成员成长的作用。

规则：每位成员畅谈自己在任职校的成长故事，从任职校对自己的正面影响和不足之处两方面进行剖析，更好地反思任职校对自己成长的作用，以期后续在工作室学有所成后，更好地开展任职校的校本培训工作。

二、“说长道短”——了解身边的他

活动目的：了解成员的特点与不足，形成团队更好的合力。

规则：以座谈或游戏的形式，如扔硬币，扔到正面则说成员的一个优点，扔到反面则说成员的一个不足点，主持人和资深成员组成智囊团给出相应的改进建议，助力成员之间的了解与共同成长。

修炼6

熟悉工作室成员的常规职责

综观当前，从国家到地方，一系列政策、建议的相继出台，对教师“质”的要求越来越高，对教师素养的关注也达到了前所未有的程度。习近平总书记曾在不同场合多次强调教师工作的重要意义，“要研究真问题，着眼世界学术前沿和国家重大需求，致力于解决实际问题，善于学习新知识、新技术、新理论”“要做有理想信念、有道德情操、有扎实知识、有仁爱之心的好老师”……这殷切的希望，是每一位教师应该认真思考和探索的问题，也应成为每一位教师的理想追求。名师工作室成员，是教师发展的优先力量，更要深刻理解政策背景和实践背景，明确自己作为工作室成员的职责，立足于新时代的新任务和新使命，紧跟工作室教育教学动向，积极融入工作室的培养机制，以主动发展的姿态履行工作室成员的职责，适应未来新需求。

一、感受共同心跳的呼吸——合作共享的职责

我们知道“授人以鱼，不如授人以渔”，虽然主持人或成员极力传授自己的“法”，避免像专家、教授讲座一样“大谈”理论，殊不知理论和方法之间还有一个“法理”，这是介于理论和操作之间的一个桥梁。“法”是很具象的，是名师长期教学经验积累的结果。

如果没有共享的个人实践，工作室主持人无法起到引领示范的作用，

没有个人的分享，教研活动就无从谈起；如果没有区域教育行政部门、学校的支持，硬件软件的配备，时间和经费就无法保证；如果成员间的共享只是单纯地传授自己的“法”，就会导致工作室其他成员只能选择单纯地模仿名师的教学行为，或者永远做一个被动接受者，接受他人的教学经验，这种停留在表面的教研活动，无法促进成员由具象到抽象地提升，学习效率必将大打折扣。

所以，作为工作室主持人需要传递给成员有效共享的原则是基于理论实践的科学方法论。遗憾的是，在大多数名师工作室鲜见这样的集体教研。除此之外，名师工作室教研活动大多强调观点的一致性，对于观点的多样性往往不予考虑，尤其是名师的“权威”领域。专业学习共同体称为“共同体”，最重要的原因就在于一个又一个个人的共享实践活动，通过集体探究，赋予成员一定权力进行合作、互动、交流，从而跨越一个又一个个人的“最近发展区”，实现成员的专业发展。

共享，从另一层面讲也是为了树立榜样的力量。榜样示范是教师专业发展中一种很重要的方式。在名师工作室中，质优成员可以以自身的实践行为来唤醒其他成员个体的发展意识，促使其实践行为转化为实践知识，从而进入再实践模式。比如，通过讲述自己的教育故事去唤醒其他教师的意识发展自觉；通过自己过硬的教学水平和教学影响力去唤醒成员的专业发展自觉。无论是以教育故事感化教师，还是在教学实践上影响教师，面对其他成员教师，都需要外力的拉动和内力的感化。因为，只有通过共享模式来唤醒成员内心自我发展的意识自觉或专业自觉，成员才有迈入新发展阶段的契机。

此外，我们在遴选成员时不要单一地考查成员的专业能力，而要考查成员的性格特征，是不是宜人型的性格，是否外向、善于表达，是否愿意分享，是否对教育事业具有认同感，是否始终站在教学第一线……这些都应该作为选拔成员的标准。成员加入工作室，不仅有成员和主持人之间知识和技能的“距离”，还有成员和成员之间形成的认知水平的“落差”，组成专业学习共同体，通过集体教研可以有效地弥补这种“沟壑”。

因为，每一位成员都有自己的“最近发展区”，集体教研就是通过成员交往互动活动，借助于维果茨基所提到的“文化制品”，如教学研讨活动，把所有成员的思想外化出来，把这种集体智慧最终凝结在工作室的成果上面。在这个过程中，所有成员由于认知水平的落差，就像“水的连通器”一样，通过相互作用形成彼此的平衡，最后每位成员都通过共享获得了能力发展，态度、专业精神和学习动机得到了提高，最终也获得了自我发展的意识和动力。这个过程就需要主持人重视集体多样性的教研，在工作室中避免受权威影响而形成“一面倒”的讨论氛围，而要允许每位成员质疑、发问和反对等，重视成员之间互相帮扶、共享。

我们还可以通过深度强化成员的职业认同感，激发其专业自觉与责任共享意识。因为责任落实到每一位成员身上是不能共享的，是否愿意主动出力还是要看成员自身的责任意识。责任共享并非指不同成员承担同一项任务，而是基于对组织的认同感与归属感，形成专业自主意识，在实现自我提升的同时，自主自愿投身于组织的发展中。在名师工作室中，成员在共享中聆听心声，感受心跳的力量，实现专业到智慧到情感的共享，实现将着眼点从个人成长走向集体责任共享。

二、回归于原点的归属意识——反作用任职校的职责

每所学校都有一个共同的发展愿景，这是学校群体愿意为之奋斗、可实现且具有挑战性的愿望、理想或目标。在规划中，每所学校都会对学校教师队伍建设所存在的问题进行剖析，对已取得的经验进行梳理总结，也会对下一步的教师发展进行统筹规划。学校有意识、有重点、有计划地引

领教师制定个人发展规划，也是学校稳定与发展的关键要素之一，可以促进学校教师的文化凝聚与价值认同。

工作室成员作为任职校的一员，应该学会把学校愿景与自身发展紧密联系起来，为实现学校愿景提出切合实际的个人愿景，即通过个人发展规划的制定将学校发展愿景细化、分解到自身发展目标中，深化对学校发展愿景的理解、认同和内化。

基于以上分析，名师工作室成员要将自己在工作室的所学所得践行于任职校中，积极为自己的任职学校提供研究课、示范课，推广先进经验和科研成果，传播新的教育理念，协助学校培训教师等，回归原点做好服务。

名师工作室创设各种机制，搭建中青年教师专业成长平台，是为充分发挥名师在深化教育教学改革中的示范引领和辐射带动作用。工作室成员一般都是来自任职校，肯定要回馈任职校。成员树立服务于任职校的职责，引领任职校在校本培训项目上继续发光发热，借助任职校的平台更好地发挥自己的特长，不仅展示自己的特色，而且起到服务于任职校的示范作用，从而引领任职校教师实现专业发展。

“一个人走得快，一群人走得远。”教师专业发展团队是助力教师专业化水平提升的平台，也是优化任职校校本培训的有效补充。在推进任职校校本培训中，各级名师工作室应该积极鼓励并支持成员和任职校内的教师形成专业发展“共同体”，利用多种形式组织开展教育教学研讨和教育心得交流，积极探索名师工作室团队建设经验，建立健全教师专业发展团队管理制度，形成任职校行政主导与工作室成员发挥引领职责的有效融合，促进教师校本培训的多元化。

当然，其落脚点一定要在解决本校、本地碰到的实际问题、真正问题、普遍难题和需要废除或突破的观念问题、行为上。要做到有的放矢，防止面面俱到、走形式、华而不实。

名师工作室活动的有效开展源于问题，成员回归到任职校、服务于任职校也要大胆地移植自己在工作室的研究氛围、问题意识，做到问题真研究、研究真问题。我们知道，问题有真问题和假问题之分。假问题具有“非常正确的废话”“放之四海皆准”之类的特点，如“发展”“有效”“质量”等问题，不管怎样研究，研究价值都不是很大。真问题，则是指教师课堂教学、教育实践中普遍存在，短时间内无法解决的问题。

比如《义务教育语文课程标准（2022年版）》指出：“要合理安排不同类型作业的比例，增强作业的可选择性，除写字、阅读、日记、习作等作业外，还应紧密结合课堂所学，关注学生校内外个人生活和社会发展中的热点问题，设计主题考察、跨媒介创意表达等多种类型的作业，培养学生自主学习和综合学习的能力。随着学段升高，作业设计要在识记、理解和应用的基础上加强综合性、探究性和开放性，为学生发挥创造力提供空间。”这为“双减”背景下的小学语文作业设计提供了新方向。可是如何在作业设计时立足学科特点，以学生发展为本，设计出层次性、应用性与趣味性兼备、融合性与主题性并存的实践作业，让学生“主动投入”，提升作业的效果，这是很多一线教师面临的难点问题。

再比如党的二十大报告提出：“我们要坚持教育优先发展、科技自立自强、人才引领驱动，加快建设教育强国、科技强国、人才强国……”强国政策下，国家执行“双减”政策，要求“减负不减质”，可如何践行“双减”政策，又达到立德树人根本任务是考验学校教育智慧的一项新难题。如何在充分发挥“双减”的功能，达到“减量增效”的效果，积极探索小学教学质量的评价体系，创新评价方式与育人价值，力求减轻学生负担的同时，让育人效力达到最大化，也是大多数一线学校急需解决的难点问题。

真问题主要来自教师中、课堂教学中、学生的学习中、课程建设中。名师工作室成员要有服务于任职校职责，要指导教师研究学科类的课堂教学，切实提高课堂教学质量，聚焦真问题，解决教育教学中存在的实际问题。真问题有适用性、针对性和价值性，有别于“提高质量”“高效课堂”等泛问题。名师工作室成员要引领任职校教师从“大处着眼，细处落点，痛处聚焦”，针对痛点，剖析课堂教学问题片段，解决真实问题，这样的研究才有针对性和实效性。

三、维持好横向交流的群体学习——实现双向奔赴的职责

名师工作室中的学习关系包括“名师与成员”“成员与成员”两个方面。这种学习关系如何在群体学习中实现双向奔赴也是我们要研究的课题。

在社会文化视角的学习观中，学习本质上是基于社会互动而进行的有意义的建构活动，成员之间的关系深刻影响着学习的过程和效果。研究表明，很多名师侧重于建构与成员之间的师徒关系。实际上，能否体现名师工作室作为一个学习社群支持成员的学习与发展，还有赖于“成员与成员”的关系。一方面，工作室作为非行政机构，不可能通过行政权力来约束成员、强调合作，另一方面，成员大多是由优秀教师自愿申报、推荐择优录取产生的，大家虽然同在一个学科，彼此之间有一定了解，但毕竟来自不同的学校，个人的发展意愿、对教育教学的理解都不尽相同。基于以上现状，建议名师工作室的成员间相互扶持，保持小团队研读的职责，这样才能尽快地磨合。比如，可以采用项目制推动群体学习，每个项目组由3到7人组成，以此发挥团队的最高效能。项目确定后，可以根据成员自主报名的人数情况，构建起3个左右具有组织性质的学习群体。通过给予工作室成员充分的研修主题制定权、研修方式选择权以及集体协商、倒推制订研修计划等方式，形成“自下而上”的决策系统，让成员在相互学习借鉴的过程中，助推长效合作、深度合作氛围，最终实现互动奔赴的效果。

“水本无华，相荡而生涟漪；石本无火，相击而生灵光。”这里所描述

的其实正是名师工作室成员之间横向交流的常态呈现。

工作室成员在交流学习中相互促进、共同进步，他们的学科思想在交流中相互碰撞，他们的情感认知在交融中达成共识，真正达到“共享资源、共享智慧、协同合作、共同发展”的目的。

此外，名师工作室之间还可以借助互联网络，设立网络研究平台，根据成员特性或培养方向，建立不同性质的交流群。成员们可以常态登录交流，从而借助网络打通大家分散研修的通道，使研修真正融入每个人的日常工作，并确保成员间即时性的辅导与交流。

每次集中网络研修，工作室要布置思考与实践的作业，鼓励各成员把学习心得、研究成果上传共享，这样有利于打造专业成长的共同体，不断提升工作室共同体的学习、研究水准，从而实现成员的双向奔赴。

均衡发展是成员之间双向奔赴的目标。因为工作室成员的学科教育素养发展水平是不一致的，每一位成员的学科教育素养各方面的发展也不平衡。工作室在平时工作开展中，要在分析每位成员的学科教育素养发展情况基础上，针对性地组织培训和学习。工作室可以通过开设系列讲座对成员进行理论指导，通过任务驱动、项目研究等方式帮助成员提高素养、补齐短板。比如：有些工作室成员教学技术水平普遍滞后，工作室在三年规划中可以特意安排一定时间，由信息化水平较高的成员带领大家学习教学中常用软件的操作技术。成员通过学习各类通用软件，掌握这些软件的使用方法，从而制作出漂亮的课件，也可以在“双融双创”“名师优课”等各类比赛平台中顺利地晒课，切实提升自身的教学技术素养。

其实，基于双向奔赴的本质是信任文化。信任文化要求成员之间越来越向去中心化的开放协作模式演进。成员的角色是不断变化发展的，每位成员时而是“领跑者”，时而是“陪跑者”，时而是“跟随者”。在这里，每位成员都希望自己发展得更好，希望别的成员成为自己的盟友。基于这样的双向奔赴信任，成员之间的反馈也就更加坦率、温和、积极。通过与其他成员沟通真实的感受，不仅能寻找到值得信任的伙伴，获得坚定的支持，最终自己也能成为他人值得信任的对象，实现大家信息共享，有效连接，充分发挥合作和协同效应。

四、树立好不懈努力的价值取向——追求长远发展的职责

教师强则教育强。2018年发布的《中共中央 国务院关于全面深化新时代教师队伍建设改革的意见》中明确指出："到2035年，教师综合素质、专业化水平和创新能力大幅提升，培养造就数以百万计的骨干教师、数以十万计的卓越教师、数以万计的教育家型教师。"以上都是针对教师提出的发展目标，也是为教师树立的前行目标。在这一背景下，作为名师工作室的成员教师更要提升自我发展意识，借力打力，借助工作室的培养机制让自己专业成长的目标落地生根。

名师工作室成立及教研活动组织的终极目的，不是解决几个具体的教学问题，而是教师在解决问题的过程中实现品质的提升。工作室每一位成员都要有追求更高发展的职责，努力使自己成为一个可持续发展的优秀教师。

古人云："知之者不如好之者，好之者不如乐之者。"作为一名工作室成员要增强对工作室培养的认同感，热爱自己所选择的工作室，真正搞懂教育、搞懂教学、搞懂学生，不断在工作室学习中充实和完善自己，努力为工作室的辐射引领发挥示范作用，并把它作为自己的理想信念与不懈追求。在工作室，要认真学习教育教学理论，不断提升自己的理性，并在理性中不断丰富和完善自我。同时，还要认真研读新课程标准，悉心钻研教材，认真研究教法，借助工作室的培养机制，不断提高自己的业务能力。平时要勤向主持人请教，多与成员交流，特别是要向教学经验丰富、教学能力强的成员学习，注重总结教学经验，及时做到教后反思，在实践

中摸索，教学相长，在教学中不断完善自己。要积极学习教育新思维和理念，积极进行教育教学研究，不断更新教育教学观念，并在工作室的实际工作中大胆实践，勇于创新，努力提升自己的教育创新能力和水平。

此外，各成员要主动吸纳古今中外优秀的教育思想，传播先进的教育理念，努力实现自我评价、自我调控、自主发展。积极倡导终身学习，让学习成为生活的一部分，让学习成为习惯，人人争做学习的楷模，积极构建学习型组织。

根据波斯纳提出的教师成长公式：经验+反思=成长。工作室成员要在教研实践的基础上，及时进行反思，把反思当成一种自觉性行为，树立好不懈努力的价值取向，拓宽学习的深度和广度，使教学与研究相结合，教学与反思相结合，这可以有效促进自我的快速发展。各成员平时要做有心人，及时记录自己对教学现象、教学问题的独立思考和创造性见解，提高教研工作的自主性和目的性，使自己真正成为教育教学研究的主人。

成员要在三年中不断地积淀自己，不懈地提升自己，要以主动融入的心态，以名师工作室为载体，以理论与实践相结合为原则，通过课题研究实现自己的专业成长，要注重理论提升和经验推广，适时、及时地总结自己的教育心得和自身教育教学经验，梳理名师工作室的各项研究资料和教研成果，通过集体备课、执教示范课、制作优秀教学设计或优质课例实录等对自身专业成长进行展示，促进区域内学科教师的共同成长。理论学习方面，成员要通过精心阅读、认真聆听专家报告、积极参加集中培训等方式提升自身的理论水平。

“路漫漫其修远兮，吾将上下而求索。”作为工作室成员，要用不懈追求成长的动力描绘自己的蓝图，按照工作室三年的生涯规划路线和要求不断追求进步。“莫言君比别人差，只要努力总能行”，相信，只要在各方面不断完善自己，就能真正实现个人发展和工作室发展的全面融合。

活动与思考

一、“读书漂流”——知识的力量

活动目的：感受集体的荣誉、价值观的力量。

规则：除了共读专业书籍外，还可以选取一本展现集体荣誉或价值观的书籍，如《集体行动的逻辑》《公共事务的治理之道》等，每次活动前以随机抽取的形式，抽取2名成员分享感想。

二、“剖析自我”——建立个人档案

活动目的：通过自我剖析，了解自己的内在需求。

规则：工作室通过组织成员建立个人档案，使成员加深对自己的认识，科学地产生成员的个人发展规划，使每一位成员都有重点发展的方向、不懈追求的目标。工作室完善成员的自我剖析，为每位成员专门设计定制专业成长方案，以更好地对工作室成员进行个性化培养。

三、“明确职责”——制订工作计划

活动目的：进一步明确名师工作室成员的常规工作，制订个人工作计划。

规则：在学习本专题的基础上，追加自主研读《名师工作室建设指南》一书的相关内容，制订个人年度工作计划；组织一次工作研讨活动，工作室成员进行分享与交流；工作室主持人点评，提出如何做好分工与合作的建议；工作室助手汇聚各成员修订后的工作计划，用思维导图或列表进行一体化呈现。

专题3

职业素养

百年大计，教育为本；教育大计，教师为本。高质量教育体系的关键要素和显著特征之一是高质量教师队伍的支撑。教师职业素养直接决定着教育教学水平，是推进教育改革和高质量发展的重要基石。我国古代对教师的职业素养就有很多规定，比如“才高八斗”用来形容教师的知识素养，唐代韩愈《师说》中的“师者，所以传道受业解惑也”意在强调教师的道德素养和知识素养，等等。

本专题属概述性介绍，具体的职业素养将在后续相关专题中展开。本专题主要包括三方面的内容：一是要熟悉《教师数字素养》等新时期教师专业标准；二是把握工作室成员的师德修养，包括爱国守法、爱岗敬业、关爱学生、教书育人、为人师表、终身学习等；三是熟知工作室成员的专业素养，包括专业理念、专业知识和专业能力等。

修炼7

熟悉新时期教师专业标准

为促进我国中小学教师的专业发展，建设高素质的中小学教师队伍，教育部近年来围绕教师培养、教师专业标准以及师范生教师职业标准发布了系列相关文件，包括《中学教师专业标准（试行）》等3个教师专业标准、《中学教育专业师范生教师职业能力标准（试行）》等5个师范生教师职业能力标准、《教师数字素养》教育行业标准等国家教师职业素养的标准。围绕教师队伍建设，党中央、国务院、教育部也相继出台了《中小学教师职业道德规范》《新时代中小学教师职业行为十项准则》《关于全面深化新时代教师队伍建设改革的意见》等相关的政策文件。作为名师工作室成员，应深入理解并践行上述标准，不断提升自己的专业素养和教育教学能力，为培养更多优秀人才贡献自己的力量。

一、对标《教师专业标准》

为了进一步深化教师专业内涵，提升教师专业素质，教育部于2012年10月发布了《幼儿园教师专业标准（试行）》《小学教师专业标准（试行）》和《中学教师专业标准（试行）》（以下简称为《教师专业标准》）。《教师专业标准》主要由基本理念、基本内容、实施建议三大部分组成。

（一）《教师专业标准》的基本性质

1993年颁布的《中华人民共和国教师法》规定了教师是“履行教育教学职责的专业人员”，但是该法律以及此后的法律文本、相关政策都没有对教师作为专业人员的基本要求作出明确规定。《教师专业标准》是我国关于幼儿园、小学和中学教师专业要求的第一份政策文本。

《教师专业标准》的定位是对合格幼儿园、小学和中学教师的基本专业要求。这意味着《教师专业标准》的规定超越了对不同学科、不同发展阶段教师的具体要求，是对所有幼儿园、小学和中学教师的一般性要求。

从《教师专业标准》的前言和实施建议两个部分中的相关规定中可以看出，《教师专业标准》既具有“评价”标准之性质，也具有“导向”标准之特征。作为“评价”标准，它是“幼儿园、小学和中学教师开展教育教学活动的基本规范”，是“幼儿园、小学和中学教师培养、准入、培训、考核等工作的重要依据”，因此是评价教师和教师教育质量的依据，是进行教师管理和教师教育管理的抓手。作为“导向”标准，它是“引领幼儿园、小学和中学教师专业发展的基本准则”，因此是引领幼儿园、小学和中学教师教育专业化的基础。

（二）《教师专业标准》的基本理念

制定教师专业标准是确立教师专业化的前提，也是建设高素质教师队伍的依据。《教师专业标准》提出“学生为本”“师德为先”“能力为重”“终身学习”四个基本理念，是幼儿园、小学和中学教师作为专业人员在专业实践和专业发展中应当秉持的价值导向。

为了更好地贯彻实施《国家中长期教育改革和发展规划纲要（2010—2020年）》中提出的“育人为本”的教育理念，幼儿园、小学和中学教师应当用这四个基本理念规范自己的教育思想和日常的教学行为。“学生为本”“师德为先”“能力为重”的理念既体现了中国教师群体长期坚持的基本追求，也体现了现代教育发展对教师素质的新要求，是传统与变革的有机结合。“终身学习”的理念更多地包含了信息社会背景下对教师专业发展所提出的新要求。

（三）《教师专业标准》的基本内容

《教师专业标准》的基本内容包含“维度”“领域”和“基本要求”三个层次，即“三个维度、十四个领域、六十一项基本要求”。“三个维度”是“专业理念与师德”“专业知识”和“专业能力”；在各个维度下，确立了四至六个不等的领域；在每个领域之下，又提出了三至六项不等的基本要求。下面以《中学教师专业标准（试行）》为例进行分析。

1.“专业理念与师德”维度

本维度从教师对待职业、对待学生、对待教育教学和对待自身发展四个方面，确定了“职业理解与认识”“对学生的态度与行为”“教育教学的态度与行为”“个人修养与行为”等四个领域，提出了十八项基本要求。这些基本要求指向造就具有良好职业道德和专业精神的合格教师，既体现了对“学生为本”理念的细化，如尊重学生、关爱学生、教书育人等，也体现了对“师德为先”理念的细化，如依法从教、爱岗敬业、为人师表等。

2.“专业知识”维度

本维度从中学分科教学的实际出发，依据中学学生身心发展的规律以及中学教育教学的本质特征，确立了国内外学界基本形成共识的教师知识构成的四个领域，即“教育知识”“学科知识”“学科教学知识”“通识性知识”。提出了有关中学教师专业知识的十八项基本要求。体现了对中学教师把握“专业知识”三个方面的要求：在学科知识方面，中学教师不仅要知道所教学科的内容，并且要“理解所教学科的知识体系、基本思想与方法”“了解所教学科与其他学科的联系”等，这是为了保证教师在教学活动中脉络清晰、重点突出，让学生感悟学科的基本思想；在学科教学知识方面，提出“掌握针对具体学科内容进行教学的方法与策略”等，这是要求中学教师能够把一般教育知识与学科知识有机结合，并体现在教学活动之中；在通识性知识方面，提出“具有相应的自然科学和人文社会科学知识”“具有相应的艺术欣赏与表现知识”等，这一方面是为了保证中学教师在教学活动中能够关注学生的全面成长，更好地体现育人为本的教育理念，另一方面也是在素养方面对教师专业发展提出的基本要求。

3.“专业能力”维度

本维度从“教学设计”“教学实施”“班级管理与教育活动”“教育教学评价”“沟通与合作”“反思与发展”等六个方面，提出了二十五项有关中学教师专业能力的基本要求，涵盖了中学教师应有的四个方面基本能力。一是教学能力，这是中学教师的主要工作，因此“标准”对中学教师专业能力的要求是以教学能力为中心，其中涉及教学的设计、实施和评价等。二是开展班级管理和其他教育活动的能力，这些工作是“教书育人”使命所决定了的教师教学以外的基本工作，一个合格的教师必须具备这方面的能力。三是人际交往能力，因为教师工作是一项与人打交道的工作，教师必须能够有效地与学生交流，此外，拥有与同事、家长、社区等沟通与合作的能力是教师有效开展教育教学的基本保障。四是自我发展能力，因为在终身学习社会中，教师只有具有自我发展能力，才能不断提升自己的专业水平，才能适应教育教学工作的需要。

（四）《教师专业标准》促成长

通过不断对标《教师专业标准》，名师工作室成员不仅可以深化对教育教学规律的理解，提升教育教学水平，而且可以不断锤炼自己的专业素养，丰富教育教学方法。

首先，对标《教师专业标准》可以引导名师工作室成员不断反思自己的教育教学实践，从而发现自己的不足和需要改进的地方。这种反思和自我提升的过程，有助于成员们逐渐构建起科学、系统的教育教学理念，使其教学更具针对性和实效性。

其次，通过与《教师专业标准》的对照，名师工作室成员可以更加明确自己的专业发展方向和目标。根据标准中的要求，有计划地提升自己的学科知识、教育教学能力、教育科研能力等多方面的专业素养。这种有针对性的提升，有助于其更好地适应教育改革和发展的新形势，更好地满足学生的成长需求。

最后，通过不断对标《教师专业标准》，名师工作室成员可以形成一种积极向上、追求卓越的工作氛围。在共同追求卓越的过程中，相互学习、相互支持、相互激励，不断提升自己的教育教学水平。

总之，对标《教师专业标准》是名师工作室成员不断提升自己专业素养和教育教学能力的重要途径。通过这种方式，不仅可以更好地适应教育改革和发展的新形势，而且可以为学生的成长和发展提供更加优质的教育服务。

二、研习《教师数字素养》

2022年11月，教育部发布了《教师数字素养》教育行业标准，旨在扎实推进国家教育数字化战略行动，完善教育信息化标准体系，提升教师利用数字技术优化、创新和变革教育教学活动的意识、能力和责任。

《教师数字素养》顺应了数字化时代对教育发展的要求，对教师提出了适应数字变革与教育未来的新的行业标准。这有利于教师科学、正确地理解教育数字化，提升教师在数字化时代利用数字技术进行教书育人的专业能力，推进个性化教育，满足受教育者的多元教育需求，进而实现学校教育提质增效，培养学生应对人工智能快速发展挑战的创新能力。

《教师数字素养》制定了教师数字素养框架，框架包括5个一级维度、13个二级维度和33个三级维度，其中一级维度包括数字化意识、数字技术知识与技能、数字化应用、数字社会责任、专业发展等5个方面。这5个方面是一个整体：数字化意识是教师在数字时代有效开展教育教学和持续发展的前提条件，数字技术知识与技能是教师实现数字技术与教育教学深度融合的基本要求，数字化应用是教师实现数字化教育教学的核心要素，数字社会责任是教师开展公平包容、绿色发展、开放合作的数字教育的根本保障，专业发展是有效支持教师开展数字化创新应用与实践的重要保障。

（一）“数字化意识”维度

本维度主要指客观存在的数字化相关活动在教师头脑中的能动反应，包括数字化认识、数字化意愿以及数字化意志。数字化认识主要指教师对数字技术在经济社会及教育发展中的价值的理解，以及在教育教学中可能产生新问题的认识，包括理解数字技术在经济社会及教育发展中的价值，认识数字技术发展对教育教学可能带来的机遇与挑战。数字化意愿主要指教师对数字技术资源及其应用于教育教学的态度，包括主动学习和使用数字技术资源的意愿，开展教育数字化实践、探索、创新的能动性。数字化意志主要指教师在面对教育数字化问题时，具有积极克服困难和解决问题的信念，包括战胜教育数字化实践中遇到的困难和挑战的信心与决心。

（二）“数字技术知识与技能”维度

本维度主要指教师在日常教学活动中应了解的数字技术知识与需要掌握的数字技术技能，包括数字技术知识以及数字技术技能。数字技术知识主要指教师应了解的常见数字技术知识，包括常见数字技术的概念、基本原理。数字技术技能主要指教师应掌握的数字技术资源应用技能，包括数字技术资源的选择策略以及数字技术资源使用方法。

（三）“数字化应用”维度

本维度主要指教师应用数字技术资源开展教育教学活动的能力，包括数字化教学设计、数字化教学实施、数字化学业评价以及数字化协同育人。数字化教学设计主要指教师选用数字技术资源开展学习情况分析、设计教学活动和创设学习环境的能力，包括开展学习情况分析，获取、管理、制作数字教育资源，设计数字化教学活动，创设混合学习环境。数字化教学实施主要指教师应用数字技术资源实施教学的能力，包括利用数字技术资源支持教学活动组织与管理、利用数字技术资源优化教学流程、利用数字技术资源开展个别化指导。数字化学业评价主要指教师应用数字技术资源开展学生学业评价的能力，包括选择和应用评价数据采集工具、应用数据分析模型进行学业数据分析、实现学业数据可视化与解释。数字化协同育人主要指教师应用数字技术资源促进学校、家庭、社会协同育人的能力，包括学生数字素养培育，利用数字技术资源开展德育、心理健康教育、家校协同共育。

（四）“数字社会责任”维度

本维度主要指教师在数字化活动中的道德修养和行为规范方面的责任，包括法治道德规范及数字安全保护。法治道德规范主要指教师应遵守的与数字化活动相关的法律法规和道德伦理规范，包括依法依规上网、合理使用数字产品和服务、维护积极健康的网络环境。数字安全保护主要指教师在数字化活动中应具备的数据安全保护和网络安全防护的能力，包括保护个人信息和隐私、维护工作数据安全、注重网络安全防护。

（五）“专业发展”维度

本维度主要指教师利用数字技术资源促进自身及共同体专业发展的能力，包括数字化学习与研修以及数字化教学研究与创新。数字化学习与研究主要指教师利用数字技术资源进行教育教学知识技能学习与分享、教学实践反思与改进的能力，包括利用数字技术资源持续学习、利用数字技术资源反思与改进以及参与或主持网络研修。数字化教学研究与创新主要指教师围绕数字化教学相关问题开展教学研究以及利用数字技术资源实现教学创新的能力，包括开展数字化教学研究、创新教学模式与学习方式。

（六）《教师数字素养》促发展

随着信息技术的快速发展，数字素养已经成为现代教师必备的专业素养之一。名师工作室成员可以通过研习《教师数字素养》来促进个人和工作室的发展。

首先，提升数字素养有助于名师工作室成员更好地适应信息化教学环境。在现代教育中，数字化教学已经成为主流，教师需要掌握一定的信息技术和教学设计能力，才能有效地利用数字化教学资源，提高教学效果。

其次，提升数字素养有助于名师工作室成员创新教学方式方法。通过掌握先进的信息技术手段，教师可以尝试新的教学方式，如在线教学、混合式教学等，从而激发学生的学习兴趣和积极性，提高学生的学习效果。

最后，提升数字素养还有助于名师工作室成员参与教育科研工作。数字化教学为教育科研提供了新的手段和方法，教师可以通过数据分析、在线教育实验等方式，开展更加科学、有效的教育研究。

因此，名师工作室成员应该积极学习和掌握数字化教学的相关知识和技能，不断提升自己的数字素养，以更好地适应信息化教学环境，创新教学方式方法，参与教育科研工作，促进个人和工作室的发展。

三、熟知师资建设其他若干文件

党中央、国务院、教育部高度重视教师队伍的建设。为了着力推动教师教育振兴发展，努力造就新时代高素质专业化创新型中小学教师队伍，多项教师队伍建设的政策文件相继出台，如《中小学教师职业道德规范》《新时代中小学教师职业行为十项准则》《关于全面深化新时代教师队伍建设改革的意见》《关于加强和改进新时代师德师风建设的意见》《新时代基础教育强师计划》等。这些文件都突出了教师思想政治建设、师德师风建设、业务能力建设在教师队伍建设中的重要性，为教师的职业道德和行为提供了明确的指导和规范，是教师专业发展的重要参考。作为名师工作室成员，应熟知并遵守这些文件的要求，不断提升自己的职业道德和行为水平；还应积极发挥示范引领作用，带动其他教师共同遵守职业道德规范，推动教师队伍整体素质的提升。

（一）《中小学教师职业道德规范》

为全面提高中小学教师队伍的师德素质和专业水平，在广泛征求意见的基础上，教育部和中国教科文卫体工会全国委员会于2008年对《中小学教师职业道德规范》进行了修订。这些规范旨在引导教师树立正确的教育观、学生观和人才观，以良好的职业道德和行为影响学生，促进学生健康成长。

新修订的《中小学教师职业道德规范》包括爱国守法、爱岗敬业、关爱学生、教书育人、为人师表、终身学习六条规范，体现了教师职业特点对师德的本质要求和时代特征，“爱”与“责任”是贯穿其中的核心和灵魂。

“爱国守法”是教师职业的基本要求。热爱祖国是每个公民，也是每个教师的神圣职责和义务。要实现这一目标，需要每个社会成员知法守法，用法律来规范自己的行为，不做法律禁止的事情。

“爱岗敬业”是教师职业的本质要求。没有责任就办不好教育。没有感情就做不好教育工作。教师应始终牢记自己的神圣职责，志存高远。把个人的成长进步同社会主义伟大事业、同祖国的繁荣富强紧密联系在一起，并在深刻的社会变革和丰富的教育实践中履行自己的光荣职责。

“关爱学生”是师德的灵魂。没有爱就没有教育。教师必须关心爱护全体学生，尊重学生人格，平等公正地对待学生；对学生严慈相济，做学生的良师益友；保护学生安全，关心学生健康，维护学生权益。

“教书育人”是教师的天职。教师必须遵循教育规律，实施素质教育；循循善诱，诲人不倦，因材施教；培养学生良好品行，激发学生创新精神，促进学生全面发展；不以分数作为评价学生的唯一标准。

“为人师表”是教师职业的内在要求。教师要坚守高尚情操，知荣明耻，严于律己，以身作则，在各个方面率先垂范，做学生的榜样，以自己的人格魅力和学识魅力教育影响学生；要关心集体，团结协作，尊重同事，尊重家长；作风正派，廉洁奉公；自觉抵制有偿家教，不利用职务之便谋取私利。

“终身学习”是教师专业发展的不竭动力。终身学习是时代发展的要求，也是教师职业特点所决定的。教师必须树立终身学习理念，拓宽知识视野，更新知识结构；潜心钻研业务，勇于探索创新，不断提高专业素养和教育教学水平。

（二）《新时代中小学教师职业行为十项准则》

2018年11月，教育部印发《新时代中小学教师职业行为十项准则》的通知，规定了新时代中小学教师职业行为十项准则：坚定政治方向、自觉爱国守法、传播优秀文化、潜心教书育人、关心爱护学生、加强安全防范、坚持言行雅正、秉持公平诚信、坚守廉洁自律、规范从教行为。这些准则旨在引导教师树立正确的职业观念，规范职业行为，提高职业素养，做新时代下的优秀教育工作者。

《新时代中小学教师职业行为十项准则》是教师职业行为的基本规范。师德师风是评价教师队伍素质的第一标准。制定教师职业行为准则，明确新时代教师职业规范，针对主要问题、突出问题划定基本底线，是对广大教师的警示提醒和严管厚爱，是深化师德师风建设，造就政治素质过硬、业务能力精湛、育人水平高超的高素质教师队伍的关键之举。

（三）《关于全面深化新时代教师队伍建设改革的意见》

2018年1月20日，中共中央、国务院《关于全面深化新时代教师队伍建设改革的意见》提出，要把提高教师思想政治素质和职业道德水平摆在首要位置，把社会主义核心价值观贯穿教书育人全过程，突出全员全方位全过程师德养成，推动教师成为先进思想文化的传播者、党执政的坚定支持者、学生健康成长的指导者。要健全师德建设长效机制，推动师德建设常态化长效化，创新师德教育，完善师德规范，引导广大教师以德立身、以德立学、以德施教、以德育德，坚持教书与育人相统一、言传与身教相统一、潜心问道与关注社会相统一、学术自由与学术规范相统一，争做“四有”好老师，全心全意做学生锤炼品格、学习知识、创新思维、奉献祖国的引路人。

名师工作室成员作为教育领域的佼佼者，应该树立远大理想，致力于成为教育家型教师。这样的目标不仅有助于个人专业成长，也能为教育事业和社会的发展作出更大的贡献。

活动与思考

一、自我反思

请结合《小学教师专业标准（试行）》或《中学教师专业标准（试行）》中提到的“专业知识”与“专业能力”两个维度，阐述一名优秀的教师应该具备哪些核心专业素养，并举例说明如何在日常教学中体现这些专业素养。

活动与思考

二、经验分享

根据《教师数字素养》教育行业标准，在数字素养的五个维度中选择一个维度，结合实际教学情况，谈谈如何主动适应信息化、人工智能等新技术变革，积极有效地开展教育教学。

三、集体研讨

中共中央、国务院《关于全面深化新时代教师队伍建设改革的意见》提出，到2035年，培养造就数以十万计的卓越教师。请与工作室全体成员研讨卓越教师应具备哪些职业素养。

修炼8

把握工作室成员的师德修养

作为名师工作室成员，必须以教育部《中小学教师职业道德规范》的要求来规范自己的一言一行。“爱岗敬业”和“为人师表”是名师工作室成员作为专业人员应有的基本素质、要求和追求。关爱学生是教师职业道德的核心之一，名师工作室成员要关心爱护全体学生，尊重学生人格，尊重差异，公正对待学生，维护学生的权益，重视学生的身心健康，平等对待每一个学生，不歧视、不放弃，因材施教。名师工作室成员还要践行《新时代中小学教师职业行为十项准则》，不断提高自身的师德修养，形成优良的师德师风。

师德师风建设贵在师德修养，师德修养需要正确的价值引领。社会主义核心价值观是社会主义价值体系的精髓和价值认同。名师工作室成员要以社会主义核心价值观引领师德修养，以立德树人、家国情怀、生命至上、爱岗敬业、慎独慎行、依法执教等作为师德修养的实践路径，把社会主义核心价值观融入师德修养，让践行社会主义核心价值观过程变成师德修养提升的过程。

一、以立德树人砥砺德行修养

立德树人是践行社会主义核心价值观的必然要求。教师被誉为人类灵魂的工程师，承担着立德树人的时代重任。立德树人对教师道德修养提出更高要求。一方面，学习我国传统的德行文化。我国传统文化在对德的本质与内涵阐述中，有“道生之，而德畜之”，意为宇宙万物都是道所生化，依靠德来长养、滋养、营养。由于德具备滋养人和万物的功能，因而需要以德为先铸造人的立身根基，以德的品格和能量塑造德才兼备的人才。教师应从优秀文化中汲取立德养分，历练自己的德行，把德行修养作为人生第一要务。另一方面，在教育教学工作实践中锻造自己的德行，做到明大德、守公德、严私德。把立德树人内化到课堂教学和学生管理交往各环节，以师德的品格和能量塑造德才兼备的人才。新时代教师立德就是树立当代最先进的价值观并身体力行，担当传播和践行社会主义核心价值观的使命。

二、以家国情怀激发责任担当

爱国是教师的职业伦理规范，热爱祖国是每个公民，也是每一个教师的神圣职责和义务。《大学》主张“修身”“齐家”“治国”“平天下”作为君子的道德理想和行为准则，在这种“家国情怀”传统文化熏陶下，历代教师怀抱教育救国、教育兴国、教育强国的理想上下求索。平民教育家陶行知，实业教育家黄炎培，追求民主自由的北大校长蔡元培，饿死不领美国救济粮的朱自清，两弹功勋钱学森放弃美国优越条件回到祖国报效国家，当代教师楷模黄大年用无私奉献、勇于担当的实际行动把对祖国最深沉的爱和自己的人生价值融入科研事业，他们为当代教师树立了榜样，引领后来人崇德向善。教师的“家国天下”情怀是以国家富强、民族振兴、人民幸福为奋斗理想，一代代教师甘愿舍小家为大家、舍小我成就大我，默默奉献，无怨无悔，用个人生命成就无数辉煌的生命。

三、以生命至上提升人文修养

仁爱是师德最核心的内容。关爱学生是师德的灵魂，没有爱就没有教育，生命至上就是敬畏生命、爱护学生、尊重学生人格、平等公正对待学生。教师是培育人才、塑造人的灵魂的职业，教师服务的对象是学生，尊重生命、公平公正对待每一位学生是重要的师德素养。尊重生命不仅是生存权，还包括人格平等、自由、独立个性、体面而有尊严地活着。平等对待生命是人类普遍追求、秉持的道德理念，是对生命最高的爱，若教师不能平等对待生命，再好的师德修养也毫无意义。在教育实践中，教师要给每一位学生提供平等的机会，给学生平等解决问题的机会，给学生平等展示自己才华的机会，给学生改正自己缺点和不足的机会，这些都符合生命伦理的要求。

四、以爱岗敬业提高职业修养

爱岗敬业是教师职业精神的重要内容。教育是良心事业，敬业是对良知的尊重。爱岗敬业是社会主义核心价值观的重要内涵，也是教师最核心的素养。教师的使命是帮助一个自然人完成社会化，成为有道德的人。教师不同于工人生产产品，教师面对的是有丰富情感的生命，它需要爱的付出，以真心换真心，用真情换真情。爱岗敬业体现教师对教育事业的情感，教师传授的知识可以检测检验，而教师付出的情感则是无法衡量的。爱岗敬业就是以高度的热情和责任心对待工作，从了解学生到了解教材、教学设计、教学过程、练习作业、归纳总结、教学反思，都需要用心对待。

五、以慎独慎行升华品格修养

慎独就是不论有无约束规则，都自觉严格遵守社会公德。慎独作为道德人格的核心特质，具有自律、自我约束及严格要求自己等人格特点。教师慎独需要信仰坚定、克己慎行、清廉洁白、淡泊名利，才能做到美色不能动其心、名利不可移其志。教师养成自律的习惯需要通过提高师德修养将职业道德内化，将师德规范转化为自己内在的信念、行为品质和道德品质。自律、自由是相互依存的两个概念，自律是自由的前提，有了自律才能享有自由。道德自律在于自我约束、自我反省、自我规定和自我支配自己的行为，师德自律是师德生成的内在品质。师德修养的关键在于提升教师自律能力。

六、以依法执教增强法律修养

依法执教是教师在教育教学活动中以法律为依据尊重学生人格、尊严、平等和隐私权等，一切教育教学言行符合法律规范。教师要做到依法执教，一方面，要提高自己的法律知识修养，认真学习《中华人民共和国宪法》《中华人民共和国教育法》《中华人民共和国教师法》《中华人民共和国义务教育法》《中华人民共和国未成年人保护法》《中华人民共和国预防未成年人犯罪法》《学生伤害事故处理办法》等法律法规和《新时代中小学教师职业行为十项准则》。教师在教育教学活动中的言行一定要合法、规范、严谨，运用相关法律法规指导自己的教育教学实践。另一方面，守法是师德的底线要求。师德修养主要通过对自己社会身份的认识、对自己承担社会责任的认识来提高。依法执教是师德修养在教育实践中的体现，法律法规则是不可逾越的师德底线，提倡教师在师德修养方面确立高于现有法律法规和职业道德规范一般约束的卓越追求。

七、以守信友善滋养仁爱修养

守信是教师立身做人的基本道德准则。教师诚信就是忠诚自己的职业责任，以诚立教、以诚立学、诚信立行、诚信立身、恪守诚信，给学生做好榜样。友善待人强调教师应尊重学生、平易近人，与学生建立学习共同体、命运共同体和发展共同体。友善是教师人格魅力的体现，教师的一个微笑、一个赞许，都会给学生带来信心和力量；友善是师生关系的润滑剂，是良性师生关系的基础。教师的仁爱修养表现为对学生的理解、宽容、耐心，尊重学生的人格，公平、平等地对待学生。仁爱是师德的核心，不仅能够提高教学质量，还能促进学生成长成才。仁爱是教好学生的必要条件，因此，教师要用爱浸润学生心灵。

“人民教育家”于漪：教文育人　德智融合

于漪，这是一个在谈到新中国语文教育思想变革时不得不提的名字，也是无数中国教师心中的偶像。68年的从教生涯，于漪用“站上讲台就是生命在歌唱”的精神走出了自己的语文教学之路。“教文育人”“德智融合”等主张在全国产生重大影响，被誉为“育人是一代师表，教改是一面旗帜”。

开设公开课近2000节、培养三代特级教师、著述数百万字……如今已90岁高龄的上海市杨浦高级中学名誉校长、“人民教育家”于漪，依然以奋斗姿态站在教育改革和教师培养最前沿，践行着“让生命与使命同行”的铮铮誓言。

在她教过的学生中，有人在毕业十几年、几十年后，还能整段背出她当时在课堂上讲过的话；在她带过的老师里，有人为了“抢”到前排座位听她上课，竟不惜专门配副眼镜，冒充近视眼……

于漪的语文课，就是有这样的魔力。

“流利动听，如诗一般，没有废话，入耳入心。”于漪的学生、原上海闸北区第二中心小学校长葛起裕说。

作为新中国培养的第一代语文教师，于漪带着人民教师的初心和改革创新精神不断探索语文教育的“秘密”。

1978年初，报告文学《哥德巴赫猜想》发表，兴奋的于漪找到学校数学老师，告诉对方“这是了不起的成就，我们唱个‘双簧’，你给学生讲陈景润的科学贡献，我讲陈景润为科学献身的精神”。

这正是于漪“教文育人”思想的体现。在她看来，语文不仅是教孩子理解和运用语言文字，更是在建设他们的精神家园，塑造其灵魂。进入新世纪，于漪提出语文学科要“德智融合”，即充分挖掘学科内在的育人价值，将其与知识传授能力的培养相融合，真正将立德树人落实到学科主渠道、课堂主阵地，加强教师的育德能力，获得全国教育界高度认可。

到了耄耋之年，于漪研究起了周杰伦和《还珠格格》。因为她发现，孩子们都被他们“圈粉”了，而自己喜欢的一些比较资深的歌手却很难引起学生共鸣。有学生直言：“周杰伦的歌就是学不像，好就好在学不像。”

这让做了一辈子教师的于漪心头一震。“我们想的和学生想的距离有多大啊！”她认为，一名好老师，就要有能力走进学生的生活世界和心灵世界。“教育绝不能高高在上，一定要‘目中有人’。”

走进学生的内心，是为了点亮一盏明灯。“教师的工作应该是‘双重奏’，不仅自己的人生要奏响中国特色教育的交响曲，还要引领学生走一条正确健康的人生路。”

在新教师培训中，于漪多次引用英国小说《月亮与六便士》来阐明观点：首先心中要有月亮，也就是理想信念，去真正敬畏专业、尊重孩子，还要有学识，如此才能看透“六个便士”，看透物质的诱惑。“满地都是便士，作为教师，必须抬头看见月亮。”

走进学生的内心，还必须“一辈子学做教师”。“庸医杀人不用刀，教师教学出了错，就像庸医一样，是在误人子弟。”于漪告诉青年教师，最重要的是在实践中不断攀登，这种攀登不只是教育技巧，更是人生态度、情感世界。

从教生涯中，于漪总是想方设法让青年教师尽快成长。她首创教师与教师的师徒“带教”方法，让一批批青年教师脱颖而出，并形成了全国罕见的“特级教师”团队。

教师这个职业，寄托着于漪一生的追求与热爱。“我甘愿做一块铺路石，让中青年老师‘踏’过去。”她说。

于漪家里有一本她专用的挂历，挂历上几乎每一个日子都画上了圈，不少格子里还不止一个圈。她用“来不及”形容自己的工作，因为还有太多事情值得她“较真”。

当教育功利化现象愈演愈烈，家长忙于带孩子参加各种各样的校外补习班，学校只盯着升学率的时候，她呼吁：“教育不能只‘育分’，更要教学生学会做人。要教在今天，想在明天。”

当看到小学生写下“祝你成为百万富翁”这些“毕业赠言”时，于漪感到忧心。“‘学生为谁而学、教师为谁而教’，教育工作者应该在学生的学习动机和动力方面多下点功夫。”

于漪还认为，中国教育必须有自己的话语权。她多次撰文说，任何国家的教育，特别是基础教育，必须传承本民族的优秀文化，弘扬民族精神，培养为本民族、本国建设服务的人才。眼光向内，不是排斥国外，而是立足于本国，以我为主。

从教68年，于漪从未离开讲台。她臂膀单薄而一身正气，始终挺着中国教师的脊梁。“当我把生命和国家命运、人民幸福联系在一起的时候，我就觉得我永远是有力量的，我仍然跟年轻人一样，仍然有壮志豪情！”于漪说。

2023年教师节前夕，习近平总书记在给全国优秀教师代表的致信中强调要“大力弘扬教育家精神”，并深刻阐释了“中国特有的教育家精神”之内涵，即心有大我、至诚报国的理想信念，言为士则、行为世范的道德情操，启智润心、因材施教的育人智慧，勤学笃行、求是创新的躬耕态度，乐教爱生、甘于奉献的仁爱之心，胸怀天下、以文化人的弘道追求。教育家精神的提出为新时代广大教师树立了努力的榜样和坐标，也为高素质教师队伍建设指明了前进方向，提供了根本遵循。人无精神则不立，国无精神则不强，师无精神则不优。新时代新征程，名师工作室成员要深刻领会教育家精神的丰富内涵，牢记为党育人、为国育才的初心使命，自信自强、踔厉奋发，为强国建设、民族复兴作出新的更大贡献。名师工作室成员还要身体力行、以身作则，引领广大教师做教育家精神的践行者和弘扬者。

活动与思考

一、集体研讨

工作室全体成员一起选择1～2位全国优秀教师，学习其先进事迹，深入研究其教育理念、教育实践及其所体现的教育家精神，相互交流学习体会。

二、个别访谈

对本地区或工作室成员中的1位优秀教师进行访谈，并分享自己访谈后的体会。

三、撰写行动计划

结合教育家精神和中小学教师师德修养的7条路径，撰写自己师德修养的行动计划。

修炼 9

提升工作室成员的专业素养

教师的专业素养是教育教学的关键因素，在一定程度上影响着学生未来发展，关系到国民素质的提升。林崇德等从教育心理学视角提出，教师专业素养是教师在育人实践中所展现的，影响教育对象身心发展的意识和心理的总和，并提出教师专业素养应包含职业理想、育人理念、专业知识、教学策略等维度；叶澜则基于教师专业发展理论认为，教师专业素养是教师质量的集中体现，其构成具有系统性和层次性，主要包括教育思想、学科知识以及参与教学的各种能力；还有学者认为教师专业素养应包含教师品格、教师知识、教师信念和教师能力。《小学教师专业标准（试行）》和《中学教师专业标准（试行）》将教师的专业素养划分为“专业理念与师德”“专业知识”和“专业能力”三个维度。

名师工作室成员作为教育领域的引领者和实践者，其教师专业素养的高低直接关系到工作室的整体水平和影响力。具体而言，工作室成员应具备的教师专业素养包括三个核心维度：树立正确且坚定的专业理念、积累丰富且扎实的专业知识和锻造过硬且突出的专业能力。这三个维度相互支撑、相互促进，共同构成了工作室成员专业素养的完整框架。只有在这三个方面都取得卓越表现的成员，才能够真正发挥出名师工作室的引领和示范作用，为培养更多优秀人才作出更大的贡献。

一、树立正确且坚定的专业理念

教师的专业理念是指教师在理解教育工作本质的基础上形成的关于教育教学的观念和信念。教师要形成对待职业、对待学生、对待教育教学和对待自身发展四个方面的正确的观念和信念，并以这些观念和信念引领专业活动。

名师工作室成员作为教育领域的专业人士，树立正确的专业理念是其专业发展的基石。专业理念不仅影响着其个人的教育教学实践，更在一定程度上塑造着学生的未来。

名师工作室成员要树立育人为本、德育为先的教育理念，用高尚的思想来教化学生，用优秀的品格来影响学生，以及用充沛的情感来感染学生。教师人格魅力的根本就是爱，以爱为基础才能奉献于教育工作，才能在教学中对学生“动之以情”，使学生在潜移默化中逐步树立自己的审美意识和观念。

名师工作室成员要以学生为中心，关注学生的需求和发展，尊重他们的个体差异，努力为每个学生提供适合他们成长的教育环境。在教育教学中突出学生主体地位，注重保护学生好奇心、想象力、求知欲，激发学生学习兴趣，提高学生学习能力。要改变传统的填鸭式灌输、讲授模式与题海战术，重视启发学生思考，培养学生的综合素养。要利用数字技术，创新课程教学，开展研究型、项目化、合作式学习，以此培养学生的探究精神，激发学生的学习兴趣与学习活力，培养学生利用数字技术进行自主学习的能力。要对学生的课程学习与成长过程进行过程评价、增值评价，进而成为推进我国教育评价改革，破除唯分数评价、重结果评价的突破口。

二、积累丰富且扎实的专业知识

教师的专业知识是教师专业素养的重要组成部分，它是教师开展正常教学、保证基本教学活动的必备条件。在日常教育教学实践中，教师要教授学生不同的知识，这就需要其具备扎实的学识。常言道“要给学生一杯水，教师应有一桶水”，教师要教好学生，必须具备丰富的专业知识。从学科教学的实际出发，依据中小学生身心发展的规律以及教育教学的本质特征，名师工作室成员要具备的专业知识构成可分为四个领域，即“教育知识”“学科知识”“学科教学知识”和“通识性知识”。

名师工作室成员要成为终身学习者和精神生活的富有者。根据个人发展需要，紧跟时代发展的步伐，利用各种方式开展持续性学习。例如，利用数字教育资源进行教育教学管理知识、学科知识、学科教学知识、自然科学和人文社会科学知识、艺术欣赏与表现知识的学习，不断充实自己，更新专业知识体系。

（一）教育知识

教师的教育知识是指教师在从事教育教学过程中所具有的教育学知识和心理学知识，这是教师知识结构的重要组成部分，是开展教育教学活动的基础和前提。只有具备了教育知识，教师才能认清各种复杂的教育教学现象，不断增强工作的自觉性，才能更好地掌握教育教学的基本规律，了解学生身心发展的特点，并能够运用科学方法有效地对学生进行教育和管理。

名师工作室成员要掌握的教育知识包括：一是掌握教育的基本原理和主要方法；二是掌握教育心理学的基本原理和方法，了解学生身心发展的一般规律与特点，如年龄特点、整体知识水平、能力水平等；三是了解学生思维能力、创新能力和实践能力发展的过程与特点，分析学生学习学科课程的一般特点和差异性，如个性差异、知识水平差异、不同的学习态度等；四是了解学生世界观、人生观、价值观形成的过程及其教育方法；五是了解学生群体文化特点与行为方式等。

（二）学科知识

教师的学科知识是教师所具有的执教学科的概念、原理、理论、方法等的知识，是教师专业知识的主要内容之一，是教师进行正常教学，保证基本教学质量的前提、基础和必要条件。

名师工作室成员不仅要知道所教学科有关的事实、概念、理论等内容性知识，还要理解所教学科系统的知识体系、基本思想与方法、基本原理和技能，了解学科最新的发展和取得的成果，了解所教学科与其他学科的联系，了解所教学科与社会实践的联系等，以保证在教学活动中脉络清晰、重点突出，让学生感悟学科的基本思想。

（三）学科教学知识

学科教学知识（Pedagogical Content Knowledge，PCK）是教师运用专业学科知识进行教学活动的载体和基础，具有实践性、工作性、情境性、隐蔽性、综合性的特点，是教师知识最核心的体现。或者说，学科教学知识就是教师怎样把自己所知道的学科知识传递、转化给学生的知识。学科教学知识的旨趣在于"立足学生立场，实现知识转化"，即教师不仅要知道"教什么"，还要懂得"怎么教"，怎么才能"教得好"。

名师工作室成员要掌握针对学科内容进行教学的方法与策略，把教育知识与学科知识有机结合，并体现在教学活动之中。一是掌握学科课程标准，理解学科课程的性质、基本理念、设计思路和课程目标等；二是了解学科教材的编写理念、编排特点及内容呈现形式，掌握学科课程资源开发与校本课程开发的主要方法与策略，知道课程资源的类型及其适用范围；三是了解学生在学习具体学科内容时的认知特点，了解教学理念、教学策略、教学设计、教学技能、教学评价等一般知识与技能；四是掌握针对学科内容进行教学的方法与策略，了解学科理论教学、概念教学、实验教学、实践活动的基本要求和过程。

（四）通识性知识

通识性知识融汇了人文、社会、自然、艺术、美学等学科领域，教师通过对这些通识性知识的学习、掌握与反思，为专业发展储备文化基础，为坚定教师的职业信念、优化教育行为、创设高雅和谐的教育环境和氛围提供知识基础，最终为学生生动活泼学习、健康快乐成长提供高质量的支持和服务。

名师工作室成员要具有相应的自然科学和人文社会科学知识，具有相应的艺术欣赏与表现知识等。从教师个人发展来看，获得这方面素质的提升可以帮助教师更好地理解学科知识，也可以帮助教师更好地理解教育科学知识，还可以提升教师在家长及学生中的威信。而就教师职责来说，传授知识需要自身的知识储备，对普通文化知识的储备可以满足每个学生多方面的探究兴趣及发展需要，可以帮助学生了解课本以外的丰富多彩的世界。

三、锻造过硬且突出的专业能力

教师专业能力是指立足于教师职业岗位需求，在从事教育教学实践活动的过程中，教师应遵循教育规律、运用教育智慧，达到专业团体组织所认可的水准，促进学生身心健康和谐发展，取得良好的教育教学成效所体现出来的心理特征。

名师工作室成员要具备的专业能力是多方面、全方位的，主要包括教育教学能力、沟通与合作能力、反思与发展能力、教学研究能力、跨学科素养以及数字素养等。这些能力相互关联、相互促进，共同构成了一个优秀教师的专业素养体系。这些能力不仅关乎教师个人的教学水平和效果，更影响到整个工作室的运行和影响力。

（一）教育教学能力

教育教学能力是教师最基本也是最重要的能力。名师工作室成员需要掌握先进的教育理念和方法，能够根据学生的特点和需求进行有针对性的教学，激发学生的学习兴趣和潜能，帮助他们全面发展。

教育教学能力是教师在具备教育学知识、学科知识以及自然和人文社会科学知识等知识体系的前提下，对每一个学生进行教授的行为能力，包括教学设计能力、教学实施能力和教学评价能力等。

教学设计能力主要包括：一是科学设计教学目标和教学计划；二是合理利用教学资源和方法设计教学过程；三是引导和帮助学生设计个性化的学习计划。名师工作室成员要准确把握课程标准的理念和要求，理解教材，根据学生的学习需要、学习动机、学习兴趣、学习态度、学习热情、学习能力及学习困难，科学设计教学目标，合理安排学习内容并拟定教学进度，设计严谨高效的教学程序，选择学生喜欢的教学方法。

教学实施能力主要包括：一是营造良好的学习环境与氛围，激发与保护学生的学习兴趣；二是通过启发式、探究式、讨论式、参与式等多种方式，有效实施教学；三是有效调控教学过程，合理处理课堂偶发事件；四是引发学生独立思考和主动探究，发展学生创新能力；五是将现代教育技术手段整合应用到教学中，实现信息技术与学科融合。名师工作室成员要准确运用教学语言，根据学生的身心特点和课程改革所倡导的学习方式，尊重学生学习的特点，科学选用教学媒体，创造性组织学习活动，提高课堂教学效能。

教学评价能力主要包括：一是利用评价工具；二是掌握多元评价方法，多视角、全过程评价学生发展；三是引导学生进行自我评价；四是自我评价教育教学效果，及时调整和改进教育教学工作。名师工作室成员要根据教学目标、利用专业的评价工具、准确地测定和分析教学结果，关注学生学习过程中的情感、状态及努力程度，将过程与结果相结合，将定量评价和定性评价相结合，构建多元、连续、注重发展的评价体系。

（二）沟通与合作能力

沟通与合作能力是指教师能够大胆表达自己的想法和观点并理解他人的观点，能够求同存异，愉快地同他人进行合作。沟通的对象包括学生、领导、同事、家长等，这就要求教师要善于倾听，和蔼可亲，与学生进行有效沟通；与同事合作交流，分享经验和资源，共同发展；与家长进行有效沟通合作，共同促进学生发展；协助学校与社区建立合作互助的良好关系，针对不同的群体采用适宜的沟通方式，通过合作实现教学资源的共享，借助集体的智慧共同解决教育实践中遇到的问题。名师工作室成员要具备良好的沟通能力，能够与学生、家长、同事等各方进行有效的交流，要善于倾听他人的想法和意见，并能够清晰、准确地表达自己的观点。通过有效的沟通，建立起良好的人际关系，增进彼此的理解和信任。

教育是一个团队合作的过程，名师工作室成员除了要懂得与学生、领导、同事、家长沟通，还要能够在团队中发挥自己的专长，与工作室其他成员协同合作，分享教学经验和资源，开展教育教学改革，推广教育教学成果，提高教育教学水平，推进教育教学的改进和创新，共同实现工作室的目标。

（三）反思与发展能力

优秀的教师需要不断反思自己的教学实践，发现问题并及时改进。名师工作室成员更应该具备这种反思与发展能力，通过反思自己的教学行为、效果和影响，不断总结经验教训，提升自己的教学水平和专业素养。

反思与发展能力是指教师对自身的教育实践进行定期反思并不断改进的能力。教师的专业能力提升是一个不断成长的持续过程，教师在不断实践、不断发现问题、不断分析问题、不断反思与解决问题中得到专业能力的提升，同时对自身的专业化发展具有一定的规划和执行能力。通过专业发展目标的设定，督促自己不断执行与反思，促使个人教育实践能力和专业化发展能力不断提升。

名师工作室成员要成为反思者，在教育教学实践中不断审视自己的行为和决策，分析其中的优点和不足，并思考如何改进。反思是教师以自己的职业活动为思考对象，对自己在职业中所做出的行为以及由此产生的结果进行审视和分析的过程。教学反思是教师专业发展和自我成长的核心因素。教学反思不是一般意义上的“回顾”，而是要反省、思考和解决教育教学过程中存在的问题，可以对教学的成功经验和失败教训进行反思，可以对教学方法和学生的学习方法进行反思，也可以对教育理念和教育艺术进行反思。

名师工作室成员还要积极利用数字技术资源对自身教学实践进行分析、反思与改进。例如，借助智能评教系统对课堂录像进行诊断与分析，精准发现教学问题，促进教学反思与改进。这种反思不仅要关注教学效果，还要关注自己的教学理念、方法和态度。通过自我反思，不断发现自身的问题，并寻求解决方案，从而不断提高自己的教学水平。

（四）教学研究能力

名师工作室成员不仅是教学实践者，还是教育研究者。要密切关注教育改革和发展的趋势，积极参与教育科研活动，通过科学研究来验证和推广自己的教育理念和方法。

教学研究能力指的是教师在教育教学领域中进行研究、探索和创新的能力。教学研究能力的核心是科学研究方法的运用，包括问题意识、文献阅读、实证研究、数据分析、方案实施和成果评估等环节。

名师工作室成员要成为优秀教师，就必须走教育科研之路。要针对教育教学工作中的现实需要与问题进行探索和研究，将教育教学研究作为自身专业成长的有效方式，促使自身实现从经验型教师向科研型教师的转化。通过研究可以转变传统的教育思想，梳理现代的教育发展观、人才观、教育教学观，形成新的教育理念；可以构建以学生为本的高效的课堂教学模式；还可以开展数字化教学模式和学生学习方式的创新探索，如探索数字技术支持下的混合式教学、跨学科融合等以学生为中心的教学模式，促进学生学习方式的转变。

名师工作室成员要有问题意识和文献意识，能立足鲜活的教育实践进行校本研究、案例研究、课例研究、行动研究；还要有科研成果表述能力，教育科研最终要通过文字载体以不同的形式将研究成果表述出来。名师工作室成员的科研成果表达能力直接影响着科研成果的交流范围和应用程度。

（五）跨学科素养

随着教育改革的不断深入，跨学科教学已经成为一种趋势。教育部《义务教育课程方案和课程标准（2022年版）》要求各门课程原则上至少要用10%的课时设计跨学科主题学习。跨学科主题学习是为培育学生跨学科素养，以某一学科为载体，围绕主题与其他学科知识进行整合，生成跨学科主题学习单元，由学生开展以主题任务为核心、合作实践为主要形式的学习活动。其基本要义包括：①依托主题建构学习任务；②学习主体在教育教学过程中需要积极参与设计和实施；③以某一学科知识为依托进行学科整合，不同整合程度会产生不同的跨学科主题学习类型；④以培养跨学科素养为目标；⑤以完整的问题解决过程或任务完成过程贯穿始终。跨学科性和综合性是跨学科学习的本质特征，强调学科间的关联与整合。教师在开展教育教学时，不能仅重视学科自身的知识和技能，更要关注学科之间显性或隐性的联系，并在此基础上结构化组织学习内容。

2022年新课程标准的发布将跨学科教学正式与校本课程接轨，此次变革为我国中小学教育带来新的挑战，而培养中小学教师跨学科教学素养则是应对新挑战的重要突破口。中小学教师具备跨学科素养是跨学科主题学习的基础。跨学科素养是指具备从单科到全科再到跨学科的知识储备，能够形成跨学科意识、实施跨学科行动和进行跨学科反思，将三者的循环应用于跨学科主题教学之中，同时具有知识储备和实操能力的综合型素养。

跨学科素养主要包括跨学科理解能力、跨学科教学设计能力和跨学科教学反思能力。名师工作室成员要能够设计并实施跨学科主题学习活动，结合真实生活，激发学生的实践与探究兴趣，使学生在参与群体活动的过程中，能够利用两个或两个以上的学科领域知识、信息、理论等探究具有真实意义的、与学科知识应用相关的难题，并整合相应观点提出解决方案，以促进学生对知识的深度理解。

（六）数字素养

在当今信息化社会，数字素养已经成为教师必备的一项专业能力。数字技术与教育的融合使教育领域内各项要素发生了根本性变革，对教师数字素养的要求被提升到了前所未有的重要地位。教师数字素养是教师适当利用数字技术获取、加工、使用、管理和评价数字信息和资源，发现、分析和解决教育教学问题，优化、创新和变革教育教学活动所具有的意识、能力和责任。

名师工作室成员要积极了解国内外教育数字化政策与发展进程，主动了解数字技术资源的功能和作用，理解数字技术对自身教学和专业发展带来的机遇和挑战，主动在教育教学中使用数字技术资源；不断提高自身的数字素养与技能，以更好地应对数字时代人才培养的挑战，更好地胜任未来的工作，成为数字时代的高水平的未来教师。

名师工作室成员要积极开展教育教学数字化实践。通过多途径学习数字技术资源相关知识与技能，结合课堂需求开展数字化教学实践，探索基于数字化教学环境的教学方式，推进课堂教学过程的数字化。例如，探索推进基于智慧教室的数字化教学新模式，或者利用虚拟仿真资源创设混合学习环境，或者利用多渠道数据采集工具实现学生学业和综合素养的评价等，进而凝练出教师数字素养提升的特色路径和创新模式。

名师工作室成员还要以真实应用教育教学场景为依托，开展基于数字化应用的教研活动，开展教师数字化研修活动。利用名师工作室促进优质资源共享与优秀经验分享，以点带面落实教师数字素养提升工作，充分发挥工作室在教育教学数字化应用的引领示范作用。

活动与思考

一、自我反思

对照教师专业理念的内容，每位名师工作室成员反思自己专业理念的薄弱点。

二、阅读分享

对照教师专业知识包括的“教育知识”“学科知识”“学科教学知识”和“通识性知识”等四个领域，每位名师工作室成员推荐其中一个领域的1~2本书籍，并谈谈自己阅读之后的收获。

三、集体备课

名师工作室成员选择一个跨学科主题，探讨如何将不同学科的知识与技能融入主题教学中，构建出具有创新性和实效性的跨学科主题教学活动，如实地考察、实验操作、艺术创作等，让学生在探究主题的过程中，提升跨学科的学习能力和综合素养。

专题4

成长路径

教师既是教育强国的第一资源，也是科技强国的关键支撑，还是人才强国的重要保障。教师是人类灵魂的工程师，是人类文明的传承者，承载着传播知识、传播思想、传播真理、塑造灵魂、塑造生命、塑造新人的时代重任。工作室及其成员必须了解教师的成长路径，制定合理的成长规划，解决教师成长过程中的困惑。

本专题共分为三部分：第一部分关于教师成长的路径与方法，分享八种教师专业成长的路径和经验；第二部分关于自我评估与专业规划，作为工作室成员个人发展规划的参考和依据，帮助成员根据自身实际情况，制订符合自己特点的成长计划；第三部分关于如何应对职业倦怠，关注教师在面对工作中的压力与挑战时可能出现的倦怠现象，提出一系列积极应对职业倦怠的方法。

MINGSHI

修炼10

熟知教师成长的路径与方法

一个人遇到好老师是人生的幸运，一个学校拥有好老师是学校的光荣，一个民族源源不断涌现出一批又一批好老师则是民族的希望。要实现传道授业解惑、培根铸魂、启智润心的教育理想，教师必须关注自身的成长。关于教师成长，有如下八条路径。

一、坚定理想，树立“名师”志向

心理学家马斯洛的需求层次理论表明：人最高级别的需求是自我实现的需求，通过发挥自己的潜能，实现人生价值。作为教师，教书育人是我们的天职。只有对教育理想十分坚定的教师，才可能把教育当作事业。我们想把学生培养成什么样的人，自己首先就应该成为什么样的人。我们希望学生成为“有理想、有道德、有文化、有纪律”的“四有好学生”，我们自身就应该成为“有理想信念、有道德情操、有扎实学识、有仁爱之心”的“四有好老师”。拿破仑说：“不想当将军的士兵不是好士兵。”从教师的角度而言，不想当名师的教师难以成为好教师。教师只有“想成为名师”，才能产生强大的内驱力，努力探索，精益求精，进而更好地为中华育英才，实现个人价值。

理想是指路明灯。有“名师”理想的教师，会为自己设定目标，进行短期和长期的成长规划，并且按照自己的目标和规划，一步一个脚印地去探索实践。窦桂梅、张齐华、王崧舟等名师虽然有着不同的家庭背景、成长经历和性格特点，但他们都将成为名师作为自己的人生理想，并不断为此付出努力，将这种勇气发展成为自身强大动力，促使自己在教书育人的道路上越走越宽，并最终成长为一名卓越教师。

理想是定海神针。我们知道，现实中人们常常因为无法克服自身的惰性，无法及时调整负面情绪和消极心理而导致最终失败。“罗森塔尔效应”告诉我们：积极的期待和坚定的信念可以激发人的潜能并促使他们取得更好的成绩。理想信念坚定的人，遇到困难，不会轻言放弃；遇到挫折，也不会轻易被击败。他们会想尽办法去克服困难，越挫越勇。因为他们知道自己想要什么，知道自己该干什么。

二、坚持阅读，丰富“名师”学识

阅读是教师成长的“基石”，教师的底气和信心就源于阅读。教师要想成为有思想、有智慧的名师，就要进行广泛地阅读和不断地学习。阅读，就是站在大师的肩膀上前行。没有阅读，就不可能掌握一定的教学理论；没有阅读，就不能够理解课标，不能够弄懂教材；没有阅读，就不能在课堂上旁征博引，游刃有余。

有一些教师终身勤勉阅读，但数年下来，他们的思维并没有多大提升，对教育的理解也没有本质的改善，甚至连教学方式都没有多少变化。为什么会这样呢？我们总认为“态度决定一切”，但常亚哥老师提出了“方法比态度更重要”的观点，教师的专业阅读要精，不要滥。经典的代表性书籍要花三五年工夫吃透，再用其他专业书籍拓展。我们通过梳理《人民教育》“名师人生”专栏的内容，对103篇特级教师的自述文章进行深入阅读和分类，发现在名师成长的历程中，占第一位的成长路径是阅读，占比42%。那他们究竟读了什么书？通过统计分析得出，名师阅读的主要书目是教育学类，占比42%，心理学类处于第二位，占比20%。由此可见，阅读在名师成长过程中起到了举足轻重的作用。阅读要坚持“博且专”的原则，教师既要注重对教育教学和学科专业方面的书籍进行深度阅读，也要广泛涉猎其他经典。阅读能够帮助教师掌握教育教学的基本规律、提升专业素养。

关于读书，苏霍姆林斯基曾说过一句很有意思的话：一些优秀教师的教育技巧的提高，正是由于他们持之以恒地读书，不断地补充他们的知识。我国人民教育家于漪也认为，在教师的成长过程中，读书最重要：

在教师的成长过程中技能技巧是第二位的

读书对于人的精神成长是最为重要的，尤其是教师。教师读书是我国自古以来就有的传统。什么叫教师？老百姓认为，教师就是读书人，就是读书先生。可见，读书对于教师而言其重要性是不言而喻的。

在教师的成长过程中，技能技巧是第二位的，摆在第一位的应该是扎实的学识，而扎实的学识与读书紧密相关。

我做了一辈子的教师，稍微反思，就深感惭愧。因为早年求学，读书没有高人指点，主要靠自己摸索，几乎全凭兴趣爱好，无计划、无目的地翻阅。“语文教师小丛书”的《出版说明》里就引了张之洞先生的话：“读书宜有门径。泛滥无归，终身无得；得门而入，事半功倍。”这段话非常好。读书是有门的，是有路的，随便读读是不行的。如果你真的是得门而入，就会事半功倍，终身有用的。因此，我们语文教师读书应该寻找一条正确的路，到底读什么书？年轻教师需要好好考虑。

书读到什么程度身上就会有怎样的气质

做了教师之后，深感自己读得太少，处处捉襟见肘，正如《礼记》所言，“学然后知不足，教然后知困。知不足，然后能自反也；知困，然后能自强也”。就在这种自发自强的心情下，我千方百计挤时间读书，力求做到“一丝而累，以至于寸，累寸不已，遂成丈匹”，用锲而不舍的精神走这条丰富自己智力生活、用书中琼浆与醍醐滋养自己精神成长的、光荣的荆棘路。

我的读书座右铭是西汉刘向说的一句话，他说：“书犹药也，善读之可以医愚。”书就好像是药，善于读书了就可以治疗愚蠢、愚昧、愚笨。我书既读得不多，又不善读，故而至今未能“脱愚”。

苏轼在《和董传留别》中言：“粗缯大布裹生涯，腹有诗书气自华。”人和人的根本差别在灵魂，在精神世界的状况。教师工作质量的高下相当程度取决于他的精神世界的丰满还是贫瘠。

习近平总书记说，教师所从事的是塑造灵魂、塑造生命、塑造人的工作，意义非凡。教师自己不躬身勤读，腹有诗书，志存高远，怎么挑得起对学生“三塑造”的重任？教师应该是读书人，是文化人，书读到什么程度，身上就会有怎样的气质，工作就会有怎样的气象。

我从教已60多年，一个甲子了，但是在上课的时候，仍然会感到有很多事情说不清楚。在教课时，有时候因为对这个问题钻研得很深所以能够一语中的，学生一下子就开朗了；有时候自己有一点含糊，总觉得好像没有讲清楚，讲过来讲过去，学生还是一知半解。所以我说，教师要提高自己的素养，提高教课的水平，就需要多读经典，多积累相关知识。

什么是教师？教师就是给学生点亮人生明灯的，当然首先要自己心中有太阳。教师心中没有太阳，怎么把阳光洒到学生的心中？经典就是点亮教师心中的明灯和太阳的。

对于教师而言，心中除了自己之外，更重要的是要有大宇宙，首先要有学生。我记得学者季羡林先生曾经讲过，什么叫好人？好人就是碰到事情了，有60%想着别人的人。其实教师何止是60%，而是心中有70%、80%，甚至90%都想到学生了，教师都是大好人。

但是教师还要提升自己的精神境界，学生才能提升自己的精神层次，水涨船才高。所以说读经典其实是寻找智慧的源泉、人生的价值。我们教师是读书人，读书要伴随人一辈子。

教师要读“磨脑子”的书，读经典

那么，读什么书？要真正读一点“磨脑子”的书，读一点经典。书是文字产品，其实质是人的历史和灵魂。读书，要能看到文字背后作者的身影，就是读许许多多的人生。读各种不一样的人生，就能够丰富自己的认识，提高自己认识世界和改造世界的能力。

每个人只有一生，要迎接各种挑战，克服众多困难，读书能从多种多样人生正反经验中获得启迪，获得智慧。尤其是哲学元典，如《周易》《论语》《道德经》，与冯友兰的《中国哲学简史》一起读，会增添一点理解，降低一点难度。

静下心来阅读、思考，多接触，多思考，突然明白哲学并不奥妙，并非不可捉摸，哲学就是跟你谈心，谈大问题，谈宇宙，谈人生，在不知不觉中，自己狭小的心会变得开阔起来。人生哲学的核心是价值观，人生在世，一辈子都活在价值取向的选择当中。

经典活在时间的深处；价值追求，在文字海洋中奔腾。读经典，实际也就在读当下，助你在纷繁复杂的社会环境中锻炼出一个清醒的头脑，辨世事人情，育生命自觉，克服自卑、琐细、无知、狂妄。当我读到经典的某些语段时，常有精神腾云的震撼与喜悦。

如《礼记·礼运篇》曰：“大道之行也，天下为公，选贤与能，讲信修睦。故人不独亲其亲，不独子其子，使老有所终，壮有所用，幼有所长，矜、寡、孤、独、废疾者，皆有所养，男有分，女有归。货恶其弃于地也，不必藏于己；力恶其不出于身也，不必为己。是故谋闭而不兴，盗窃乱贼而不作，故外户而不闭，是谓大同。”

至圣先贤这种建设理想社会的高远志向，治理天下的政治智慧，令人由衷地敬佩，真是高山仰止。中华优秀传统文化中蕴含的民族睿智、民族精神、天下视野的宝贵基因，正在当今时代创造性地传承，创新性地发展。想到我们为实现中国梦而奋斗，想到“一带一路”倡议，我们怎能不心潮澎湃。

经典，助你贯通古今，增添人生的厚度，激励教育工作的担当。

三、深耕课堂，铸就“名师”底气

课堂教学是学校教育的主要渠道，也是教师传道授业解惑的主阵地。课堂教学的过程是教学从设计走向实施的过程，再好的设计图纸只有在施工之后才能体现出设计的价值，只有生产出的作品才是检验设计是否科学的标准。以此类推，只有在课堂教学过程中才能检验教学设计的好坏，学生在课堂上的学习效果才是检验教学优劣的根据。因此，研究课堂教学规律，掌握课堂教学艺术，优化课堂教学方法，形成课堂教学风格，是名师成长的必经之路，也是名师成长的立身之本。

一堂好课的关键在教师，教师对新课标的研读程度，对课程的整体把握情况，对知识背景的了解程度，对学情的调研情况，决定了这堂课的高度和深度。这就要求教师必须熟悉所教的内容，做到心中有数。在课堂开始之前，教师要通过一些方法来调动学生的注意力，如热身活动和游戏活动，使学生带着兴趣投入未知领域。在课堂上，教师要唤起学生的感知觉，形成学生自己的认知，通过适当的引导让学生自发地进行思考、想象、推理。我们在研究教师如何教的时候，一定要有方法、有策略地告诉学生如何学。课后，要督促学生及时复习巩固所学内容，以提升学生的记忆能力。

教师应该致力于做教学艺术的学习者、实践者和研究者。其具体实现途径有三：一是学。不断学习是教师修炼课堂教学艺术的源泉，博览群书、勤察敏思是教师学习的有效方式之一。二是练。教学实践是教师修炼课堂教学艺术的主要途径，历练“教学基本功”，锤炼“教学策略”，提炼“教学风格”，这是一个循序渐进的过程。三是研。教学研究是教师修炼课堂教学艺术的助力，教师进行研究是必要的，也是可能的。行动研究、教学反思、叙事研究是教学研究的主要方式。作为教师，通过学习和研讨特级教师的课堂教学艺术案例，可以明确教学艺术追求的方向，从中找到切实可行的路径。下足“学”“练”“研”的功夫，坚持每天进步一点点，精益求精，最终都可成就属于自己的课堂教学艺术，促进学生的全面和谐发展。

四、潜心研究，凝练“名师”特色

苏霍姆林斯基说过：“如果你要让教师的劳动能够给教师一些乐趣，使天天上课不至于变成一种单调的义务，那你就应当引导教师走上从事研究这条道路上来。”教不研则浅，只有自己研究过的东西，形成自己的独特见解和方法策略，讲起来才有信心，才有底气，才能在课堂上讲出新东西，才能把学生领到本学科的前沿。

教师的研究分为教研和科研。教研即教育研究，是指总结教学经验，发现教学问题，研究教学方法，是集普适性、学习性、实践性于一体的常态化教学研究活动。科研是以教育理论为指导、以教育现象为现象、以科学方法为手段，遵循规范的研究程序，以有目的、有计划地获取新的教育教学规律性知识为目标的创造性实践活动。科研是一种较高层次的研究活动。如果把教学工作比作种田的话，一般教师（教研）往往局限于如何种地（选种、施肥、浇水等具体的劳动过程），而科研不但要研究优化种地的方法，还要研究如何改良品种、如何提高肥效、如何高产等方法规律。教师要长足发展，既要重视“教研”，也要重视“科研”。

课题的选取应该坚持先进性和实用性原则。先进性是指课题具有教育研究的前瞻性和宏观视野，体现出课程改革的新理念，代表教育改革的新方向；实用性是指课题的选择来源于教育教学实践中产生的、待解决的、带有普遍适用性的问题。学校是教师成长的主要场所，教师即研究者。教师可以把日常工作中的困惑转化为研究的问题，只要用心，就能发现一个教学细节就是一个研究课题、一种题型就是一个研究课题，如何调动学生的学习积极性就是一个研究课题，一个学生就是一个研究课题。课题研究的切入点无处不在，关键是要小而具体，容易操纵和把握。立足校本教研，开展课题研究是促进教师快速成长、逐渐走向专业化的有效途径。课题研究会带动教师拓宽学科视野，提高理论素养，增强教育教学的科学性。

五、注重反思，助力“名师”突围

反思作为促成教师发展的高级思维能力，是教师专业成长之核心。叶澜教授认为：“一个教师写一辈子教案不一定成为名师，如果一个教师写三年的反思，有可能成为名师。”由此可见，反思是教师成长的必由之路，更是教师快速成长的有效途径之一。反思是对自己的教育观念、教育行为，包括日常教育现象、教育实践的自主审视和判别、检查和反省。扎扎实实做反思，认认真真写反思，能使教师的日常生活免于落入机械重复。只有善于分析自己工作的教师，才能成为优秀的教师。

写教学反思，应注意以下几点。

（一）变感性反思为专业反思

感性反思是大部分新手教师常用的反思方式。教师在进行教育教学实践之后，对自己的授课效果会有一个整体的感受。他们通常会发现这堂课有哪些优点和不足，然后用自己的感觉评价标准进行反思和改进，这属于感性反思。这种依据个人感觉进行的反思是不够完整、不够系统、不够科学的，具有主观性和随意性。这种反思模式有时候能总结出正确的经验，有时候则相反。因为没有科学的评价标准，没有明确的评价模式，所以它可能会使教师积累一些教学方法和经验，但是对教师的专业发展没有太大的帮助。反思是一种有目的的教育行为。教师想要从普通教师迅速成长为“名师”，需要做专业反思。专业反思是理性的，要求教师在写教学反思之前，先花时间研透课标，弄清楚课标中本学段的知识点和能力点，对照实际的授课情况进行批判性的思考。专业反思应是学习—实践—反思—再学习—再实践反复循环的过程，最终的结果是促进教师专业水平的不断提升。

（二）化内心反思为书面反思

教师如果只在心里对课程进行反思，思考的结果往往比较粗浅，不仅容易有漏洞，不够成熟，而且不利于形成经验总结，更不可能促使教师凝练教学主张。写教学反思，需要对所思考的内容进行逻辑化、条理化、理性化的表达，促使思考有一定的深度，能提高反思的“含金量”。可以把“教学反思”看成“一事一议”的实用性议论文。其写作结构可以概括为“教学实例—得失（成败）分析—理性思考”，第一、二部分是“反”，第三部分是“思”。第三部分是重点，应详写，结合新课程、新理念尽量写出深刻的切实可行的方案策略。书面反思也可以是教育日志、教育叙事、教育教学案例、札记、体会、感想、启示、教后记等形式。

（三）教学反思内容

教学反思大致可以从以下三个方面来写。

1. 写成功之处（亮点、创新）

受教学环境的影响或是学生的课堂言行激活了教师的思考，教师果断跳出原教学思路，或临场想出更巧妙突破教学难点的方法；面对学生异想天开的“发问”，教师灵活机智地处理；学生在课堂上提出的独到见解；教学方法上的改革与创新等，把它们详略得当地记录下来，供以后教学时参考使用，也可在此基础上不断地改进、完善、推陈出新。

2. 写不足之处（疏漏、失误、遗憾）

例如教学策略失当，课堂组织小组合作时，由于分工要求不明确，导致合作探究乱糟糟，浪费时间不说，个别孩子玩闹，没有真正参与学习过程等。对不足之处进行系统的回顾、梳理，并对其作深刻的反思、探究和剖析，使之成为今后再教学时的参照物。

3. 写“再教设计”

反思后，修改、补充、完善教学设计，供下次使用。这样可以扬长避短、精益求精。

总而言之，写教学反思，贵在及时、贵在坚持。一有所得，及时记下，有话则长，无话则短。以写促思，以思促教。长期积累，必有“聚沙成塔，集腋成裘”的收获。

六、教师培训，赋能“名师”成长

参加各级各类师资培训是教师快速成长的重要途径。对于教师来说，通过定期参加培训来提升教学能力和水平是非常必要的。培训是一个不断纠正错误经验的活动，也是一个不断强化新的认知的过程，更是一个传递新的方式的过程。

参与教师培训是教师与时俱进的需要。每隔10年，教育部组织专家对新课标、课程设置方案等进行修订，教材会作出一系列的调整，增加新内容，删减不合理的部分，优化需要调整的内容，以积极顺应社会变革的需求，从而培养出合格的人才。参加新课标和教材相关培训有助于促进教师对新理念的深入理解，有利于教师掌握科学教学的方法和路径。

参加教师培训有助于激发教师内驱力。通过对某区5位专职教师入职5年来参加的线下和线上培训进行梳理，教师普遍认为专业化培训是提高教师专业发展的最快捷、最有效的途径。与此同时，如果教师注重及时写总结和反思，并在实际教学中加强应用，可快速提升教师的专业水平。每一次培训，都是一次和名师大家交流的机会。小的触动会带来全新的感知，大的触动会有大的改变，突破性的触动就会有颠覆性的改变。比如幡然醒悟，觉得优秀来自平凡的坚守，卓越来自长久的自律。观摩名师、特级教师、教育家的精彩课例，聆听他们的学术报告或主题讲座，能帮助教师清晰地认识到什么是好课，什么是好老师，进而激励教师更加积极地投入日常的学习和研修中，为成长赋能。

七、勇挑重担，培养“名师”气质

“名医一把刀，名角一台戏，名师一堂课”。名师之“名”最初都是从课堂磨砺中一点一滴积累起来的。全国特级教师窦桂梅老师在《在公开课的舞台上绽放》一文中告诉我们，教师的迅速成长，是上公开课使然。她说：“上公开课，就像家中来客必定要洒扫庭院、准备盛宴一样，其中有准备的紧张，更有展示的兴奋。这就像过日子，如果没有客人，可能终年粗茶淡饭、散淡随意，正是那经常光顾的客人，使得我的‘家政技艺’一日千里。”

对于教师而言，无论在职业生涯的任何阶段都对公开课有一种焦虑。尤其是青年教师，因为缺少教学经验，上公开课往往感觉“压力山大”。教师要克服对公开课的恐惧，首先要改变对课堂的认知。公开课不是一个秀场，它是教师专业发展的主要途径，是学生知识能力生成的直接渠道。公开课，是一种学校里非常重要的课堂研究形式，它不是一个人的单打独斗，而是一个备课团队的集体智慧。在磨课的过程中，教师会不断解锁新技能，慢慢领悟到一节好课的来之不易，痛并快乐着。无数教师从公开课中找到自己的方向，走出迷茫；在不断的磨砺中，愈发坚定；在不断地思考和实践中，凝练自己的教学风格，最终脱颖而出，成为名师。

在美国教师教育认证委员会看来，名师之所以成为“名师”，往往在于其丰富的教学实践。只有在课堂教学实践的舞台上，教师通过过硬的教学功底和独特的教学风格，赢得了学生、学校和社会的广泛认可，才能真正成为名师。虽然上公开课被教师视为“难啃的硬骨头”，但是经历过公开课的教师都会由衷地承认自己的教学能力有了较大的提升，这种成就感和收获是常规课堂难以体验到的。李晓耘名师工作室的成员邱海宁和龙文婷两位教师，就是通过勇于承担各种类型的公开课，在省市级的比赛上屡创佳绩，迅速成长。因此，建议教师要勇挑“公开课”重担，不断打磨，修炼好自己的教学内功，在实践中进步，在进步中收获成长的自信，坚定地朝“名师”迈进。

八、辐射引领，组建“名师”团队

《国家中长期教育改革和发展规划纲要（2010—2020年）》明确提出，通过研修、培训等形式，“造就一批教学名师和学科领军人才”。以名师工作室为平台，通过名师引领和辐射，无疑是促进教师专业发展和造就名师的重要方式。

工作室通过定期开展读书活动，借助腾讯会议等平台进行交流分享，利用工作室微信公众号分享学员的阅读心得。学员在交流探讨中碰撞智慧，达到双赢。固定的阅读任务，可以帮助教师克服惰性，坚持阅读写作。分享交流让教师具有发言权，为了发言的内容更加精彩，教师会进行深度阅读学习，在修改反思中提升理论和实践水平，改善自身知识结构，促进自身的专业发展。

名师工作室每年会有固定集体研修的任务安排，这是个交流学习、快速成长的好机会。通过让工作室成员集体观摩名师课堂，全方位、多角度、宽领域地放大名师的优点和亮点，如观摩教材的处理、教学方式和学习方式的选择、驾驭课堂生成性问题的方法和技巧、教学评价的方式，甚至是名师的语言、语气、衣着等。通过观摩和对比，成员发现自己身上存在的问题和不足，从而反思、改进、成长。纸上得来终觉浅，绝知此事要躬行。通过引入竞赛机制，名师工作室为成员创造众多的研究课、公开课和示范课的机会，组织团队成员共同“磨课”，共同打造一堂好课。李晓耘名师工作室的成员李英老师说：“每次比赛都是一种成长、一种感悟、一次难得的锻炼机会、一种鞭策自我不断学习和进步的动力，在一次次比赛中不断打破‘茧房’的束缚，实现自我超越，让我从一名‘稚嫩’的教坛新人逐渐成长成为一名骨干教师。”教师就是在追求教学技巧的进步中，在让自己变得更好、更卓越的过程中成长起来的。

“科研课题”是名师工作室的一项主要建设要求和考核指标。青年教师刚开始不会做课题，害怕做课题，通过名师工作室主持人的引领，开始接触课题研究。北京数学特级教师吴正宪把科研比作一个手术台，主持人是主刀大夫，成员是助手，“只有研究怎么破解教学上的真问题，操刀的、围观的才能一起思考怎么做，教师才有参与感和获得感。”通过参加教研写作培训、论文写作指导系列公益讲座，教师能够近距离聆听名家经验，事半功倍做研究。

独行快，众行远。三人行，必有我师焉。在“名师”的引领和工作室伙伴的激励和帮助下，青年教师专业素养得到提高，从而成为新的名师。

综上所述，名师成长的过程虽然艰难曲折，但是有法可依。关于教师成长，主要有如下八条路径：坚定理想，树立“名师”志向；坚持阅读，丰富“名师”学识；深耕课堂，铸就“名师”底气；潜心研究，凝练“名师”特色；注重反思，助力“名师”突围；教师培训，赋能“名师”成长；勇挑重担，培养“名师”气质；辐射引领，组建“名师”团队。这八条路径就像教师周围的八个方位，为教师成长指明方向，为教师成长保驾护航。通过“八方”合力，助力教师成长。

活动与思考

一、自我反思

对照教师成长路径，每个成员反思自己各个方面的不足之处。

二、阅读分享

工作室内部选择教育教学和学科专业方面的1～2本书籍进行集体共读，成员通过实践与思考整理出自己的看法，进行交流分享。（荐读书目：《给教师的建议》《学校无分数教育三部曲》）

三、成长规划

参考教师成长的路径与方法，工作室成员根据自身情况，制订一个为期五年的成长计划。计划中详细体现各种方法的具体实施设想，成员定期汇报分享近期的实施情况和成长心得。

修炼 11

做好自我评估与专业规划

名师工作室对教师成长的作用意义深远，它既是教师精进教学技艺、丰富知识储备的殿堂，又是激发教师创新潜能、展现其自我价值的舞台。在名师工作室，教师通过与名师的深入交流学习，以提高教学效果、促进学生全面发展为目的，接触前沿的教育思想，掌握高效的教学手段。同时，工作室所营造的协作与分享氛围，为教师形成合力攻克教育难题、促进教育教学持续进步的紧密团队合作提供了帮助。

作为名师工作室的一员，成长之路上至关重要的一环就是如何依托工作室这个平台，实现快速成长。自我评估是教师成长的起点，也是教师不断成长的原动力，教师在教学中通过对自身优缺点的深刻剖析，避免盲目自信、故步自封，保持豁达进取的心态，有助于形成正确的自我认知。而专业规划则是帮助教师明确职业目标、制定切实可行的发展规划、保证个人成长的持久性和方向性、实现教师更有效率成长的指南针。

工作室成员教师做好自我评估和专业规划，不仅能够推动教师个人的成长，还能更好地助力名师工作室的发展。

一、把握工作室成员成长的内涵与特点

（一）名师工作室成员教师的角色与职责

名师工作室作为培养中青年教师的团体组织，在开展教育教学重点问题研究、加强学科教学教研团队建设、解决学科教学难题及引领学科教学健康发展中起到了非常重要的作用。名师工作室成员不仅是工作室的学习者、研究者，更是工作室的建设者与管理者，在教育教学实践中发挥着骨干力量。

承担重要职责的名师工作室成员，要在工作室中积极进取、冲锋在前，发挥示范带动作用。因此，我们为了丰富自己的教育教学内涵，要时刻保持谦卑好学的态度，不断汲取新的知识；积极参与学科培训、跟班研修、工作室教研会议等工作室组织的各类活动，与同行交流分享经验，不断提高教育教学水平；组织课题研究，针对教育教学中出现的难点问题，努力为解决学科教学中的疑难问题提供强有力的支持；勇于向传统教育模式挑战，敢为人先，探索教育教学的方法和策略，适应新时期的发展；为工作室各项工作的顺利开展提供强有力的支持，共同推动名师工作室上台阶、上水平，善于发现和利用自己的专长和优势。

（二）名师工作室成员教师成长的独特性

名师工作室成员教师虽不说“鹤立鸡群”却也“与众不同”，与普通教师不一样的是，其个人职业生涯成长的独特性主要表现在以下几个方面。

1. 教学理念更具前瞻性

作为集研究与实践于一体的平台，工作室为成员们提供了丰富的教育资源和交流机会，使得成员教师能够不断更新优化自己的教育理念。例如工作室学科培训、跟岗研修、教研科研会议等，成员可在活动中接触到前沿的教学策略和教育理念，获得自我提升的机会，时刻保持教育教学理念

的前瞻性。

2. 教学方式更具创新性

名师工作室成员教师为提高教学效果，培养学生的创新精神和实践能力，通过参与课题研究、教学观摩、课堂实践等工作室活动，不断尝试和探索教育教学新方法，展示教学的创新活力。

3. 教学成果更具示范性

通过教育教学实践，名师工作室成员教师形成了一批具有示范性的教育教学成果，如优秀教案、精品课程、育人实践案例等。这些成果不仅展示出工作室成员的教育水平和能力，也为其他教师提供了学习和借鉴的标杆，在教育行业内得到了广泛认可，具有较高的推广价值。

4. 教学研究更具引领性

名师工作室成员教师积极参与教育教学研究，关注学科教学的最新动态和趋势，致力于探索适应时代发展的教学模式和方法。通过开展课题研究、发表论文、参加学术交流等活动，推动教育教学理论的发展，引领学科教学的改革与创新。

名师工作室成员教师在成长过程中，受益于工作室的品牌效应和影响力，使得教学成果和学术成就更容易得到认可和传播，从而也赢得更多的发展机会和更广阔的发展空间。

（三）名师工作室成员教师成长的必要性

名师工作室成员教师作为教育教学实践的骨干力量，其成长直接关系到教育教学质量以及工作室的发展。

在新时代背景下，教育理念、教学方法、课程内容都在不断更新，教师应当紧跟时代步伐，提升自身专业素养和教学能力以适应教育改革发展对教师提出的更高要求。名师工作室作为优秀教师的聚集地，成员教师的成长对于推动教育改革、提高教育质量具有重要意义。教师通过自身的学习、实践与反思，积累丰富的教育教学经验，能够为其他教师提供“榜样力量”。成员的成长故事和成功经验可以鼓舞更多年轻人投身教育事业，共同为提升教育水平贡献力量。一个优秀的教师团队是学校教育教学质量的重要保障，名师工作室成员教师的成长有助于提高教师队伍的整体素质，带动整个团队的专业发展，形成良好的教育教学氛围，促进教师队伍整体水平的提升。

在当今社会，学生个体差异日益明显，教师的教育教学能力关系到学生的成长。教师唯有通过不断的学习、成长，才能够提高自己驾驭课堂、因材施教的能力，以满足学生个性化、多样化的学习需求，为学生的全面发展提供有力支持。在专业成长的过程中，教师不断突破自我，实现教育教学价值，还能增强职业认同感和成就感，激发工作热情，在教育事业中获得归属感和自豪感。

教师成长不仅是时代和教育发展的需要，也是教师个人职业发展和提升自我价值的必经之路。所以，教师要保持学习的热情，不断提升自己的专业素养能力，以更好的状态服务教育事业。

二、做好自我评估与专业规划

教师在成长的过程中，做好自我评估与专业规划至关重要。自我评估为专业规划提供了依据和方向，而专业规划则是对自我评估结果的具体化和落实。在两者的相互作用下，教师可以不断调整自己的发展策略，优化成长路径，最终实现个人价值的最大化。

（一）认清自我，知己知彼

自我评估是指教师主动对自己的教学实践、教育理念、专业知识和技能等进行系统的分析和反思的过程，是教师对自身教学活动的全面审视，包括教师对自己的教学行为、教学方法、课堂管理、教学成果、学生的学习效果以及个人职业发展等多方面的评价。自我评估是教师专业成长的重要环节，对于提升教育教学能力和促进个人专业发展具有深远的意义。

自我评估的重点在于自我反思，“吾日三省吾身”（《论语·学而》），强调的正是自我反思的重要性。自我评估能够帮助教师明确自身的优势和不足，还可以促进教师主动寻求改进和提升。

自我评估在提升教育教学能力中的作用显著。《孙子兵法·谋攻篇》中提到：“知彼知己，百战不殆。”通过自我评估，教师得以深入了解个人教学特点以及教学过程中的表现，及时发现问题和不足，为提升教学能力提供依据。这种自我监督和反思能够促使教师不断调整优化教学行为，增强教学自觉性，提高教学效果，进而提升教学质量。

自我评估是教师专业成长的起点。教师通过对教学实践的深入分析，明确教学理念，形成对教育的独到见解。这种理念和见解的形成有利于教师在未来的教学中明确方向和提高教学自信，积极应对教学中的各种挑战。

自我评估是教师持续成长的重要途径，在促进个人专业发展中发挥着不容忽视的作用。自我评估一方面能使教师挖掘自身潜力所在，提出个人的短期发展计划和长期职业目标，设定切实可行的专业发展策略，为个人成长指明方向；另一方面能使教师明确自己的专业发展需求，及时总结教学经验，提高教学智慧，实现专业水平的不断提升。这种自我认知的提升，有利于教师制定更为合理的职业发展路径，选择适合自己的专业成长方向，如参加研修班、攻读学位或从事教育研究等。

正如《易经·系辞下》所说：“穷则变，变则通，通则久。”教师通过自我评估，不断反思、改进和成长，为提高教育教学质量、实现个人职业价值奠定坚实基础。在新时代的教育改革中，教师自我评估将继续发挥重要作用，助力教师队伍的发展更加专业化。

（二）精准规划，不预则废

专业规划是教师根据自身职业发展需求，结合教育行业的发展趋势，对个人职业生涯进行系统设计的过程。专业规划是激发教师追求职业成长的内在动力，它涉及教师对自身优势、兴趣、价值观的深入认识，以及对未来职业目标的精准规划。专业规划对于教师的成长和发展具有举足轻重的作用，它能够帮助教师有目的地进行自我提升，规避职业生涯中的盲目性和随意性，从而实现职业生涯的可持续发展。

《礼记·中庸》有云："凡事豫则立，不豫则废。"专业规划使教师能够准确地预见个人的专业发展方向，明确职业目标，如成为教育专家、学科带头人等，通过可行性分析论证，为实现该目标制订具体计划。教师通过专业规划，能够更加系统地完成自我提升，如通过参加专业培训、获得更高学历或职称、参与教育科研等方式提高专业水平，找到适合个人专业发展的道路，为未来的成长奠定坚实基础。

专业规划要求工作室成员不断学习和探索新的教学方法和教育理念，提升专业素养、优化教学策略、推动教育创新。名师工作室成员做好个人专业规划，有针对性地提升教学能力和专业素养，有利于推动工作室与教育事业的发展，为教育事业提供正向助力。工作室成员通过工作室平台，整合与优化教育资源，实现教育资源的共享，助力缩小教育差距，促进教育公平，将所学应用于实际教学当中，为学生提供更高质量的教育服务。

做好专业规划不仅有助于教师个人发展，还能对教育事业和同行教师产生积极的影响，激发其他教师的积极性和创新精神。专业规划的实施往往需要团队成员之间的密切合作与交流，通过参与工作室的活动和项目，教师可以结识更多志同道合的同行，共同探讨教育问题，分享教学经验，从而促进教师专业素养和能力的提升。我们应该高度重视专业规划的重要性，认真制定和实施规划，实现个人职业价值和教育事业的卓越成就。

三、助推工作室成员的自我实现

在教师职业生涯中，影响个人发展的因素可以总结为动力、能力和风格。动力决定了想不想干，能力决定了能不能干，而风格决定了适不适合干。工作室成员教师该如何在职业生涯发展中做好自我评估和专业规划，促进个人发展和自我实现呢?

（一）做好全面务实的自我评估

自我评估是借助工具，利用科学的方法，对自己进行全面整体的认识和了解的一种方式，自我实现可以从兴趣、能力、人格特征、职业价值观等方面进行实事求是的自我评估。

1. 兴趣是最好的老师

人们常说："兴趣是最好的老师。"兴趣，可以增加职业的适应力，从事感兴趣的职业能帮助个人更好地发挥全部才能。发明大王爱迪生一生中有1000多项发明，直到生命最后一刻还在思考着最新的发明，兴趣的推动让爱迪生一生都致力于研究和科学探索并取得了巨大的成就。当一个人对某种东西产生了兴趣，他就能够更积极地全身心投入其中。就像篮球巨星科比属于凌晨四点的洛杉矶，牛顿错把怀表当成鸡蛋放进锅里煮，米开朗琪罗雕塑大卫像时完全忘记周围的一切，鲁迅把别人喝咖啡的时间都用在了工作上，33岁的"北大韦神"把自己的心完全放在了钻研学术上面……职业兴趣会帮助人们积极地感知和关注与工作有关的一切，深入思考而后大胆探索。哪怕面对困境，也决不退缩，努力进取排除万难直至成功。在教师的自我评估中，对兴趣的评估是不可或缺的。教育是一个充满挑战和创新的领域，而教师的职业兴趣往往决定了他们在教育工作中所投入的热情和努力。正如美国著名作家爱默生所说："有史以来没有任何一项伟大的事业，不是因为热忱而成功。”我们既喜欢又热爱这份工作，并为之坚持不懈地努力着，热爱可抵岁月漫长。

2. 能力是关键

教师在能力方面进行自我评估，是提升教学质量、实现个人发展的关键步骤。对于教师来说，应该具备的教育能力主要包括教学科研能力、教授能力、教学诊断能力以及沟通与组织协调能力四个方面。

首先，教学科研能力与教师的教学认知、专业知识、科研水平等密切相关。这涉及教师对自己所教学科的理解程度、对最新教育理念和教研科研方法的掌握情况等方面。教师可以通过参加专业培训、阅读相关书籍和文献、参与教研活动等方式提升自己的专业素养，通过与同行交流、分享教学经验和心得，建立教研共同体、开展课题研究等，进而提高教学科研能力。

其次，教师要对自己的教授能力进行客观分析，包括课堂掌控能力、教学技巧的运用、教学内容的把握等。教师可以回顾自己的教学过程，思考自己是否能够有效地组织课堂，激发学生的学习兴趣，提高教学效果；是否能够清晰地传授知识，灵活运用各种教学资源，准确判断学生的学习状态，消除课堂不良行为，及时发现问题并给予指导……通过反思性自我评估，总结出教学实践中的得失与改进方法。同时，教师可以收集同事、学生、家长等多方的反馈意见，利用多元性自我评估，了解师生对自身教学的看法和建议，及时调整教学策略。

再次，教学诊断能力也是教师必备的能力之一。了解学生的认知规律、认知特点，通过教学成绩、学生评价等数据迅速了解学生学习信息，判断其是否达到预期目标，并根据诊断结果对下一步的教学活动进行适当的调整。

最后，教师还需评估自己的沟通与组织协调能力。在教学过程中，教师需要与学生、家长和同事进行有效的沟通，解决教学中的问题和困难。教师具备组织协调能力，能够合理安排教学活动和资源，确保教学的顺利进行。

3. 人格影响教学风格

人格是构成一个人思想情感及行为方式的特有模式，包含了一个人区别于他人的稳定而统一的心理品质。它主要包括气质和性格，不同气质和性格的教师会表现出不一样的教学风格，对学生的学习和生活产生一定的影响。一位优秀的教师，应该识别自己的气质类型（如胆汁质、多血质、黏液质、抑郁质）和性格特点（如外向、内向、直觉、感觉等），客观分析自己的教学行为，如与学生互动的方式、处理问题的方式、情绪管理等，分析这些行为与个人气质性格的关系。一方面，教师可以通过同事提供不同视角的观察与分析，了解自我人格特征，或者通过观摩其他教师的课堂，比较和反思个人的教学风格，了解不同人格特征对教学的影响。另一方面，教师还可以通过问卷调查、小组讨论或个别交谈的方式，了解学生对教师性格和教学风格的看法。此外，学生的成绩和课堂表现也能反映出教师人格特征对教学效果的影响。

国际上常用的人格测试工具，如MBTI（迈尔斯-布里格斯类型指标）、DISC个性测验等，能帮助教师更深入地了解自己的性格特征。根据自我评估的结果，教师准确设定具体的人格特征改进目标，如提高耐心、增强自信等，制订实际可行的行动计划，包括参加培训、学习相关专业课程、实践新的教学方法等。

定期进行人格特征自我评估，还有助于教师监控自己在教学风格上的变化和改进，根据评估结果和教学效果，灵活调整教学策略和个性发展计划，将自我评估的发现与教学实践相结合，不断尝试新的教学方法，以适应不同学生的需求。

4. 树立正确的价值观

教师的职业价值观是指教师对于教育职业的看法、信念和承诺，它影响着教师的教学行为、工作态度和职业发展。职业价值观表明一位教师在职业生涯中想要追求的目标，进行职业价值观的自我评估有助于教师明确自己的教育理念、发展方向，提升职业满意度和教学质量。作为一名教师，尤其是名师工作室的成员，该如何做好职业价值观方面的自我评估呢?

（1）自我反思

正所谓“知人者智，自知者明。”教师应该反思自己的教育初心，包括对教育职业的看法、对学生的态度、对知识传授的立场等，探索内心的信念。史蒂夫·乔布斯曾说：“唯一让人有动力去做伟大的事情的是爱。”教师应拾起自己对教育事业的热爱和追求，审视自己选择教育职业的初衷，以及在教学过程中追求的目标。

（2）价值观梳理

教师要在教育实践中明确自己所坚持的社会主义核心价值观，如诚信、公正等。价值观是教师行为的准则，如果一位教师的价值观出现了偏差，那他的言行举止也会受其影响，而教师“以身作则，言传身教”的示范作用也会受到社会各界的质疑。因此，教师应“吾日三省吾身”，将自己的价值观与实际教学行为进行对比，检查是否有偏差，并梳理分析原因及时修正。

（3）与时俱进

与时俱进的职业价值观是教育事业发展的重要保障，也是教师个人成长和事业成功的关键所在。为了能践行好教师职业价值观，教师在教学工作中，应当紧跟时代步伐，及时更新教育观念，积极参与教育改革和创新实践，适应和引领教育变革，以学生为本，促进学生全面发展为核心，不断提升自身的专业素养和教育能力，加强与同行、学生和家长的沟通交流，共同推动教育事业的进步和发展。

（二）做好客观准确的目标定位

在任何一种职业生涯规划中，做好目标定位都是必不可少的环节。在教师职业生涯中，客观准确的目标定位至关重要，教师只有设定合理、明确的目标，才能在职业发展中取得成功。

教师做好专业规划的前提先要深入了解自己，认清个人优势和不足。认识自己的不足是成长的第一步，教师在进行目标定位时，应根据自己的教学能力、学科知识、性格特点等方面的优劣，设定合理可行的目标。在明确个人优势和不足的基础上，教师可通过以下途径设定具体、明确的目标。

1. 制定短期与长期目标

短期目标通常是具体且可实现的，比如提高某个学科的教学质量，或者帮助学生解决某个具体的学习问题。这些目标通常可以在一个学期或者更短的时间内实现。通过设定短期目标，教师可以更专注于当前，及时调整教学策略，高效完成教学任务。长期目标则更加宏观和深远，比如成为一名优秀的教育工作者、学科带头人、教育管理者，或者在某个教育领域做出突出贡献。这些目标可能需要花费几年甚至更长时间才能实现，但它们为教师提供了清晰的发展方向和动力。

设定目标时，教师还需要考虑目标的可行性和可衡量性。可行性意味着目标应该基于教师的实际情况和能力，不能过于理想化或难以实现。可衡量性则意味着目标应该有明确的衡量标准，以便教师能够评估自己的进展和成果。

2. 制定有挑战性的目标

制定具有一定挑战性的目标，可以激发教师的潜能。教师在制定有挑战性的目标后，往往会更加专注于自我提升和专业成长。这些目标可能包括提高教学效果、创新教学方法、参与教育研究等。为了实现这些目标，教师需要不断学习新知识，探索新策略，并将理论与实践相结合。同时，有挑战性的目标也能激发学生的学习兴趣和动力。当教师制定了高标准的教学目标时，学生会感受到教师的期望和信任，从而更加努力地学习，以达成或超越这些目标。这种积极的互动和反馈循环，有助于形成良好的教学氛围和学习环境。

当然，制定有挑战性的目标并不意味着要追求不切实际的成果。教师需要在现实和理想之间找到平衡，确保目标的可实现性和可持续性。

3. 调整符合实际的目标

目标清晰，才能行动有力。明确的目标有助于教师制订行动计划，为职业发展提供方向。但目标并非一成不变，而是要随着时间和环境的变化进行调整。在设定目标时，教师需要关注外部环境的变化，包括教育政策、学校发展、社会需求等，根据自己的实际情况，反思和调整自己的目标。在教学过程中，教师可能会遇到各种预料之外的情况和挑战，日常性的反思和调整，使教师能够从容应对各种变化，保持教学工作的顺利进行。教师除了灵活调整目标，以适应不同学生的需求和变化的教育环境以外，还要继续挖掘自己的潜能，如领导力、创新能力等，为制定更高层次的目标奠定基础。

（三）撰写职业生涯规划书

有了明确的发展目标，还应制订行动计划，采取有效的策略以达成目标。其中，撰写职业规划书是目标达成的必经之路。

1. 为什么要写职业规划书？

教师撰写职业规划书的必要性源于对个人职业发展的清晰认识和未来目标的明确规划。职业规划书不仅是对自身发展的设计蓝图，也是对职业生涯的系统思考和规划。撰写职业规划书有助于教师明确自己的职业目标与期望，为未来的发展提供清晰的方向。通过规划书，教师可以合理规划时间，提高职业发展的效率，避免盲目和无效的努力。面对不断变化的教育前景，职业规划书还能帮助教师预见挑战，提前做好准备和应对策略，激励教师不断学习和成长，实现自我价值的提升。

2. 如何撰写一份优质的职业规划书？

职业规划书应该包括职业愿景、个人分析、目标设定、行动计划、预期成果和结语等部分。职业规划书应详细阐述每个阶段的目标、行动计划、预期遇到的挑战及应对策略。在规划书中设定定期评估和调整机制，以确保职业发展目标的实现。

（1）确定职业愿景

职业规划书应始于对职业愿景的描述。职业愿景不仅为教师提供了明确的方向，还激励教师持续努力，追求更高的职业成就。首先，教师需要思考并明确自己的目标和理想，包括思考自己的兴趣、技能、价值观以及长期和短期的职业目标，如成为教育专家、学科带头人、上好一节课、完成一项研究等。

（2）自我分析

职业愿景能够激发教师的内在动力，这也意味着愿景应该与教师的价值观、兴趣和激情相契合。因此在确定职业愿景的同时，教师必不可少要进行深入的自我分析，了解自己的优势、劣势和独特之处，以形成更具体的职业愿景。通过自我分析找到自己的定位，当教师对自己的职业发展产生困惑时，他们也将更容易找到解决方案，逐步实现目标。

（3）设定具体目标

一份好的职业规划书应该具有明确性和具体性。在撰写规划书时，可以设定一些具体的、可衡量的目标，如提升教学能力、拓展专业领域、获得更高学历或认证、参与学校或社区的项目等，这些目标应该与教师的长期职业愿景保持一致性。

（4）制订行动计划

有了确切想法，就要匹配具体可行的计划。在制订具体的行动计划时，应写明实现计划所需的步骤、时间表和资源等，详细具体的行动计划有助于教师有条不紊地实现自己的职业规划。

（5）选择发展路径

在教师的职业生涯中，根据个人目标和资源、兴趣和优势，选择合适的发展路径也是至关重要的一步，如成为专家型教师、研究型教师等。不同的发展路径也会有不同的成长策略，但无论如何，教育是一个持续生长的过程，教师要不断探索，找到适合自己的发展之道。

（6）评估与调整

设定定期评估机制，检查目标实现情况，并根据反馈进行调整。职业规划并非一成不变，随着时间的推移和经验的积累，教师可能需要调整自己的职业愿景。教师应根据个人发展情况和外部环境变化，灵活调整规划书内容，在职业生涯的道路上，不断追求卓越，成就更好的自己。

（四）依托名师工作室平台实现自我评估与专业规划

名师工作室对每一位成员教师而言都是一个独特而宝贵的平台，它不仅能为教师提供丰富的教育资源，还能帮助教师更好地实现自我评估与专业规划。我们在名师工作室定期组织的培训与研讨活动中，有机会与名师面对面交流，聆听他们的教学经验和智慧。同时，我们可以通过小组讨论、案例分析等方式，深入探讨教学中的问题与挑战。这些活动不仅拓宽了我们的视野，也让我们在相互学习中不断成长。

名师工作室有健全的激励机制，鼓励我们积极进行自我评估与专业规划。工作室通过设立教学成果奖、优秀教案奖等奖项，激发我们的教学热情和创新精神。同时，工作室还提供了职称晋升、进修学习等方面的支持，让我们在职业道路上得以更加高效地前行。

名师工作室为我们提供了一个宝贵的平台，那么我们就要珍惜这个机会，努力提升自己的专业素养与教育能力，用心做好专业规划，用实际行动实现自我成长。

活动与思考

一、自我评估

参照自我评估的内容，从兴趣、能力、人格特征、职业价值观等方面进行实事求是的自我评估，并针对评估结果，进行反思与调整。

二、撰写职业生涯规划书

工作室成员根据自身情况，撰写一份职业生涯规划书。规划书包括以下内容：职业愿景、个人分析、目标设定、行动计划、预期成果和结语等。详细阐述每个阶段的目标、行动计划、预期遇到的挑战及应对策略。

修炼12

正确应对职业倦怠

踏进名师工作室的第一天，我们似乎就把坚持教研当成人生中的重要使命而非一个简单的教学任务。坚持教研，说难不难，说寻常也不寻常。古语有云："闲云潭影日悠悠，物换星移几度秋？"在日常教学工作的消磨下，工作室的成员还需空出时间和精力放置于团体教研中，这就不得不直面以下难题：我们会不会无形中生起职业倦怠？如果遇上职业倦怠，我们又该如何克服？

一、认识教师的职业倦怠

（一）职业倦怠的定义与表现

常言道"择一事，终一生"，但与之矛盾的是"终一日易，终一生难"。和许多职业一样，教师也有着躲不开的职业倦怠期。什么是职业倦怠？职业倦怠也称工作倦怠，美国心理学家弗登伯格在《职业心理学》杂志上首次提出了职业倦怠这个词语。所谓"职业倦怠"现象，是指一个人在社会期望值、个体内在的期望值过高而客观实际又达不到预期的目标的情况下所产生的失望情绪、疲惫心态的一种心理现象。

而教师的职业倦怠定义为由于教师长期工作在压力的情境下，工作中持续的疲劳及在与他人相处中各种矛盾、冲突而引起的挫折感加剧，最终导致一种在情绪、认知、行为等方面表现出精疲力竭、麻木不仁的高度精神疲劳和紧张状态，属于一种非正常的行为和心理。

教师职业倦怠是教师不能顺利应对工作压力时的一种极端反应，是教师在长期压力体验下所产生的情绪、态度和行为的衰竭状态。教师在经历职业倦怠时常有以下三种典型的心理或行为表现。

情绪衰竭感：处于职业倦怠的教师常常表现出疲劳感、性急易怒、容忍度低，并且在情绪上缺乏活力与热情，有一种衰竭、无助感，并对生活冷漠、悲观。

去个性化：教师人格解体的表现之一是减少接触或拒绝接纳学生，将学生视为没有感情的动物，用带有蔑视色彩的称谓称呼学生，用标签式的语言来描述学生。不仅如此，对同事也常常持有多疑妄想的态度。

低成就感：当教师感觉他们的职业所带来的金钱、学生赞同、社会认可等很少时，他们无法产生教师的职业成就感，甚至产生较强的自卑感。

（二）教师职业倦怠的现状及其影响

美国文学家爱默生曾写道："没有热情是干不成大事业的，热情的付出与成功的收获成正比。"有很多人之所以在工作上一事无成，并非因为他们能力不强，而是因为他们缺少那份热情，教师进入职业倦怠期是教师热情减退的表现。

经济合作与发展组织（OECD）公布的2018年"教学与学习国际调查"（TALIS）中指出，接近五分之一的教师认为教师工作对其身心有负面影响需提早应对，而在中国台湾地区有多达42%的资浅教师在工作中感到有压力。教师的工作压力也反映在教师流失上，美、英、澳的研究发现，因工作压力而预计在3至5年离职的教师高达20%及以上。

中小学教师出现职业倦怠，不仅会影响到教师个体的身心健康，更会影响到学生的健康成长，最终导致教师厌教、学生厌学的恶性循环，既影响教师队伍的稳定，又有碍学校教育教学质量的提高，更不利于教育教学的改革。教师工作压力与工作倦怠问题是既存的事实，值得深入探讨及寻求解决策略。

二、弄清职业倦怠从何而来

中小学教师每天面对的是最有活力的一群人，每时每刻都在发生着变化，本来应该充满着生机与活力，为何会出现职业倦怠呢?

(一)任务繁重且工作时长

随着新的教育政策的出台，教师的压力也逐渐增加。教师每天面临着繁重的教学、备课、批改作业等工作，还要应对各种考试、评估和检查。长时间高强度的工作压力可能会导致教师感到身心疲惫，产生职业倦怠。此外，教师的工作时间通常比其他职业更长，包括上课、备课、管理学生、参加会议等，长时间的工作会让教师感到疲惫不堪，难以保持工作热情甚至出现厌教的症状。

(二)教育改革的期望与压力

教师出现职业倦怠与教育改革之间存在一定的关系。教育改革通常伴随着新的教育理念、教学方法和评价体系的引入，这些变化对教师提出了更高的要求和期望。教师需要不断学习和适应新的教学方法，还需要面对更高的教学质量和学生成绩的期望，这种期望和压力导致教师感到力不从心，进而产生职业倦怠。

教育改革导致教师工作量的增加。例如，为了实施新的教学方法或评估体系，教师需要投入更多的时间和精力进行备课、教学和评估工作。这种工作量的增加可能导致教师感到疲惫不堪，缺乏休息和放松的时间。

教育改革导致教师角色的转变。教师需要从传统的知识传授者转变为学生的引导者、合作者和评估者。这种角色转变对教师提出了新的要求，需要教师具备更多的专业知识和技能。然而，不能适应这种转变的教师缺乏自信和动力，极其容易陷入职业倦怠。

教育改革中的评价体系存在不完善。如果评价体系过于注重学生的学业成绩，而忽视教师的专业素养和教学能力，那么教师会感到自己的付出得不到应有的认可，这种缺乏认可的情况也是导致教师产生职业倦怠的原因之一。

（三）师生关系的不平衡

学生问题也是教师产生职业倦怠的一个重要原因。学生的行为问题、学习困难、心理问题等都需要教师花费大量时间和精力去处理，这些问题都可能会致使教师感到沮丧和无力，缺乏成就感。如果教师感到自己的工作没有得到应有的认可或回报，或者自己的职业发展受到限制，便会产生职业倦怠，教师会感到自己的工作没有意义，严重降低热情。

（四）自我认识不足

社会对教师的期望很高，要求教师不仅要有高水平的教学能力，还要具备高尚的师德和敬业精神。然而，这些期望也会让教师感到压力过大，难以承受。教师在对自己的职业角色、教学能力、个人期望以及面对的工作压力等方面缺乏清晰、准确的认识时，更容易感到迷茫和无力。

三、掌握消弭教师职业倦怠的策略

教师产生职业倦怠的原因可能是多方面的，但解决教师职业倦怠的关键在于教师自身应意识到职业倦怠的出现并不是只发生一次的现象，它可能一次又一次地潜进我们的职业生涯。当捕捉到职业倦怠的信号时，我们该采取怎样的措施应对它？

（一）回顾初心，树立正确的信念和职业理想

正确的信念和职业理想，是教师应对职业倦怠的最佳良药。坚定正

确的教育观念和积极的教师信念，对防止教师职业倦怠至关重要。作为一名教师，我们应时常回顾自己从教的初心，铭记为何选择走上教育这条道路，重新点燃对教育的热情，坚定教育信仰，以更加积极的态度面对工作中的挑战。作为名师工作室的一员，我们更应认识到教育工作的崇高性和复杂性，保持对教育的敬畏之心，不断提升自己的专业素养和教育教学能力。

教师出现职业倦怠大多源于教师在工作上遇到的压力，一个自信和耐压能力强的人往往不容易产生消极态度和倦怠。因此教师应自觉锻炼、提高自己的耐压能力，以开放、积极的态度来学习新的策略以便应对将来可能遇到的挑战，培养良好的个性特征。

（二）重新定位，做好自我评估与专业规划

随着教育改革的不断深入和学科知识的不断更新，教师需要重新定位自己的职业发展方向和目标。作为名师工作室的成员，可以通过定期进行自我评估，了解自己的优势与不足，明确自己的发展方向和重点。同时，结合工作室的资源和平台优势，制定个性化的专业发展规划，明确阶段性目标和具体行动计划，发挥自己的潜力和优势。采取积极主动的方式进行自我调整与适应，是教师缓解职业倦怠的有效策略，不仅能帮助教师摆正自己心态、扬长避短，还能增强教师的自我效能感。在评估结果与专业规划的指引下，教师在工作中更能收获成就感，保持乐观向上的工作态度。

（三）关注学科前沿讯息，更新教育理念

不少教师出现倦怠心理也与不能适应课程改革的新理念以及学生发展的新变化息息相关，换言之就是教师不能很好地接受和适应新课改。因此，打破原有的思维禁锢，重建认知结构，是当下处于职业倦怠期的教师的当务之急，也是行之有效的方法。对名师工作室成员教师来说，关注学科前沿信息、重建认知结构快速有效的方法就是积极参与工作室开展的专业培训和名家讲座。工作室汇聚了众多教育领域的专家和学者，他们不仅具有丰富的教学经验，还拥有先进的教育理念和方法。作为工作室成员，积极参与工作室组织的专业培训和名家讲座，与专家面对面交流，不仅可以拓宽视野、提升专业素养、更新教育理念，适应新的教学方法和评价体系，还能获得精神上的激励和感召，激发内在的教育热情和动力。

（四）关注学生，因材施教，捕捉记录教学亮点

学生是教育的主体和核心，而学生的纪律问题是造成教师倦怠的重要因素。在教学上，如果教师能够多关注学生的成长和发展需求，深入了解他们的个性和特点，灵活采用多样的教学方法和手段进行因材施教，注重加强处理学生问题的能力，让教学得以在有纪律、有组织的情境下顺利进行，从而调动学生学习的积极性，营造良好的课堂氛围，在提高学生成绩的同时，也会大大减少教师的挫折感。同时，教师还可以留心捕捉和记录教学中的亮点，将每次的小发现和小成功写成案例整理成册，培养善于发现的洞察力，有效提高教学热情，降低倦怠感。对成功的原因加以总结和反思，当再次面对工作出现职业倦怠症状时，就能够快速找到教学借鉴和参考，避免再次陷入职业倦怠。

（五）坚持读书，保持内心丰盈

阅读是提升自我、丰富内心的重要途径，也是帮助教师缓解职业焦虑、走出职业倦怠的有效策略。阅读能够为教师带来新的思想、观点和方法，有助于教师不断更新自己的教育理念和教学方法，激发教师的教学热情，使教师保持对教育的热爱和投入。作为名师工作室的成员教师，我们应坚持读书学习，不断提升自己的文化素养和教育智慧，通过阅读经典著作、教育专著以及学科前沿文献等，可以了解到最新的知识和理念，调整自己的教育观念和教学方法。当拥有丰富的知识和经验时，我们在教学时就会更加自信和有底气，能够更好地应对各种教学挑战。当能够不断地尝

试新的教学方法和策略时，教师自然也会更有成就感和满足感。

多读书、读好书还能帮助教师提高沟通交流能力。由于教育工作的特殊性，教师需要和同事、专家、学生及家长等多个社会群体进行沟通交流、分享教学经验、探讨教育问题、寻求合作机会等。有效的沟通是提升工作效率和质量的重要前提，而阅读则可以拓宽教师视野、丰富教师见识、促进教师合作。坚持读书，增强了教师的自我认知和自我管理能力，有利于教师缓解心理负担和工作压力、调节情绪，保持内心的宁静与丰盈。

（六）关注身心健康，学会自我调节

除了关注和调整教育教学工作方式，教师还应关注自己的身心健康和个人发展。通过培养兴趣爱好、参加体育锻炼、保持良好的作息习惯等方式，可以调节情绪、缓解压力、保持身心健康。在面对工作挑战和困难时，要学会自我调节和放松，保持积极的心态和情绪。

放松是指身体或精神由紧张状态转向松弛状态的过程，当感到压力不断时，适当的放松就会有肉眼可见的效果。放松的方式各式各样，除了日常的运动，如跑步、爬山、跳操、游泳、旅游等，还可以选择听一些能够让人放松的音乐、和家人或朋友聊聊天、洗热水澡、逛街购物、去看场电影等，一切让你觉得自如松弛的方式，都可以在你出现焦虑性的心理障碍或抑郁性心理障碍时，让你得以缓解和调节。假如此时的你感到焦虑和疲惫，或是正处于职业倦怠期，不妨休息几天，选择一种你喜欢的放松自我的方式，调整好状态再重新出发。

作为教师，我们应了解到自己事业的可能与其限制性，不一味强调专业的自主性与为社会培养人才的重大责任，承认自己是一个平凡的普通人，一个真实的人，而不是古书上的圣贤。教师会有喜怒哀乐，也会有成功与失落，因此对学生的期望不必过高，对自己的要求也要量力而行，不要因为自己的现状与预期目标相差太大而产生理想的幻灭，只有充分了解自己的优缺点，建立合理的专业期望，才能有效消除那些事业上的迷茫与困惑。

四、名师工作室对成员克服职业倦怠的作用

名师工作室在支持成员成长方面所起到的关键作用，主要表现在如下方面：

（1）提供心理支持：工作室鼓励成员正视职业倦怠期，帮助他们了解这一阶段的表现和成因。通过心理咨询、小组讨论等形式，为成员提供情感支持和心理辅导。

（2）促进团队协作：工作室组织各种团队活动，鼓励成员之间的交流与合作。通过经验分享、案例分析等方式，促进成员之间的互动和学习。

（3）提供专业培训：工作室定期举办专业培训、工作坊和学术会议，帮助成员更新知识、拓宽视野、提升技能。这些培训有助于成员克服职业瓶颈，实现个人成长。

（4）协助规划职业生涯：工作室协助成员制定职业生涯规划，明确发展方向和路径。通过目标设定、计划实施和评估调整等步骤，帮助成员实现职业发展目标。

（5）培养成员领导力：工作室鼓励和支持成员发挥领导才能，为他们提供机会担任重要角色和承担更多责任。通过培养领导力，帮助成员提升自我价值感，增强自信心。

（6）实现资源共享：工作室汇聚了各种优质资源，包括教育专家、优秀教师等。这些资源为成员提供了丰富的信息和经验支持。

教师的工作重复且烦琐、细腻且影响面广。教师总有做不完的事、讲不完的课、教不完的学生、写不完的论文和做不完的课题……职业倦怠的乌云随时会笼罩而来。但庆幸的是，作为名师工作室的成员，当我们遇到

困惑与挫折时，当我们感到疲惫与倦怠时，工作室这个大家庭会帮助我们快速找到平衡点，通过工作室的力量和资源，我们能够更快地作出调整，摆脱职业倦怠带来的困扰，继续在岗位上发光发热。

不用畏惧未知，职业倦怠也没有想象中的可怕。保持初心，保持热爱，坚持学习，敢于作出改变，又何谈倦怠呢!

附：

职业倦怠量表（MBI-GS）

注意：请仔细阅读每一条与工作有关的感受，选择最符合你体验到的感受程度的答案。

一、选项详解

从不——从来不　　极少——一年几次或更少

偶尔——一个月一次或更少　　有时——一个月几次

极多——一个星期一次　　总是——一个星期几次或每天

二、“职业倦怠”量表测试题

1. 工作让我感觉身心俱疲。

□从不　□极少　□偶尔　□有时　□经常　□极多　□总是

2. 下班的时候我感觉精疲力竭。

□从不　□极少　□偶尔　□有时　□经常　□极多　□总是

3. 早晨起床不得不去面对一天的工作时，我感觉非常累。

□从不　□极少　□偶尔　□有时　□经常　□极多　□总是

4. 整天工作对我来说确实压力很大。

□从不　□极少　□偶尔　□有时　□经常　□极多　□总是

5. 工作让我有快要崩溃的感觉。

□从不　□极少　□偶尔　□有时　□经常　□极多　□总是

6. 自从开始干这份工作，我对工作越来越不感兴趣。

□从不　□极少　□偶尔　□有时　□经常　□极多　□总是

7. 我对工作不像以前那样热心了。

□从不　□极少　□偶尔　□有时　□经常　□极多　□总是

8. 我怀疑自己所做工作的意义。

□从不　□极少　□偶尔　□有时　□经常　□极多　□总是

9. 我对自己所做工作是否有贡献越来越不关心。

□从不　□极少　□偶尔　□有时　□经常　□极多　□总是

10. 我能有效地解决工作中出现的问题。

□从不　□极少　□偶尔　□有时　□经常　□极多　□总是

11. 我觉得我在为公司做有用的贡献。

□从不　□极少　□偶尔　□有时　□经常　□极多　□总是

12. 在我看来，我擅长于自己的工作。

□从不　□极少　□偶尔　□有时　□经常　□极多　□总是

13. 当完成工作上的一些事情时，我感到非常高兴。

□从不　□极少　□偶尔　□有时　□经常　□极多　□总是

14. 我完成了很多有价值的工作。

□从不　□极少　□偶尔　□有时　□经常　□极多　□总是

15. 我自信自己能有效地完成各项工作。

□从不　□极少　□偶尔　□有时　□经常　□极多　□总是

三、简要说明

1. 本心理测评仅供参考。

2. 测评计分：1～8题，选项“从不～总是”分别计分“0～6分”；9～15题，选项“从不～总是”分别计分“6～0分”。以上各项之和，即为量表得分。

3. 测评结果建议。

（1）50分以下：工作状态良好。

（2）50~75分：存在一定程度的职业倦怠，需进行自我心理调节。

（3）75~100分：建议休假，离开工作岗位一段时间进行调整。

（4）100分以上：建议进行心理咨询或辞职、更换新的工作。

活动与思考

一、自我反思

工作室成员对自我职业情况进行合理诊断，判断是否处于职业倦怠期。

二、积极应对职业倦怠

参照应对职业倦怠的策略与建议，调整自己的状态，并撰写教育随笔，记录自己在应对职业倦怠时遇到的问题及解决问题的过程。

专题5

论文写作

名师工作室成员要加强论文写作能力的修炼。斯腾豪斯提出的“教师即研究者”，可以理解为“在教学中研究，在研究中教学”。要实现教育高质量发展，不能只依靠教师的责任担当、无私奉献，而应该依靠教育科研的支撑。教师要能把自己的教育教学工作与教学科研工作结合起来，不光能去具体实践，还能把自己的教育活动上升到理论高度，用教育教学理论总结教学工作，撰写教育教学论文。

本专题关于如何写好教育教学论文，共分为四部分：其一是学会选题并做好文献综述；其二是知道摘要和结语的写作要求；其三是知道教研论文的类型及写作，包括厘清论文类型和解析论文路径；其四是懂得论文投稿及学术规范。

修炼13

学会选题并做好文献综述

选题是论文的起点，也是论文的关键，好选题成就好论文。如何学会选题？这里主要介绍论文选题不良现象和论文选题基本方法。文献综述如同“巨人的肩膀”，让我们的研究站得高看得远，也避免研究同质化而做无用功。如何学会文献综述？这里主要介绍文献综述不良现象和文献综述基本要求。

一、学会论文选题

选为选择，题为主题，选题为选择主题。选题是论文的第一步，也是最为关键的一步。选题的价值大小决定了论文的价值大小，它对于论文的成败起着举足轻重的作用。选什么样的题，就写什么样的论文。选题确定了研究的基点，明晰了研究的方向，虽处于起点，却关乎走向，从而影响结果。

（一）论文选题不良现象

选题不良现象很多，主要体现在以下几个方面：题目“不符”现象，即题目大而空，给人一种研究难以切入、难以完成的感觉，突出表现为文题不符；题目“不全”现象，即题目在表述上不完整，出现少字或漏字现象，从语义上很难读通，从语法上难以成立，突出表现为漏掉了关键词、缺少限定词、少了修饰词等；题目“不精”现象，即题目拖沓冗长，表述上不够准确，甚至出现读不通、读不懂现象；题目“不新”现象，即题目思路过于陈旧，研究要有新内容和新视角，让人看了有耳目一新的感觉；题目“不易”现象，即题目所涉及的研究领域，研究者很难驾驭，即使研究必要性突出，但研究可行性打上问号，研究很难得出可靠结论。

（二）论文选题的依据和途径

选题就是作者在学科范围内提出问题、选择写作对象的过程，选题就是作者主观上确定论文写作的方向和目标。选题需要考虑研究的可行性、重要性、独特性，以及个人的兴趣特长、专业背景，选题的好坏直接关系到论文的质量和深度。如何选好题？这里主要介绍以下六个依据。

（1）依据“政策点”选题，即依据国家制定的相关文件，梳理其政策点，并针对某一个或多个政策点展开研究。围绕政策点，研究当前该政策点所提及问题的发展现状、根源、制约因素及如何突破，既可以对政策点进行具体分析，也可以对政策点进行落实研究。

（2）依据“兴趣点”选题，即依据个人在专业方面有兴趣的地方进行选题，不仅能够对感兴趣的事情进行全面研究，还会比研究其他内容更深入。选题结合兴趣点，研究难度会降低，研究思路会容易厘清，研究过程会变得顺利。

（3）依据“热议点”选题，即依据大家讨论的热点问题，在全面了解大家议论的焦点问题的基础上，明确自己的观点，确定自己的选题。对于热议问题，无论持什么态度，站在什么样的立场上，作为研究都要有立场，而且立场要十分鲜明。

（4）依据“重难点”选题，即依据学科教学过程中一些重要的、疑难的问题进行选题，往往需要做深入研究，是我们选题研究的重要切入点。

（5）依据“问题点”选题，即依据在平日的工作中发现的问题进行选题，只要长期观察，不断积累，就可以有解决问题的思路和方法。这样的选题很多教师都能驾驭，只是将过去观察积累的资料按照一定的逻辑把该问题重新梳理，让研究变得容易操作。

（6）依据“创新点”选题，即根据教师自己的创新想法和行动进行选题，不仅能够把创新想法和实际操作结果进行归纳和理论提升，还能体现出创新研究。

此外，也有教师结合自己的实践经验提出选题的路径与策略，具体包括九大方面，即在平时的教育教学实践中发现课题、在教育科学理论的指导下演绎课题、在与他人的专业性交流中催生课题、在阅读他人论著的过程中生成课题、在教育发展及研究热点中追寻课题、在教师自己的学术经验中归纳课题、在他人研究过的老课题中深化课题、在其他学科的教育研究中迁移课题、在跨学科教育的大视野中扩张课题。虽然作者立足生物学科视角，但以上选题路径与策略也适用于其他学科和领域的教育教学研究，这里不做赘述。

二、做好文献综述

综为综合，述为评述，综述为综合评述。文献综述是作者在大量广泛阅读某一领域已发表的文献资料的基础上，选取有用的信息，归纳整理，分析研究，进而综合描述该领域国内外的研究新成果，预测发展趋势，或提出问题、意见和建议。不管是哪种学科的哪种研究，文献综述都必不可少。文献综述具有承上启下的作用，是学术研究和学术论文写作的一个重要环节。通过文献综述，我们可以了解相关领域的研究现状，在前人研究的基础上确定自己要研究的问题，避免不必要的重复并能够有所创新，为科学知识的积累作出自己的贡献。如何进行文献综述？需要满足五个基本要求。

1. 述之有物

有物是指有内容，即文献综述需有实际内容，不可空洞空乏。言之有物，即文献综述需围绕确切主题，展开实质梳理。首先要有梳理核心点，即围绕什么特定主题去展开梳理；其次在相应的观点呈现上，也要注意回到原始文献提取有效的、具有实质意义的文献观点。

2. 述之有理

有理是指有理据，即文献综述需要有理据，否则不会令人信服。也就是说，文献综述，并不只是机械地罗列观点，还需添加作者评述作为总结，即作者在表达自己看法时，需要有所依据。有些作者在评述时，无法与文献观点对应起来，使得依据性不足，更有甚者会在文献观点的基础上进一步引申，把自己所引申的内容当作新的观点，作为文献综述内容。因此，在文献综述时，注意与文献观点相对应，以保障理据充分尤为重要。

3. 述之有序

有序是指有次序，即文献综述有序、有节、逻辑分明、条理清晰的表达更容易让读者接受所要表达的内容和所传递的信息。若没有清晰分明地梳理逻辑，以杂乱不堪的形式呈现出来，则很难具备可读性，甚至不会让人产生阅读兴趣。因此，文献综述在逻辑上，需要有一条脉络清晰的线来串联诸多文献，也串联起阅读思路。

4. 述之有度

有度是指有限度，即文献综述对某一主题的阐述要限定边界，有所限度，保证表述都是围绕某一个核心主题来进行的，不能随意发挥而忽略主次。有些作者在梳理内容上，事无巨细地从某个主题的概念开始梳理，力求面面俱到，生怕遗漏某个梳理点。但期刊论文文献综述并非把与主题相关的所有研究都梳理上，而是有所限定，仅梳理与推导研究问题相关的文献即可。

5. 述之有情

有情是指有感情，即文献综述过程中，带着感情去言说，真诚地表达心中所思所想，让文字活起来，实现与读者共鸣。文献综述需要制定合理的内部梳理结构，自然流畅地表达，不要机械地用一种形式呈现学者观点，避免废话和过多重复、使用逻辑衔接词等，通过多种努力，使读者读来感觉作者是真正懂这些知识的，是有感情投入的，也可以理解为，文献综述是作者在理性思考之后的感性呈现。

活动与思考

1. 如果要将自己上的一节公开课转化为一篇论文，请确定该论文标题。

2. 请基于自己的教学实践并结合教改热点，确定近期的研究课题。

3. 挑选一篇论文，对这篇论文做文献综述，作出自己的点评。

4. 请就自己准备研究的一个课题进行文献综述。

修炼14

知道摘要和结语的写作要求

摘要是对论文主要内容进行介绍，让读者可以快速了解论文主要观点，从而提高读者阅读效率。如何写好摘要？本文主要介绍摘要的基本要素和摘要的注意事项。结语主要是对论文内容进行总结，让读者对论文的整体有清晰的认识。如何写好结语？本文主要介绍结语的关注重点和结语的写作方法。

一、知晓摘要的基本要求

摘要又称概要、内容提要，意思是摘录要点。摘要是以提供论文内容梗概为目的，不加以评论和补充接受，简明、确切地记述论文重要内容的短文。论文摘要是论文的一个缩影，从某种意义上讲，论文摘要与论文正文可以说是同样重要的。一般情况下，论文摘要出现在论文标题和作者之后，且置于论文关键词之前。

（一）摘要的基本要素

摘要的基本要素包括目的、方法、结果和结论。目的是指出研究的范围、意义、任务和条件，不是主题的简单重复。方法是指简述研究的工作流程，研究了哪些主要内容，在这个过程中都做了哪些工作，包括对象、原理、条件、程序、手段等。结果是指陈述研究之后重要的新发现、新成果及新价值，包括调研、实验、观察取得的数据和结果，并剖析其不理想的局限部分。结论是指通过对这个课题的研究所得出的重要结论，包括从中取得证实的正确观点，进行分析研究，比较预测其在实际生活中运用的意义，理论与实际相结合的价值。

（二）摘要的注意事项

优秀的摘要应该做到简洁、客观、完整。简洁是指读者不阅读全文也能理解全文的目的。论文摘要属于论文内容的浓缩，有字数限制，一般不超过400字。客观是指需要与论文中内容保持一致，不夸张不狭隘，也需要围绕内容的观点和方法进行总结。完整是指摘要既是论文内容的浓缩，也是一篇独立的短文，需要与论文语义连贯，语境逻辑流畅，结构严谨。作者在撰写摘要时，需要注意如下事项。

（1）应排除本学科领域的常识性内容，不要将引言中出现的内容写入摘要，一般也不要对论文内容做诠释和评论（尤其是自我评价）。

（2）不得简单重复题名（题目）中已有的信息，不能列举例证，不能出现注释。不要抄袭和粘贴正文中的内容，宜用全新的词汇和短语，做到精简与凝练的同时，保持它的趣味性和创新性。不要将在文章中未提过的数据放在摘要中。

（3）不用插入对其他作品的引用，包括任何种类的图像、插图、数字或表格，除非该文献证实或否定了他人已出版的著作。

（4）不宜采用第一人称，应用第三人称进行客观陈述，不使用“作者”“本文”等作为主语，使用无人称更加客观。一般可采用“对……进行了研究”“报告了……研究过程”“阐释了……现象”等这样意义完整的无主语的陈述句。

（5）摘要中不使用特殊字符，除了实在无法变通以外，一般不用数学表达式和化学结构式，不出现插图、数字或表格，尽量采用文字叙述。

（6）使用规范化的专业名词术语，不用非公知、公用的符号和可能使读者感到困惑的行话或术语，新术语或尚无合适汉文术语的，可用原文或译出后加括号注明原文。避免使用成语、俗语或不必要的技术性用语，不使用不必要的文学修饰。

（7）如果正文中出现缩略语、略称、代号，第一次应该出现在摘要中。

（8）摘要是完整的短文，具有独立性，可以单独使用。不分段落，叙述完整，突出逻辑性，结构要合理。

（9）句子之间要上下连贯，互相呼应。摘要慎用长句，句型应力求简单。每句话要表意明白，无空泛、笼统、含混之词，但不要写成电报式。

（10）作为学术文体，摘要部分的语言风格也应正式、客观、简洁扼要，不加评论和注释，采用直接表述的方法，避免过多的修饰词。

二、领会结语要求

结指结尾，语指语言，结语是指论文的结尾总结。一篇完美的文章，当然不能缺少规范的结语。作为文章正文的最后一部分，规范的结语应该起到收束全篇、呼应主题、概括论点、正视不足、预示未来的作用。

（一）结语的关注重点

结语是论文的一个重要组成部分，也是作者展示思考能力和学术深度的机会。在这一部分，作者可以对所得到的结果进行更全面、深入和批判性的讨论分析，引出关键问题并提出相关的解释和解决方法。在写结语时，有四个重点值得关注。其一，作者应该强调自己的研究结果的原理、与以往研究的联系和差异，指出自己的发现对学术界和实践的意义。其二，作者应对研究不足和局限性要诚实面对，探讨可能的原因和改进方法。其三，作者需要展示对研究结果的深入思考，结合理论和实证数据，对比研究结果异同及其原因。其四，作者应该界定研究结论及其范围，给出科学依据，并指出未来研究的方向和潜在的发展空间。

（二）结语的写作方法

1. 启示+局限性+建议

这一写法比较常见，通常用于上文已经对研究结果进行了深入分析与讨论，所以此处按照三段论的写作思路向读者呈现“启示”“局限性”以及“建议”。首先说明研究结果能带来哪些启示，可分为理论与实践两方面写。之后为了体现研究的客观性，需说明研究不足。最后通过转折的逻辑关系向研究者与研究对象提出建议。当然，可在各段内部再使用序数词或连词使段落更具条理性，也方便读者和审稿人阅读。

2. 研究目的+研究必要性+研究结果

大部分作者会在摘要和引言中提到研究目的与研究必要性，因此本条所介绍的这类写法的好处在于，能够起到与前文呼应的效果，从而提醒读者不要忘记了这篇论文的初衷是什么。需要注意的是，很多审稿人在退修或退改意见里都会提到“该文看不出有何研究必要性”，也即缺少研究价值，因此研究必要性或迫切性是论文写作中必不可少的内容。在论述完研究目的与研究必要性后，再用两到三句话将上文研究结果概括出来即可。

3. 研究现状+本文创新性+局限性+展望

这是一种结构新颖且全面的写法，既带读者回顾了当前研究现状，又在结论部分向读者展现了本文创新性，侧面突出研究价值。当然，在这之后不要忘了补充研究局限性，因为任何研究都不会是完美的，如果一味夸赞自己论文的创新性和价值，可能会降低论文的可信度，甚至让审稿人产生负面印象。在结尾写清局限性，更能体现出自己研究的科学性与严谨性。最后，根据局限性推导出未来发展方向。

无论采用哪种方法，都要注意结语的连贯性和逻辑性。结语应该与论文的引言、主体部分相呼应，形成一个完整的论证过程。同时，要避免在结语部分引入新的观点或内容，以免给读者留下混淆或不完整的印象。

活动与思考

1. 认真阅读一篇核心期刊论文，尝试写出该文的摘要，再与原文摘要进行比较。

2. 认真阅读一篇核心期刊论文，给这篇论文写一段结语。

3. 工作室组织一次小型的专题研讨活动，就论文摘要和结语的写作进行经验交流。

修炼15

知道教研论文的类型及其写作

教研论文有不同的类型，不同类型有不同的表达风格。教研论文有哪些类型？本文主要介绍教研论文的四种基本类型，即经验总结型、逻辑演绎型、观点证明型、理论发现型。教研论文的写作，是教研论文的主体，就是向读者展示作者的观点以及论证自己的观点。教研论文如何写作？本文主要介绍认识教研论文、了解专业发展、常见错误观念、撰写论文意义、论文来源层面、论文撰写视角、论文基本结构以及撰写论文经验。

一、弄清论文类型

清晰地认识教研论文的类型，有助于教师确定教研论文的写作方向、准确表述教育教学的研究成果。教研论文的基本类型有四种，它们分别是经验总结型、逻辑演绎型、观点证明型、理论发现型。

（一）经验总结型

顾名思义，经验总结型的教研论文就是对自己或他人的教育教学实践进行理性反思、总结的一种研究论文。这种教研论文真实亲切，写起来难度不大，且形式灵活多样。比如，从时间上看，有对过去教育教学工作的总结，有对当前教育教学工作的总结；从总结对象上看，有对自己教育教学工作的总结，有对他人教育教学工作的总结；从总结内容上看，有专题总结，有综合性总结；从总结的层次上看，有还处于感性阶段的经验总结，有初步上升到理论高度的经验总结。

经验总结型的教研论文是教师教研工作的起点，写作时应注意好以下五点：①尽可能把经验上升到理论的高度，从理论上去把握经验；②要注意点面结合，即从点到面、从平面到立体，具有系统思维；③要突出重点，不能面面俱到，不能主次不分，最好做到一篇总结说清某一方面收获即可；④要注意实用性，联系实际，解决具体教学问题；⑤要真实，有一说一，有二说二，不能添油加醋，不能夸夸其谈，真实是总结的生命，若总结缺失了真实，这样的总结就会一文不值。

（二）逻辑演绎型

借用现成的某种理论，或其他学科的观点、方法来研究教育教学问题的教研论文，即为逻辑演绎型的教研论文。比如，当今有许多教师、教育工作者都纷纷借用哲学、美学、心理学、系统论、信息论、控制论等学科的理论、方法来研究教育教学问题，把他们的研究成果写成教研论文，就是典型的逻辑演绎型的教研论文。写作逻辑演绎型的教研论文，作者起码要具备以下三个方面的条件：①扎实的学科知识；②深厚的理论素养；③对自己所教学科要有透彻的理解能力。

（三）观点证明型

这种类型的教研论文意在证明某种见解的科学性、合理性、正确性。证明型教研论文证明的观点不一定是新见解、新思想，它可以是某个早就存在的，但由于种种原因，被人们遗忘或误解，因而有必要再提出来论证一番的观点。作者写作这种类型的教研论文时，必须有丰厚的材料作为基础，否则，其证明将不能令人信服。

（四）理论发现型

通过自己的教育教学实践，提出了某种新见解的教研论文，即为理论发现型的教研论文。理论发现型的教研论文实质上是一种创造性的研究论文，这种论文要求作者在文章中必须提出某种前人未曾提出过的新观点、新见解，或前人虽然提出过，但论述不充分、不深刻，作者在自己实践的基础上做了充分、深刻的论述的观点。写这种类型的教研论文有一定的难度，它要求写作者必须具备以下四个方面的条件：①至少十年的教龄；②有一定的理论素养；③有多年的教改实践；④有一定的写作能力。

二、解析论文路径

2014年教育部发布的《关于全面深化课程改革落实立德树人根本任务的意见》通知明确指出："充分发挥校本教研、区域教研、联片教研、网络教研等多种教研形式在提升教师育人能力中的作用。"所谓教研，就是指教学研究，而教学研究的最好形式就是撰写教研论文。作为中学一线教师，通过撰写教研论文，分享自己来自课堂教学的体会，不仅可以促进自己的专业发展，也可以促进同行的专业发展。

（一）认识教研论文

1. 教研论文的概念

教研论文是某学科教师根据本学科课堂教学过程，在教育学和心理学指导下，运用科学方法，有计划地进行研究而写出的论文，它是教师对教学过程的理性分析，揭示了教学本质和学科规律。教研论文的内容反映了教师对自己教学过程思考的深刻性和创造性，教研论文的表达反映了教师对自己教学语言运用的灵活性和逻辑性。通过一篇教研论文，能够透视出作者的学术背景、逻辑思维和教学水平。

2. 教研论文的比较

很多教师混淆了教研论文与科研论文的概念，笔者认为有必要对这两个概念进行比较，加以区分。教研论文是教师对教学中存在的问题进行研究，最终使问题得到解决，如果做一个形象的比方，教研论文可称为“有中生无”。科研论文需要发现新的现象、事实与规律，因此又可比作“无中生有”，如爱因斯坦的相对论、杨振宁的规范场论等。

3. 教研论文的本质

皮亚杰在认知发展理论和建构主义理论中阐明，智力发展是一个主体的自我建构过程，其发生的起点和发展的基础是主客体之间的相互作用，这个相互作用可以称为动作。这表明动作是认识的源泉，随着主体活动的发展，主体和客体逐渐分化，即原来主客体不分的中介物动作，沿着内外两个不同的方向发展。动作分化的内向发展称为内化建构，动作分化的外向发展称为外化建构。撰写教研论文，其本质是属于外化建构，而习题解答属于内化建构。我国中学教师的大学教育过程，很大程度上是重视内化建构，对于外化建构却基本上被忽略了。因此，从大学毕业的中学教师，为了形成完善的认知结构，应当重视自己认知的外化建构，即撰写教研论文。在一线教学过程中，经常发现一些教师教的学生成绩出色而不会撰写教研论文，就是因为习题教学和撰写论文是两种截然相反的认知过程。

（二）了解专业发展

基于协同学理论，可以将教师专业发展分为“学科发展态”“教学发展态”“教育发展态”，每个发展态都有相应内涵、发展要求和具体表现，这为实现教师专业发展奠定了理论基础。关于“教师专业发展态”的研究结果如表5-1所示。

表5-1　教师专业发展态

状态层次	层次解释	教学水平	研究能力	状态意义	具体表现
学科发展态	具备教材分析、学科解题等能力，对学科知识融会贯通，并通过反思，提炼一些浅显规律	教学层面达到“术”的层次，解决“怎样教”的问题	达到“就事论事”的能力	学科发展态是教师专业发展的重要起点，没有教学发展态，专业发展就会停止	在中学物理“八大期刊”发表论文
教学发展态	开始致力于对教学问题进行理论分析，试图从根本上解决教学问题，反映自己对学科教学理论与学科教学实践的总结与超越	教学层面达到“法”的层次，理解“为何教”的问题	达到“就事论理”的能力	教师工作已不再是从学科到学科，而是从学科到教育的升华，成为学科与教育之间的生长点	在《课程·教材·教法》《教育科学研究》等期刊发表论文
教育发展态	不再局限于学科，对自己教育工作有一种深刻理解、系统认识，能明晰自己的教育信念，对各种理论拥有透彻的认识，把理论学活，进而建构新理论，并能够用理论指导实践	教学层面达到“道”的层次，把握“教育规律”的问题	达到“就理论理”的能力	教师明确所从事教育教学工作的时空坐标，洞悉教育与人的发展规律，并因自身理解水平的提升而获得精神上的和谐与人格上的完善，实现教师专业化的真正发展	在《教育研究》《教育学报》等期刊发表论文

上述三种“专业发展态”水平虽然是相互联系、层层递进的关系，但是其中并没有必然的逻辑通道。教师专业发展的最佳状态就是实现三种状态的贯通，其演化过程有着明确的顺序性，不可跳跃、不可颠倒，否则会

导致教师专业发展的异化。

（三）常见错误观念

笔者与中学一线教师交流较多，了解到很多一线教师对教研论文存在四种主要的错误观念，从而产生心理障碍，因此没有写教研论文的强烈意愿。

错误观念一——无用观，即认为中学教师写的论文，都是东抄西凑，没有创新，毫无用处。

错误观念二——无效观，即认为中学教师写的论文，都是高屋建瓴，脱离现实，没有实效。

错误观念三——无知观，即认为交钱就可以发论文，交钱论文都是水论文，免费论文都是好论文，显示出对社会现实的无知。

错误观念四——无耻论，即认为中学教师写的论文，历经苦思冥想构建思路、夜以继日得到初稿、反复修改最终定稿，前后用时数月，可谓千辛万苦！然而，论文要被发表，杂志社不但不给作者稿费，相反还要作者给杂志社版面费，真是无耻。

笔者认为，出现前两种错误观念，主要是教研论文内容的来源不对。以中学物理专业期刊上发表的论文为例，论文内容的来源包括教材分析、高考分析、实验创新、习题解法、教学设计等，且每篇论文都是作者原创，是课堂教学的真实感悟，能给其他一线教师备课、教学、出题等带去很多启发，并可以直接应用于课堂。出现“无知观”，主要是对论文发表的过程不清楚。写好论文，通过期刊邮箱或网站投稿，编辑初审（主要看格式是否规范、内容是否适合）、外聘专家评审（至少2个专家）、编辑复审、主编终审。中间过程没有人际关系，完全看论文质量，不是交钱就可以录用的。出现“无耻观”错误观念，主要是对专业期刊的运作缺乏了解。专业期刊，针对专业人群，订阅人数少，难以做到“以刊养人”，为了使期刊正常运转，“不得已而为之”。作为中学一线教师，撰写论文需要有教育情怀，发表论文更需要有事业胸怀，不要计较版面费，就当为了中学学科教学的繁荣、为了优秀思想的传承作出力所能及的奉献吧。因为版面费，很多教师产生误解：交钱就可以发论文！其实专业期刊的论文质量都非常高，论文质量不好，都没有交钱的资格！

（四）撰写论文的意义

1. 促进理解课标

课标是纲领性文件，是教学的方向，每次写论文都应该从课标中找到写论文的依据，经常写就会经常看，从而对课标的精神理解深刻。

2. 促进钻研教材

教材是写论文的基础，要写论文就要熟悉教材、研究教材，做到对教材结构清晰、知识准确掌握并融会贯通。

3. 促进研究高考

中学教学都要面对高考，脱离高考就是脱离实际。通过写论文，促进自己经常去研究高考考查重点、题型特点以及命题方向。

4. 促进教师视野

撰写论文写作的过程中，需要查阅相关书籍，了解学术前沿，熟悉国内动态，从而可以开阔视野。

5. 促进课堂教学

北师大肖川教授指出，教学与写作相似，写作四要素“主题、素材、技巧、语言”与教学四要素“教学主题、教学资源、教学设计、教学语言”一一对应，好课的标准与好文的标准一致，一个能写好文的教师，一定能上好课。

6. 促进教师价值

会上课，只能在本区有价值，只有自己的学生受益；会写作，可以在全国有价值，能让全国学生受益。在当今学校，写论文是唯一公开、公正、公认的教师专业发展方式。发论文，不依靠人际关系，只依靠论文质量，给有个性、有才华、有理想的优秀教师提供了一条发展道路。

（五）论文来源层面

优秀教学论文主要源自三个层面：知识层面、方法层面、思想层面，如表5–2所示。

表5–2　教学论文来源

层面	内容
知识层面	1. 科学技术、科学发展史、概念辨析
	2. 问题解决、习题评析、一题多解
	3. 实验优化与创新
方法层面	1. 教学方法与策略总结
	2. 教材探讨
	3. 教学设计
思想层面	1. 中层教学理论的创立
	2. 学科意义的增值
	3. 教育课程改革反思

知识层面的研究丰富了教学资源，扩大了知识储备；方法层面的研究理顺了教学“经络”，提升了教学水平；思想层面的研究探明了教学方向，实现了自我升华。以上三个层面的研究，构筑了“为教而研，为学而究”的研究体系，从而对教学研究存在的错误观念起到了正本清源作用，使教学研究真正融入教学、服务教学、促进教学，也使得中学物理教师在今后的研究选题中有据可依、有章可循，为形成中学物理一线教师教学研究文化奠定了扎实的理论基础。

（六）论文撰写视角

1. 问题解决视角

教研论文写作始于问题。论文写作的问题先有一个模糊的范围，再经过一步一步地交流、反思，逐步缩小范围，最终明确要研究的问题。如果从问题解决视角看教学研究论文，其基本过程如图5–1所示。

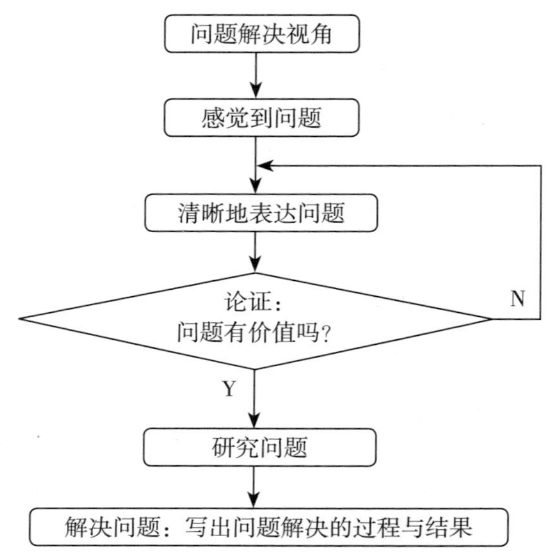

图5–1　问题解决视角下教学研究论文撰写基本过程

在撰写教研论文前，教师的首要问题是：写什么？问题是起点，没有问题，就没有思维起点，教学研究就没有触发点，从而撰写教学论文就没有论题。一般而言，问题触发从感觉到问题开始，教师教学的主要载体是课堂，课堂是教学研究问题产生的主要场所。在教学中，有时上课十分顺畅，心情愉悦；有时上课氛围平平，如同嚼蜡；有时教学重点难以突破，心情懊丧；有时课堂生成深感意外，无法应对。这些课堂中愉悦的、困难的、意外的感受背后，都是对现实教学问题的感觉。教师会自然反思与发问："为什么学生表现这么差？""为什么效果不好？""为什么学生会这样想？”

教师应在课后及时记录自己的上课感受，并回访学生，获得课堂反馈，记录课堂中产生的问题，久而久之，就会形成较多针对课堂的真问题。通过唤醒、聚焦、回放，这些现实问题经过理性提炼转化为研究问题，从浅层的感觉走向清晰的表达。

在清晰地表达问题后，会形成许多新问题，教师需要对这些问题进行梳理及价值判断。判断一个问题是否有意义，是否适合写成教学研究论文，主要考虑“三个关照”：一是对热点的关照，所提问题应为社会关注，且符合教育现阶段特点，如教学目标已从“双基”到“三维”再升级为“素养”，如果教学研究还只关注“双基”，撰写的文章就会单一且观点过时；二是对自己的关照，即问题应当与个人的工作性质、专长、特点相匹配，选择自己有能力进行创新与实践的问题；三是对学生的关照，作为一线教师，教学研究最终是为了学生发展，因此选择的问题应该是指向学生、符合学生实际、能够解决教学中的重难点，指向教学目标的好问题。

2. 整体分析视角

好问题是教研研究的第一步，但只有问题还远远不够，还需要了解他人是如何研究同一个问题的，如果缺少对他人作品在主题选择、层级搭建、语言表达等方面的精准解码，自己写出来的文章自然读之无味。因此，“知己知彼”的分析十分重要。从整体分析视角来看，其基本过程如图5-2所示。

研究学科杂志是“知彼”的好路径，有助于了解同一问题的不同角度思考。例如物理学科杂志，有的杂志追求“择优、择新、择实”，就以“实”为论文写作的切入点，突出如何真正深入应用；有的杂志强调“传承物理科学文化、沟通教育理论与物理教学实践、融汇物理教学经验”，就从“传承”入手，突出物理文化的养成；等等。不同的办刊目标，文章的切入点有所不同，通过对比，可以寻找到合适的写作方向。

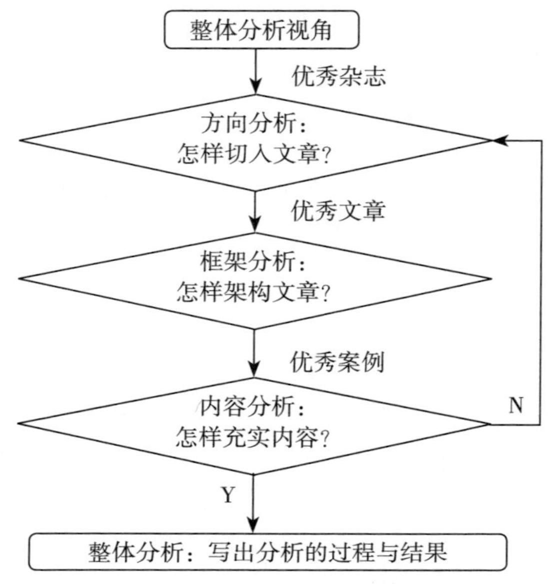

图5-2 整体分析视角下教学研究论文撰写基本过程

教师还可以查阅每年较高规格的省市级论文获奖目录等，通过透析目录中的专题板块，聚焦目录中的文章标题关键词，也能从大体上了解当下的主要研究方向与研究热点，找到构思素材的勾连点或开启写作新思路。

在清晰文章切入点后，结合切入点进行文章框架建构十分重要。笔者通过不断研究，总结出论文框架的“一式四变”法，即论文写作主体结构基本式：“问题—策略—关键点”，在此基础上，有四种变式：“问题—模型—实例”（策略演绎法）；“问题—实例—模型”（策略归纳法）；“问题—并列（递进）式策略”；“价值—策略—框架”。例如，在《探究视域下初中物理演示实验重构》这篇文章中，笔者就采用最基本的框架：探究视域下初中物理演示实验存在的问题；探究视域下初中物理演示实验重构策略；探究视域下初中物理演示实验重构关键点。通过问题、策略、关键点三个环节进行框架建构。

文章框架需要丰富的案例来支持。淬炼一个好的案例，一般需要经历以下几个阶段：一是亲身感受，案例大多来自自身的教学经历和听课反思积累，这些“课堂在场”的亲身体验是写好案例的第一步；二是精准切入，案例是对教学事件的描述，可以从不同角度赏析，所以在写作时，要紧紧结合文章的切入点进行文字组织；三是思维新颖，好的案例要推陈出新，可以凸显教与学的思路策略、回观课堂的精彩瞬间、讲述小故事的大意义、透析特别的教学体验等，同时要有新见解或新角度，给人带来新的启示。

3. 成果打磨视角

经过写作前的准备工作，文章的基本观点已经明确，已经具备结构框架和文字提纲，支撑文章主要观点的案例材料已经齐全，这时就可以形成论文初稿。好文章是“改”出来的，论文打磨是很重要的一个环节。从成果打磨视角来看，其基本过程如图5-3所示。

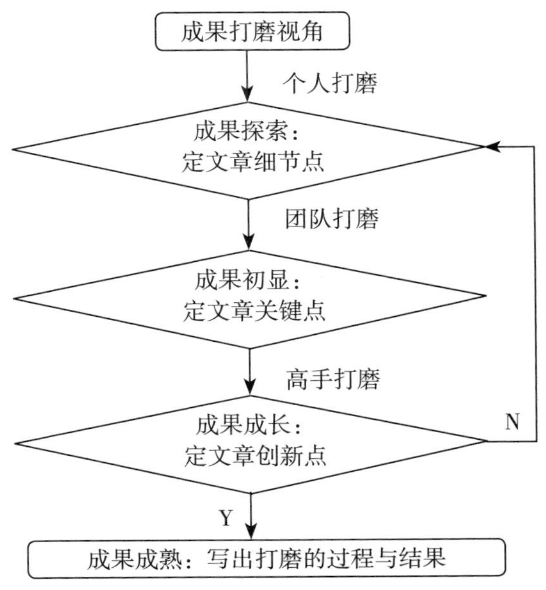

图5-3　成果打磨视角下教学研究论文撰写基本过程

在成果探索阶段主要通过个人打磨，定文章细节点。一是整体把握，集中时间和精力，尽量避免外在干扰，在思维通畅的前提下，力求整体通读，并在觉得有问题的地方做记号，保证文章的整体性；二是打磨关键，针对文章的中心对标题进行细节推敲，特别是对相似词的比较、选择进行反复思考；三是反复阅读。

在成果初显阶段主要通过团队打磨，定文章关键点。主要包括两个方面：一是通过团队的阅读定优点。可以通过第一批文章读者对文章的初反馈，清晰文章优秀的部分。二是通过团队的阅读确定不足。通过反馈，对文章不足的部分进行修改，可以采用“增删换”的方法，即增加内容，确保证据丰满；删除多余，保证材料适度；调换位置，保证逻辑畅通。

在成果成长阶段主是通过高手打磨，定文章创新点。一般而言，可以找以下三类高手：一是学科专家，主要解决学科上的问题，对学术进行把关，确保学科知识的准确性与内容的科学性；二是文字高手，每个人对文字的锤炼能力不同，在自己尽力的前提下，请高手对言语的细节推敲与润色，让语言表达更简明严谨；三是编辑老师，每个杂志的要求不同，风格不同，通过与编辑老师的沟通，从发表的视角来看文章，会得到新的建议与方向。

（七）论文基本结构

论文一般应包括“引论—本论—结论”三大模块，具体可以细分为以下几部分。

1. 论文题目

题目是论文的中心观点，应该让题目做到简洁整齐，反映主题，凸显课改，一旦确定了题目，就确定了论文写作的形式。例如，“赏析生热途径培养物理观念”“静摩擦力的高端备课”等，都满足上述特点。

2. 论文首段

良好的开端是成功的一半，好的首段，能吸引审稿编辑认真看完。首段需要说明论文写作目的，做到文字简短，并联系最新的物理课程标准或最新的物理考试大纲。例如《高中物理新授课练习教学策略》的首段："教师在讲授新课时，经常会安排一些练习，用于引入新课、深化理解、巩固提高。很多教师只关注练习的选择，而没有关注练习的讲解，更没有关注练习的反思，因此没有尽量发挥练习教学应有的作用，结果造成练习教学效率低下。本文从物理核心素养的视角，介绍高中物理新授课练习教学策略。"

3. 论文中间

论文中间结构严谨，层次分明，逻辑连贯，且小标题整齐对称。

4. 反思升华

论文最后部分，通过反思，对论文进行提炼，达到理论高度。例如《运用物理高端备课促进教师专业发展——以人教版"加速度"为例》的反思："物理高端备课，透视概念本质""物理高端备课，创最近发展区""物理高端备课，落实核心素养""物理高端备课，促进专业发展"。

5. 论文结尾

结尾最好简短且语言优美。例如《正确理解静止避免应用错误》的结尾："古人云：'善疑者，不疑人之所疑，而疑人之所不疑。'中学物理教师，不但要善于引导学生质疑，而且要鼓励自己敢于向权威质疑。通过质疑，引发分析，通过分析，得以释疑，从而使自己的物理专业素养不断提升。"

此外，从逻辑结构上论文可以分为平行式和递进式两种表达方式。表5-3所示为平行式，表5-4所示为递进式。一般而言，我们在写作时可优先考虑递进式结构。

表5-3　论文的平行式结构示例

论文题目	论文结构
如何寻找生物教育研究课题	1. 在平时的教育教学实践中发现课题 2. 在教育科学理论的指导下演绎课题 3. 在与他人的专业性交流中催生课题 4. 在阅读他人论著的过程中生成课题 5. 在教育发展及研究热点中追寻课题 6. 在教师自己的学术经验中归纳课题 7. 在他人研究过的老课题中深化课题 8. 在其他学科的教育研究中迁移课题 9. 在跨生物教育的大视野中扩展课题

表5-4　论文的递进式结构示例

论文题目	论文结构
现行课程标准“目标分类”的问题与建议	一、问题：各科的目标分类框架不尽一致 1. 各科目对目标领域的分类各自为政 2. 各科目对目标层次的分级也各行其是 3. 同学科不同学段之间存在不一致性 二、影响：给教学及其测评带来诸多不便 1. 不利于教师开展学科间的教学交流 2. 不利于学生进行目标掌握性学习 3. 不利于实施科学化的命题和测评 4. 不利于名词术语的规范使用 三、建议：对各科的目标框架进行统一修订

（八）撰写论文经验

1. 热爱教学

没有爱就没有教育，没有热爱教学，就没有论文写作。写论文比较累，经常坚持到深夜，从开始构思到成稿，前后需要几个月。这几个月的头脑中，反复在想论文。而且写论文回报率很低，凝结很长时间心血的论文，还不一定可以被杂志录用。因此，没有对教学的热爱，论文写作就难以坚持。我的体会：爱来自责任感，热爱来自成就感。当你在教学上发现一些有价值的东西时，你就有责任感去记录，让你的发现得以传承。当你的发现变成刊出的论文，想到很多人因为看到你的论文而从中受益时，你就得到了成就感，这种感觉，非常美好，是欣喜，更是幸福!

2. 熟悉教材

教材是学科知识的最高权威，一切的学科知识讨论，都应该以学科教材为基础。没有对学科知识的熟悉，没有对学科知识的深刻理解，就难以做到融会贯通，难以做到优化创新。对教材分析的论文，最容易发表。教材是论文写作最大的来源，教材的编纂工作须在不断借鉴与思考中前行，其中教师既是教材的使用者，又是教材的研究者。教材分析研究可以从对教材中组织要素的改进和不同版本教材的比较等方面入手。组织要素包括插图、练习题及拓展阅读材料等。不同版本比较包括概念定义的表述、知识引入的逻辑及其他组织要素比较，取其精华，去其糟粕。

3. 联系理论

教研论文，最好有理论作为支撑。常看的理论书籍有：教育心理学、认知心理学、情感心理学、物理教学论，物理高端备课、原始物理问题、学习进阶理论、STEM教育（科学、技术、工程、数学教育总称）等方面的书籍。没有理论的论文缺乏深度，一篇优秀的论文，一定是在理论指导下对教学实践的总结和提炼。

4. 质疑精神

尽信书不如无书，质疑是论文的源泉，没有质疑就没有论文。写论文就是从质疑开始，把自己发现的问题解决了，把解决的过程记录下来，就是论文初稿，再结合课标、学情、心理、逻辑等加以完善，就是非常优秀的论文。质疑的角度包括知识的角度、教学的角度、认知的角度、方法的角度、素材的角度等。质疑不是对现象的简单否定，而是建立在知识逻辑上，如：既然线速度是弧长与时间的比值，而弧长和时间都是标量，那为何线速度是矢量?

5. 论文视角

论文视角最好能体现时代特色，如10年前写论文最好联系三维目标，现在写论文最好紧扣核心素养，立足这种视角写成的论文，容易被杂志录用。论文视角还可以紧跟前沿理论，但要选取自己理解深刻、掌握熟练的理论，如“学习进阶理论”“原始物理问题”“物理高端备课”“STEM教育”“5E学习环理论（参与Engagement、探索Exploration、解释Explanation、细化Elaboration以及评估Evaluation）”等。

6. 阅读期刊

期刊论文，来自一线教师的教学感悟，是一线课堂的真实总结，经常阅读，一定会对自己有很多启发。同时，期刊论文反映了时代潮流，也是课堂改革的方向体现，多看期刊，如同紧跟了时代，顺应了潮流。通过期刊还可以了解论文的写作方向、论文的写作表述规范。没有期刊的阅读，就难以写出被期刊录用的文章。

7. 反复修改

好论文都是修改出来的。没有哪个教师的论文一遍就搞定，都是需要反复修改。因为修改可以让文字更精练，也可以让逻辑更严密，还可以让结构更完整。反复修改，是教师快速成长的重要方法。修改过程中可以请名师阅读并提出修改建议，也可以把论文放几天后再去修改。

8. 结伴同行

一个人可以走得快，但一群人可以走得远。主动加入学科教师微信群或QQ群，人多智慧多，通过群可以认识很多优秀物理教师，通过群可以了解大家关注的热点，通过群也可以激励自己不断努力，通过群可以收集很多学科资料。在加入微信群或QQ后，最好用真实姓名并注明单位，这是认识优秀学科教师的基础，若用昵称，显得缺乏真诚！在微信或QQ聊天时，一定要有礼貌，用词温和友好，我们加群是去交朋友的，不是去结仇人的，是去学习的，不是去显摆的。当然，也可以自己创建一个群。记住一句话：只学习，不站队。

教师撰写教研论文的过程，就是使自己的学科知识、学科方法、学科思想、教育学理论和心理学理论不断提升的过程。每一次的论文撰写，都会促使教师不断思考、反复分析，从案例到理论、从理论到实践，促进教师专业不断发展。钱伟长院士说："教师必须搞科研，这是培养教师的根本途径。教师的提高，主要不是靠听课进修，主要靠做研究工作，边研究边学习。"让我们铭记专家箴言，通过撰写教学论文，促进自己专业发展。

活动与思考

1. 认真阅读一篇核心期刊论文，从题目、首段、中间、升华、结尾去分析。

2. 根据题目、首段、中间、升华、结尾的相关要求，尝试把一篇教学设计转化为一篇教研论文。

3. 在论文的具体写作方面，你存在哪些方面的不足？请分享自己的修炼计划。

4. 邀请在论文写作方面颇有成就的专家或同行前来进行经验分享和专业指导。

修炼16

懂得论文投稿及其学术规范

论文投稿如同找对象，知己知彼，才能提高论文录用率。如何懂得论文投稿？本文主要介绍审稿的一般流程、编辑的审稿内容以及投稿的注意事项。学术规范既是作者人品的体现，也是学术繁荣的保障，没有规矩不成方圆，没有学术规范就没有学术的持续发展。如何懂得学术规范？本文主要介绍学术规范主要表现、参考文献书写格式以及学术不端认定标准。

一、了解论文投稿

很多人认为，文章写得好，就能发得好，这种观点不免有些片面。文章能够发表的基础固然是文章本身写得好，但是想要发表不仅依靠好的写作，同样需要作者认真学习投稿本身的过程与门道。投稿是一门技术活，必须谨慎对待，最终才能成功发表论文。

（一）审稿的一般流程

“三审制”是“三级审稿责任制度”的简称，又称“三审责任制度”。三审制指由初审、复审、终审三个审级组成的审稿制度，有一些学术期刊还会邀请相关领域的专家进行同行评议。

编辑在进行“三审”时，初审、复审、终审会从不同角度对文章进行全面检查，作出评价，提出处理意见。审核的重点为政治方向、舆论导向、价值取向，并对作者研究方法的科学性、语言表达的准确性和论证逻辑的严密性等进行全面细致的审查，对文章的优缺点等作出实事求是的评价。“三审制”意味着每一篇论文至少要经过三个轮次的审核之后才能确定刊用。

（二）编辑的审稿内容

对于一篇论文是否优质，编辑在审稿时往往会从选题、内容、形式三个方面来判定。

1. 论文的选题

优质的选题是写出高质量论文的基础，没有好的选题，即便写了洋洋洒洒数万言，也不能得到审稿人的认可。好的选题能使论文在数十上百篇论文中脱颖而出，编辑甚至能通过选题来大致判断论文的价值。对于一篇教育论文，有价值的选题往往具备以下三个特征。第一，创新性。选题既可以体现教育理论与实践方面的创新，也可以是对现状的反思和对未来的展望。值得注意的是，教研论文的创新并非要求绝对意义上的创造新事物、新观点，相反，教研论文的创新大多是基于承续的突破与创造。第二，时代性。研究教育问题必须关注时代特征与社会背景，时代的发展对育人提出了不同的要求，因此研究教育问题应关注当下的热点、难点和重点问题，对国家的教育政策作出适度回应。第三，问题性。好的论文选题应该具有问题导向，教研论文也不例外，好的教育论文选题往往是中央关注、社会关切、群众关心的重要的、现实的教育问题。

2. 论文的内容

（1）论文的内容应符合刊物的办刊定位

每一本学术期刊的办刊宗旨都不同，办刊宗旨决定了期刊的学术风格，从而决定了文章的内容、风格、体例等。作者投稿的文章一定是与期刊的办刊宗旨、用稿范围有高度相关性的，不符合期刊办刊宗旨和刊文范围的文章即使质量再高也无法刊用。例如：对于语文教材中的某篇文学作品的鉴赏，作者有不同于教师教学用书的观点，这样的文章虽然基于教材文本，但其内容为文学鉴赏，缺少教育的成分，因此难以被教育类学术期刊录用，投至文学类或文学评论类期刊则更为适合。

（2）论文内容应具有学术价值

论文的学术价值一般由思想观点的前沿性、认识理解的深刻性、实践举措的创新性、论证阐述的科学性来决定。前沿性是指论文要能反映作者在某一领域取得的最新进展，需要提醒注意的是，关注前沿问题有别于形式上的“蹭热点”。深刻性是指一篇好的教学论文应体现作者对于问题全面而不片面、深刻而不肤浅的理解，要能透过教育的现象反映其本质和规律。创新性是指基础教育科研以行动性、实践性和策略性为特点，是一种从实践中来再回到实践中去的研究，应该体现实践举措的创新性。科学性是指教研论文应具有论文的一般特征，即规范性、学理性、客观性，要给同行带来学理或策略上的指导或启发。

3. 论文的形式

论文写作遵守的形式规范能够更好地传播学术观点，有利于同行进行学术交流。论文的形式要素包括恰当的标题、具体的作者信息、规范的摘要、准确的关键词、合理的结构、精确的参考文献等。

（三）投稿的注意事项

1. 选择适合的目标期刊

鉴于当前的学术期刊审稿周期通常为3个月以上，因此，选择适合的目标期刊对于尽快发表论文尤为重要。首先，可以根据自己论文的选题、学术水平和自身的发表需要，列出拟投期刊的清单，并将其排序。其次，应翻阅、研读目标期刊，了解期刊的栏目设置、选稿范围、文章风格等，并据此缩小目标期刊的范围。最后，经过综合考量，应选择不多于3份学术期刊作为自己投稿的目标期刊。此外，应注意不可将论文同时投至多家期刊，而应在论文被第一个目标期刊退稿后，才可投至下一个目标期刊。

作者选择的期刊应是合法合规的公开出版物。当前国内公开出版的期刊数量繁多，可分为学术期刊与非学术期刊，学术期刊又可以分为社科类和科技类期刊。学术期刊是指经国家新闻出版行政主管部门批准，持有国内统一连续出版物号，领取期刊出版许可证，以刊载研究发现和创新成果的学术论文、文献为主的定期连续出版物。按照规定，非学术期刊是不允许刊发学术论文的。此外，作者还要仔细甄别，剔除假刊、套刊等，避免无效发表。作者可以登录国家新闻出版署的官网，在“从业机构和产品查询”中查询期刊信息。

2. 通过正规渠道投稿

在确定投稿的目标期刊后，作者应登录期刊官网，找到其正规的投稿方式进行投稿。目前我国学术期刊的投稿主要可以分为网站投稿系统投稿、电子邮箱投稿两种方式。在使用网站投稿系统进行投稿时，作者可通过平台的提示，完成账户注册并上传稿件，投稿后还可以在网站上实时了解审稿进度。通过电子邮件投稿时，作者应注意以下事项：首先，要在邮件标题和正文中注明文章题目、作者姓名、工作单位等；其次，文章的正文应以附件的形式发送，使用Word格式，这样更方便审读和编辑；再次，作者可以在邮件的正文中简单地介绍一下自己，并对文章的主要内容做简要介绍，以给编辑留下初步的印象。

3. 认真对待修改意见

稿件通过三审之后，作者还应认真对待编辑提出的修改意见，并对每一条修稿建议作出回应。作者如果认同审稿建议，那么就可以按照建议修改，并保留修改痕迹，以方便审稿专家和编辑再次审读。如果不认同修改意见，则应当与编辑及时沟通，说明原因，在商讨后确认是否需要修改。

无论修改建议有多少，作者都应该在编辑规定的交稿时间前完成修改，以免影响期刊正常出版。

4. 理性对待论文退稿

稿件被拒几乎是所有作者都会有的经历，这是在研究之路上成长、成熟的必然经历。在收到编辑的拒稿信息后，作者不用灰心沮丧，而应该理性分析：是期刊选择不合适，还是论文自身质量达不到刊发的标准？然后据此来作出是改投他刊还是进一步修改论文的决定。

5. 了解主要收录系统

（1）SCI：科学引文索引（Science Citation Index），是美国科学信息研究所（ISI）的尤金·加菲尔德（Eugene Garfield）于1957年在美国费城创办的引文数据库。作为世界著名的三大科技文献检索系统之一，SCI在世界范围内都享有极高的认可度。

（2）SSCI：社会科学引文索引，是SCI的姊妹篇，亦由美国科学信息研究所创建，是可以用来对不同国家和地区的社会科学论文的数量进行统计分析的大型检索工具。

（3）CSSCI：中文社会科学引文索引（Chinese Social Sciences Citation Index），是由南京大学中国社会科学研究评价中心开发研制的数据库，用来检索中文社会科学领域的论文收录和文献被引用情况，是我国人文社会科学评价领域的标志性工程。

（4）EI：工程索引，是由美国工程师学会联合会于1884年创办的一部大型综合性检索工具。同样作为世界著名的三大科技文献检索系统之一，EI在全球的学术界、工程界、信息界中享有盛誉，是科技界共同认可的重要检索工具。

6. 核心期刊

核心期刊主要是指期刊中学术水平较高的刊物。国内目前有三大社会公认的核心期刊，它们是北京大学图书馆《中文核心期刊》、南京大学《中文社会科学引文索引来源期刊》和中国科学院文献情报中心《中国科学引文数据库来源期刊》。2023版北京大学图书馆《中文核心期刊》中，中小学各个学科入选名单如表5-5所示。

表5-5　中小学各个学科入选2023版“中文核心期刊”名单

学科	中文核心期刊名称
语文	1.《中学语文教学》　2.《语文建设》
数学	1.《数学教育学报》　2.《数学通报》
外语	1.《中小学英语教学与研究》　2.《中小学外语教学·中学篇》
物理	1.《物理教学》　2.《物理教师》
化学	1.《化学教学》　2.《化学教育》
生物	《中学生物教学》
政治	1.《中学政治教学参考》　2.《思想政治课教学》
历史	《历史教学》
地理	《中学地理教学参考》

二、知道学术规范

教育部编写的《高等学校科学技术学术规范指南》中，对学术规范作出了如下定义：学术规范是从事学术活动的行为规范，是学术共同体成员必须遵循的准则，是保证学术共同体科学、高效、公正运行的条件，它从学术活动中约定俗成地产生，成为相对独立的规范系统。

（一）学术规范主要表现

学术规范包括两方面的含义：一是学术研究中的具体规则，如文献的合理使用规则、引证标注规则、立论阐述的逻辑规则等；二是高层次的规范，如学术制度规范、学风规范等。学术规范主要表现在以下三个层面。

1. 内容方面的规范

这是学术规范的基础，包括科学研究的方法、自身的理论框架和概念范畴体系。由于不同学科的研究对象和方法各异，不同的学科有不同的规范。但为了确保学术研究的严谨和准确性，研究人员需要遵循所在学科的规范和准则，掌握学科内的基本概念、方法和理论。

2. 价值方面的规范

价值方面的规范即约定俗成并得到学术界认同和共同遵守的观念道德和价值取向，其中心内容是学术道德或学术伦理，是学术规范的道德基础。学术研究是一种追求真理的活动，研究人员应该秉持良好的道德品质，不抄袭、不造假，维护学术研究的真实性和可信度。遵守价值规范，鼓励创新和批判性思维，为学术研究创造一个公平、公正、有序的环境。

3. 技术操作方面的规范

涉及学术研究的具体操作过程和表达方式，包括各种符号的使用、成果的署名、注释的引用等，这些都需要遵循一定的规范，有可操作的制度进行规定。这些规范是学术研究的制度保障，有助于确保学术成果的可重复性，提高研究成果的质量和可读性，使学术交流更加顺畅和有效。

4. 参考文献书写格式

参考文献著录格式要符合规范，可以参照相关国家标准。

（二）学术不端认定标准

（1）在研究和学术领域有意作出虚假的陈述：主要表现为捏造、夸大研究成绩。

（2）损害他人著作权，包括侵犯他人的署名权、剽窃他人的学术成果：主要表现为剽窃他人的学术成果；断章取义地摘录别人的论文；未经同意署上别人的名字；有意剥夺有实质贡献者的署名权。

（3）违反职业道德利用他人未经发表的学术认识、假说、学说或研究计划：主要表现为研究者在项目、文章评审过程中，获得他人未经发表的研究思想、构思、方案、计划等后占为己有。

（4）研究成果或发表出版中的科学不端行为：主要表现为抄袭他人著作；使用他人的数据、资料，但不注明出处；一稿多投、多发。

（5）故意干扰或妨碍他人的研究活动：主要表现为利用自己的权利或学术地位，充当“学阀”，干扰和妨碍他人的学术和研究活动。

（6）在科研活动中违背社会道德：主要表现为采用造谣、诽谤、挑拨等手段影响或干扰他人的学术活动。

活动与思考

1. 查找并记下你任教学科的主流期刊的投稿邮箱或网站。

2. 常见的学术失范有哪些表现形式？工作室组织一次专题研讨，围绕如何增强学术规范进行分享和讨论。注意形成一份工作简报。

3. AI时代的教育论文写作何去何从？组织一次专题研讨会，可以请专业人士就chatGPT写作进行现场演示。

专题6

课题研究

课题研究是名师工作室的抓手，旨在以研促教和以研促培。课题研究的目的在于通过对教育教学问题的深入研究和实践活动，促进教育教学的创新发展，提高教师的专业水平，推动学校教育的高质量提升，促进教育教学改革的深入推进，从而更好地满足社会对优质教育的需求，推动教育事业的可持续发展。

本专题共分为四部分，第一部分关于课题的选题及其表述，着重阐释如何明确课题的选题方向，确保选题具有实践意义和研究价值；第二部分关于教育研究课题申报书，通过案例来说明如何撰写完整、系统的申报书；第三部分关于课题的开题与中期汇报，指导如何顺利启动研究项目，确保研究项目顺利进行；第四部分关于结题报告及其成果表达，讨论如何撰写结题报告和展示研究成果，如何确保研究成果的有效利用和推广。

修炼17

学会课题的选题及其表达

选题是教育研究的第一步，也是最为关键的一环。选题的质量直接影响着后续研究的深度和成果的价值。因此，学会课题的选题及其表达至关重要。选题不仅要有一定的实践意义，更需要具备一定的研究价值。一个好的选题应当能够解决实际教育中存在的问题，满足教师和学生的需求，同时具备一定的学术深度和广度，能够为学术界提供新的研究视角和理论支持。

一、掌握教育科研选题的方法

名师工作室能够开展教育科研的课题内容极其广泛，根据工作室成员所担任具体学科内容、学校管理项目或者班主任工作特点来确定课题内容。这往往涉及课程标准、学科素养、教学模式、师生评价以及哲学、心理学、文化学、社会学等各种不同的领域，需要进行针对性培训和过程性指导。在课题选题的大前提下，我们先要熟悉教研课题的类别和研究的类型。

教育科研的课题分为规划课题、指令性课题和自主课题等不同类别，此外还有纵向课题与横向课题、基础研究与应用研究、有经费资助课题和自筹经费课题之分。教育科研课题的研究内容可以是理论性的研究，也可以是实践性的研究，还可以是两者兼顾的综合性研究。根据课题立项单位，教育科研课题可以分为国家级课题、省部级课题、地市级课题、区县级课题、校本课题等。

二、掌握选题的要求和策略

在名师工作室的教研活动框架下，选题的指导是非常关键的一步，它直接关联到课题研究的方向和深度。以下是一些基本的指导原则和步骤，旨在帮助名师工作室有效地指导课题选题。

（一）理解教育科研课题的本质

教育科研课题的本质在于解决当前教育领域的实际问题，能够做到推动教育改革与发展、教育高质量提升，并为教育实践和政策制定提供理论支撑和实践指导。具体体现为下面几点。

1. 解决教育领域的问题

一是问题识别与分析。科研课题通过深入研究教育领域中存在的问题，揭示问题的本质和影响因素，从而帮助教育工作者和政策制定者更准确地理解和识别问题。二是提供解决方案。通过科学的研究方法和理论分析，科研课题能够为教育问题提供创新性和实践可行的解决方案，为教育实践中遇到的难题提供有效的应对措施。

2. 推动教育改革与发展

一是政策建议与指导。科研课题的研究成果为制定教育政策提供科学依据和实践经验，推动教育体制和制度的改革和完善。二是探索新模式与新方法。科研课题促进教育领域的创新发展，探索新的教育模式、方法和技术，推动教育教学方式的更新和优化。

3. 提升教育质量

一是评估与反馈。科研课题通过对教育质量的评估和反馈，发现问题、优势和改进空间，为教育实践提供改进的方向和动力。二是教育效果验证。科研课题能够评估教育政策、项目和措施的实际效果，为提升教育质量提供经验总结和有效路径。

总之，教育科研课题通过对教育领域问题的深入研究和分析，为教育改革与发展提供理论支撑和实践指导，推动教育质量不断提升。它们的研究成果直接影响着教育实践和政策制定的方向，为教育事业的发展注入新的动力和智慧。

（二）掌握教育科研的要求

1. 具有学术价值和创新性

课题应具有一定的学术价值，能够对现有的教育理论或实践提出新的见解或改进。学术价值指的是课题对学术领域的贡献程度。学术价值可以通过以下几个方面来界定：一是知识贡献，课题是否填补了已有研究的空白，扩展了现有知识的范围，或提出了新的理论框架。二是方法贡献，课题所采用的研究方法是否创新，是否能够为未来的研究提供方法论上的启示。三是实践意义，课题研究的结果是否对实际教育工作有启发，是否能够提供实践上的指导。

课题同时要有创新性，指的是课题在理论、方法或实践方面的新颖性和独特性。创新性可以通过以下几个方面来界定：一是理论创新，课题是否提出了新的理论观点或解释，是否对现有理论进行了拓展或修正。二是方法创新，课题所采用的研究方法是否具有创新性，是否采用了新的数据采集手段或分析技术。三是实践创新，课题研究是否提出了可行的实践方案或政策建议，是否能够为实际教育工作带来新的思路或方法。

在界定学术价值和创新性时，需要综合考量课题的研究对象、研究方法、研究结果以及对学术领域和实际教育工作的影响。同时，需要与相关领域的前沿研究进行比较和对话，以确保课题具有独特性和前瞻性。

2. 具有实际应用性

教育科研的最终目的之一是为改善教育实践提供支持和指导。以下是界定课题实际应用性的几个方面：

（1）问题导向：课题应该围绕实际教育领域中存在的问题或挑战展开，而不是纯粹的理论探讨。这确保了研究的结果对实际教育工作有所启发和帮助。

（2）实践可操作性：课题的研究结果应该具有实践可操作性，即能够为教育从业者提供具体的建议、方法或策略，以解决他们在实际工作中遇到的问题。

（3）社会影响力：课题的研究成果应该能够对教育实践、政策制定或社会发展产生积极的影响。这意味着研究应该关注社会公益，为教育改革和发展做出贡献。

（4）实证研究：课题的研究方法应该是基于实证研究的，即通过数据收集和分析来验证假设或论断，以确保研究结果的可靠性和实用性。

（5）实地调研：课题的研究过程应该包括对实际教育场景的实地调研，以确保研究问题的针对性和解决方案的可行性。

通过以上方面的考量，可以确保教育科研课题具有实际应用性，能够为教育实践和政策制定提供有益的支持和建议。

3. 具有研究价值

课题的研究结果无论成功与否，都能从正面或反面说明问题。从最基本的学校的品牌建立、教师的成长、学生的学业成长这些方面的研究价值来佐证课题具有可行性。课题应能够解决实际教育问题，或对提高教学质量、促进学生发展等方面有所贡献。

课题研究需要注意三点：一是需求分析，首先要分析教育领域、学校或教师本身面临的问题和需求，这些问题和需求往往是选题的出发点。二是趋势研究，了解当前教育领域的研究热点和未来趋势，可以通过查阅相关的学术期刊、参加学术会议或研讨会等方式。三是资源评估，根据名师工作室及其成员的专业背景、兴趣和可获取的资源（如资金、时间、实验设施等）来决定研究方向。

（三）选题的常规流程

申报一个课题时，往往会感到困惑，一般来讲，我们可以把几个初步的选题，按图6–1所示的流程来思考。

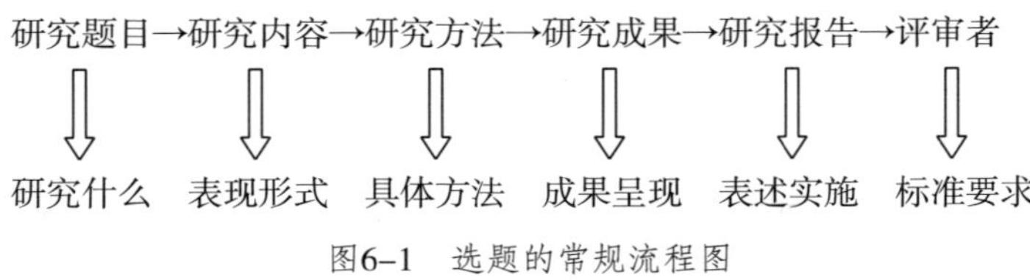

图6–1　选题的常规流程图

通过上面的常规流程图我们可以很明确地知道每一步要做的框架结构，从而倒推我们的题目的选择和方向，解除困惑。

（四）题目核心词的确认

这里举一个例子：有一个工作室成员在教育教学过程中发现当前部分小学教学存在中学化和过度教学倾向的问题，想做题为“小学阶段中学化教学倾向的危害研究”的研究。通过分析，发现这个题目研究的重点（研究内容）是“危害”，当问她拟从什么方面来研究危害的时候，她有些茫然。一般来讲，如果研究小学教学中学化倾向的危害，则首先要说明这种现象对哪些对象产生危害，还要说明从哪些方面来谈危害，产生了多大程度的危害。可见，这种题目对小学教师来说难度有些大，不易于操作。应该考虑改变题目研究的内容，改变研究思路，将题目改为“小学阶段中学化教学倾向的现状与对策研究”，这个题目则只需要描述小学中学化倾向的现状、问题、对策即可。这个题目中，现状只需描述小学中学化过度教学倾向的表现即可，研究方法就是调查研究法，研究的成果就应该是研究者描述出来的中学化倾向的现状、分析出来的问题和对策，这样的研究报告就比较容易做了。

同时，课题题目中核心词不同，则研究的侧重点就不一样。比如“国外STEAM校本课程教育方法的本土化研究”这个题目的研究重点（研究内容）应该是如何将外国STEAM校本课程教育方法本土化的问题，即研究的是本土化的方法，这对中小学教师可能具有一定的难度，但如果写成“STEAM校本课程教育方法在我校的实践研究”，则研究的内容成了教育方法，这个题目对中小学教师来说就更容易了一些。

（五）题目拟定的规范性

研究题目是研究内容的高度概括，或者研究题目是研究内容与研究方法的高度概括。常见的课题在名称中应尽可能表明三点：研究对象、研究问题和研究的方法。不过，在实际的研究中，由于课题的研究方法不同、研究的对象不同、研究的要求不同，课题的陈述对上面的三点可以灵活运用。同时，我们要更加注意在拟定教育教研课题题目时，规范性是非常重要的，它确保了研究的科学性和可操作性。

以下是在拟定课题题目时需要关注的规范性问题：

第一，清晰度和明确性：课题题目应该清晰明确，能够准确表达研究的内容和目的，避免使用含糊不清的词语和术语。

第二，可操作性：课题题目应该具有可操作性，能够通过具体的方法和步骤进行研究和实施。课题避免过于笼统或抽象，而应明确研究的范围和方法。

第三，相关性：课题题目应该与教育领域的研究前沿和现实需求密切相关，能够解决实际问题或填补知识空白，具有一定的研究意义和实践价值。

第四，可验证性：课题应该具有可验证性，能够通过科学的研究方法和数据收集手段进行验证和检验，以确保研究结论的科学性和可信度。

第五，可复制性：研究方法和步骤应该具有可复制性，其他研究者能够根据提供的信息和指南重复研究，以验证结果的可靠性和稳健性。

第六，伦理性：在拟定课题题目时，需要考虑研究涉及的人员和社会的利益和权益，确保研究过程符合伦理原则和法律法规的要求。

第七，可持续性：课题题目应该具有一定的可持续性，能够长期跟踪和观察研究对象或现象的变化和发展，以获取更加全面和深入的研究结果。

活动与思考

1. 请跟大家分享一下，你掌握了哪些课题选题的策略？请跟大家谈谈你对这些方面的学习心得体会。

2. 组织一次教育科研课题选题研讨会。每人确定1～2项拟研究的课题，并简要说明研究目标、研究内容和预期成果，聘请专家现场进行选题指导。

3. 工作室主持人展示工作室近期的研究方向或者具体课题的选题，组织成员进行讨论。

修炼18

写好教育研究课题申报书

撰写一份科学合理的课题申报书是开展课题研究的基础和前提。这里提供一份详尽的指南，帮助申请者撰写出高质量、符合要求的教育研究课题申报书。申请者可以充分利用本指南提供的参考资料和范例，同时结合自身研究背景和实际情况进行合理调整，提升申请书的质量和成功率。

一、理解立项申报书的要求

课题立项申请表有其结构和规范，需要严格按照要求填写。一般来说，课题立项申报书包括以下几个部分：课题名称、研究背景、研究目的、研究内容、研究方法、研究进度、预期成果等。

（一）掌握各部分填写要求

课题名称：简洁明了，突出研究主题，体现研究内容。命名时要避免使用模糊、笼统的词汇。

研究背景：简要阐述研究课题的提出背景，说明研究的现实意义和价值。可以参考相关政策、文件、报道等，以证实研究问题的紧迫性和重要性。

研究目的：明确研究的目标，阐述研究对教育实践的意义。研究目的应具有可操作性和针对性，以便于后续研究内容的展开。

研究内容：详细描述研究的主要内容，包括研究对象、研究范围、研究思路等。研究内容应具体、明确，避免空泛、笼统。

研究方法：介绍研究采用的方法和技术，如文献分析、实证研究、调查研究等。同时，说明这些方法在本研究中的具体操作和应用。

研究进度：规划研究的时间节点，包括课题启动、中期检查、结题等。每个阶段要明确任务和要求，确保研究按计划进行。

预期成果：描述研究完成后预期的成果形式，如论文、报告、专著等。预期成果要具有实际价值，能为教育改革和发展提供理论支持。

（二）审查填报注意事项

1. 认真阅读申报要求

仔细阅读各个教育行政部门发布的与课题相关的政策、文件和指南，确保申报书的内容符合规定。

2. 注重实事求是

在申报书中，要如实填写课题研究内容、方法和进度，避免夸大或虚构。

3. 文字表达清晰

申报书的文字要简洁、明了，避免使用模糊、复杂的词汇和句式。

4. 逻辑性强

确保申报书的内容层次清晰，逻辑严密，便于评审专家理解。

5. 严谨的学术态度

在申报书中，要体现严谨的学术态度，避免抄袭、剽窃等不端行为。

6. 充分准备附件

根据申报要求，准备好相关附件，如研究团队成员的资格证明、合作协议、研究基地证明等。

通过以上详细的说明和指导，相信读者对课题立项申报书的填写有了更深入的了解。在实际操作过程中，要充分发挥名师工作室的优势，组织开展课题研究，为推动我国教育事业发展贡献力量。

二、例析立项申报具体方法

（一）课题题目的设定

在课题选题确定题目中，我们通常是把课题研究问题分为四种基本类型，即“为什么”“是什么”“怎么样”与“如何评价”。研究“为什么”的问题，在研究内容上一般表述为研究事物的价值、意义、功能和作用；研究“是什么”的问题，就要围绕事物的内涵和外延去研究，如研究组成要素、框架结构等；研究“怎么样”的问题，一般就要聚焦在方法策略、手段路径等方面；研究“如何评价”的问题，一般表现在标准、指标、体系等方面。

通常我们从下面三方面来考虑研究课题的要素：

第一方面，从完整性方面考虑，研究课题的名称一般包含三个要素：研究对象、研究内容与研究方法。例如课题“初中教师在教学中实施渗透式心理健康教育的实践探索”，其中的“初中教师”即研究对象，“在教学中实施渗透式心理健康教育”即研究内容，“实践探索”即研究方法。

第二方面，拟题形式上以“研究”等字眼为特征，同时用词上要做到科学、严谨、规范和简明，除非特别需要，一般不加副标题，题目字数以不超过25个字为宜。常用的课题名称通常会以“……的实践研究”或者“……的策略研究”的句式出现，体现在课题研究方向上就是实践类或理论类。

第三方面，具体描述课题的名称，表述不能含糊笼统。课题名称表述不同于对一个问题的表述，也不同于论文题目的表述，不能用口号式、结论式、疑问式句型。

命题方法之一是“研究背景+研究对象+研究内容”，如“基于核心素养的小学数学主题单元教学设计研究与实践”。

命题方法之二是“研究对象+具体做法+研究目的”，如“小学英语教学运用绘本练习提升学习力的研究”。

（二）完整叙述研究背景

研究背景也称“选题背景”，通常以“问题的提出”“课题的提出”或“课题的背景”作提示进行这方面的阐述。研究背景主要是指课题研究的时代背景，包括国家政策和各地方相关的文件背景，回答“为什么要进行该课题的研究”，同时介绍课题研究的目的、意义，内容确定的依据。研究背景一般应从三个层面（或背景）来考虑：

第一个层面是介绍国家层面在相关领域的政策、文件、理论基础和现状。

第二个层面是说明本省、本市和本地区在相关领域的实际做法和现状。

第三个层面一般是阐述研究对象，强调研究意义，突出研究团队的研究基础。还要重点介绍研究团队前期在本领域的探索和取得的成果。特别是可以说到研究团队所在单位学校在这些方面研究的有利优势和条件。

每个课题都可以找到研究的出发点和落脚点，不仅要从国家大政方针去寻找本课题研究的依据，还要从地域和校情来论述，尤其要概括出本校实际情况，也就是从现实存在的缺失来说明本课题研究的必要性。

（三）研究现状的表达

常规的研究现状述评要对课题中的某个问题已有的研究文献进行全面客观综述和评价，同时要掌握该领域目前的研究现状逻辑起点。对研究现状综述要做到下面几点：

一是要做到高度概括、实事求是、客观评价，并有“述”有“评”。

二是研究现状述评的文献一定要是最新文献，最新的研究成果和文献为优先。

三是要明确说明国内外最早对该类课题进行研究的是谁，提出了什么观点；最近还有谁在对该类课题进行研究，现状如何。

四是要指出该类研究还存在什么不足。通过文献综述，了解到我们的课题在国内外的研究现状，并进行评述，从中发现已有研究的不足和值得研究的新问题。

（四）研究创新价值体现

真正有价值的课题研究都需要借鉴国内外的最新研究成果。“研究创新点”重点是要说明选题的意义，同时说明课题研究取得的成果所具有的价值。课题研究的创新之处一般包括理念的创新、研究内容的创新、研究成果的创新，以及在教育教学中具备的理论价值和实际价值。课题的创新价值具体表现在以下五个方面：

一是反映时代特点，如“双减”背景下对学生自主性学习培养的研究、学生学习能力的培养。

二是具有新内容，如教师在课堂教学中培养学生的实验能力、观察能力、创新能力和实践能力。

三是寻找新的角度，在新课程标准的指导下构建新的课堂教学模式的研究。

四是采用新的方法，用不同的研究方法会得出不同的结论。

五是广泛收集资料，了解课题的研究状况，搞清已有的研究解决了哪些问题，还存在哪些不足，怎样加以改进，在此基础上，确定该课题的着眼点，避免选题的盲目性。

课题研究的创新点，要在课题研究方案中明确提出来，目的是表明你的研究不是简单地重复别人的研究工作和成果，而是进行新的创造，这也是你的课题研究的最突出的价值或意义所在。

（五）核心词界定和甄别

概念界定在课题研究中占有关键地位。不同于在填写申报书时才开始的流程，核心概念的明确定义应当从教师踏上研究之路时就展开。核心词的界定，是对课题名称表述中那些难以理解和容易产生歧义的词进行界定，以便他人理解其在本课题中表示的意义。

首先，研究的起始阶段即需从研究者所关注的问题中抽取核心概念，并对这些概念进行明晰而具体的界定，以防止概念泛化的发生。

其次，通过适用于相关概念关系的“命题”，进行逻辑推论并提出独创性的研究假设。仅有通过核心概念的准确定义、概念之间关系的合理建构，以及假设的巧妙确立，课题的基本架构才能够牢固确立。

核心概念的明确定义标志着研究方向和范围的明确界定，因此对概念的明晰界定必不可少。

核心词的常规解读，可以从字典定义、学术定义、操作定义等方面进行，核心概念的解释要凸显出其内涵和外延。内涵是该核心词的常规定义界定，而外延则更多的是本课题研究需要做的，可以重新做界定和定义的方法和要求。核心概念一般3～4个就可以了，但并非所有的核心概念都需要界定。

（六）研究对象的确定

课题研究对象指的是某个人或某个群体或组织，一般包括社会中具体的个人、家庭、社区、各类专门人群以及各类组织等。但要注意下面几点。

1. 研究对象≠研究主题

研究对象，有时候类似于我们的研究主题，但它还不能和研究主题完全画等号，因为它在研究主题的基础上，还有一点问题的成分在里面。这一部分要回答的就是我们要研究什么，或者说将我们要研究的最本质的那个东西用一个词语概括出来，那就需要从现有的选题当中，包括前面做的文献梳理当中进一步地去聚焦，聚焦下一步我们到底要研究什么。

2. 研究对象≠研究内容

研究对象是指被研究的个人、群体或组织，或者是研究所指的其他社会单位，一般包括社会中具体的个人、家庭、社区、各类专门人群以及各类组织等。研究内容是指特定的社会现象及其本质和规律。任何课题研究所指向的都是问题，没有问题就没有课题，而这些问题就是课题要研究的内容。简单地说：研究对象是指某类个体、群体或组织，而研究内容则是指产生在该类个体、群体或组织中的问题与现象。

3. 研究对象≠研究范围

譬如，初中数学中的某某研究、小学低学段的某某研究、初中生物学科的探究式教学研究等，都是界定的研究范围。而研究对象则是指被研究的个人、群体或组织，或者是研究所指的其他社会单位。

4. 研究对象≠研究目标

研究目标是指通过研究所要解决的教育教学中的具体问题，即获得对某一教育现象及其他现象之间相互联系的科学认识，是课题研究目的的具体化。研究目标指向预期结果，研究内容指向研究过程，研究内容与研究目标的关系是过程与结果的关系，它们之间沟通的桥梁就是研究对象。

（七）关于研究目标

研究目标是本研究要实现的结果，用来说明课题研究要解决什么问题和要达成什么样的成果和效果，要明确课题研究预期达到的具体目的，着眼于解决特定问题，即为本课题研究所确定的目标方向。在确定目标时，务必紧密贴合课题主题，使用准确、简练、清晰的措辞。在确定课题研究目标时，一方面需考虑课题本身的需求，另一方面则要充分考虑课题组的实际工作条件和水平。比如，想建构怎样的教学模式、教学策略，要建立何种新理论、新理念、新观点、新认识，等等。

（八）研究内容的确定

研究内容指课题研究过程中，为了解决问题和达成研究目标所设定的具体研究事项。主要体现为下面三点：

（1）研究内容是对课题所涉及内容的分解，是将课题名称具体化的重要板块，不仅包括对研究对象相关联要素的具体化，还包括对价值理念、目标指向与方式方法的具体化。

（2）研究内容是对课题重难点问题的揭示，课题研究以解决问题为己任，尤其要直面重难点问题，不可故意绕开，更不可视而不见，而应将重难点问题解决方案的设计作为必备构成。

（3）研究内容是对即将要研究对象的规划，而不是对已有研究成果的回溯与总结，是未来时，而不是完成时，已经形成的成果可在研究基础处加以呈现，研究内容则重在谋划在接下来的2～3年打算围绕哪些方面进行研究。

（九）研究重难点的确定

课题研究的重点是本课题研究中最重要、最关键的内容，难点是研究过程中需要克服的关键技术、方法等。难点和重点要分开写，且研究重点和难点应包含在前述的研究目标和研究内容当中。

一般从三个层面来分析选择重难点：一是理论层面，如概念化、概念构成、指标体系等；二是逻辑层面，如内在关联、过程机制、因素挖掘等；三是方法层面，如数据采集、方法局限性、实施环节等。

（十）关于研究方法

研究方法的选择是直接影响课题研究质量的关键因素之一。研究方法分为定量研究和定性研究。定量研究一般指对事物可以量化的部分进行测量和分析。定性研究则是采用书面的、言语的和观察的方式，取得相关表现的描述性资料，并对这些资料作出定性的分析（表6–1）。

表6–1　研究方法的内涵特征

内涵性	主要特点	具体研究方法
系统性	按照一定的步骤和程序进行，包括问题的提出、假设的建立、数据的收集、分析和解释等，确保研究的科学性和严谨性	访谈法、观察法、实验法、比较研究法、模拟法、实证研究法、问卷调查法
科学性	基于科学原理和逻辑推理，能够有效地解决研究问题，并得出可靠的结论	逻辑分析法、数学建模法、交叉验证法
可操作性	能够通过具体的步骤和技术进行实施和操作，确保研究的可行性和有效性	实地调查法、实践性研究法、网络调查法、数学实验法
灵活性	能够根据研究对象和实际情况进行调整和变化，以适应不同的研究需求和条件	混合研究法、跨学科方法、适应性调整法
多样性	可以采用不同的方法和技术进行研究，如实证研究、文献综述、问卷调查、实地观察等，以获取全面和多角度的研究结果	实证研究法、文献综述法、问卷调查法、实地观察法、演绎法、调查法、测量法、统计法
可验证性	研究结果能够通过科学的检验和验证，以确保其科学性和可信度	重复性实验法、文献综述与元分析法、对照实验设计法、模拟实验法
透明度	研究过程和方法应该清晰明了，能够被其他研究者理解和复制，以确保研究结果的可靠性和稳健性	定性研究法、定量研究法、开放科学实践法、透明报告标准法

（十一）关于研究步骤

研究起止时间是指课题立项到结题所需要的时间，一般为2～3年，根据课题大小来决定。教师在设计课题研究过程中，应根据课题本身的逻辑和研究者自身实际，围绕研究目标，科学划分研究阶段，紧扣研究问题，一体化地设计各阶段的研究问题、研究活动、研究方法和标志成果等，交互推进教改实践与研究活动。

（十二）关于预期研究成果

预期研究成果分为阶段成果与最终成果两部分，一般前者限5项，后者限3项，且阶段成果与最终成果不重复。最终成果一般以终结性、整体性成果的方式呈现，必须将结题报告置于首位，它是最终结题时的主件材料，其他可以选择专著类或案例类的成果作为辅助。从充分程度上看，若能对这8项预期成果都作出合理规划，便能从成果导向上驱动具体的研究进程，对课题研究后续工作的开展大有助益。

课题成果形式包括研究简报、研究报告、经验总结报告、政策咨询报告、典型教育案例、典型教学课例视频、教育叙事、文献综述、教学改革实践方案、校本课程实施方案、工具书、正式出版的教材或著作、教学软件、教学工具、研究论文、专业文章、课件、网络平台、教具学具等。但不提倡编写教材，因为教材编写是很严肃的事情，需要国家教育部门审批。课题成果的表达方式包括发现规律方法、发展理论策略、构建模式和体系、他人成果的创造性应用、开发课程和教学资源等。

（十三）关于研究条件

一是申报人及主要成员的基本信息及已开展的相关研究工作情况，要重点说明主持人和前五名成员的研究能力和已有成果。注意实事求是，申报课题时建议在成员中增加1～2位专家级别的高职称教师。成员的分工要明确到具体项目。

二是研究的保障，就是课题主持人所在单位能够给予课题研究的人力、物力和基本外在支持条件，重点说明研究的能力保障以及单位能够提供的支持。

（十四）关于参考文献

参考文献是开展课题研究的基础，标注参考文献也是对别人研究成果的尊重。参考文献一般为引用的著作、论文、期刊、学位论文等。参考文献来源尽量采用比较有影响力的期刊和出版社。很多教师对课题研究的参考文献不够重视，引用的参考文献表述欠规范。

总之，课题论证应精练、确定、分层次，要严格依照申报书要求，逐项撰写研究目标、核心概念、文献综述等；要加强整体的概念结构，注意其内在的逻辑关联；要学会换位思考，确保评委读懂并认可；要具有研究性，分清主次、重点突出、表述严谨，使用专业术语，充分体现出申报者良好的研究素养。就其根本来说，课题研究不能只有技术，还要面向现实，关照到“人”。对于教育来说，就是要关注到教师、学生，这才是研究的最大意义和价值。

活动与思考

1. 课题申报训练。工作室成员根据拟定的课题进行模拟项目申报：①完成申报书填写；②对课题进行论证；③专家进行点评和指导；④修改完善申报书。

2. 邀请教育研究专家开设有关如何做好教育课题研究的专题讲座。

修炼19

做好开题与中期汇报

课题立项后，接下来就是课题的实施。在课题实施的过程中，有两个环节非常重要，即课题的开题与课题的中期汇报。除小课题和研究周期较短的课题外，一般都要组织课题的开题报告会和中期报告会。

一、理解开题报告书的基本要求

课题开题是课题由前期设想转化为下一步实际行动的关键步骤，要了解课题开题的目的与意义，掌握开题报告的结构与写法。有些教师从未参与过课题研究，通过课题评审后对撰写课题开题报告书不知从何入手，简单地认为开题报告书就是评审书，容易混淆一些要求和标准。下面将结合案例做些说明。

（一）开题报告书的填写

课题开题要提前填写课题开题报告书，并向主管部门报备。不同级别课题的开题报告书大同小异，需要着重注意几个问题：

（1）基本常规内容，即课题问题的缘起和概念界定、文献综述及总结延伸、研究的目的和意义、研究方法与框架、难点和创新点、研究实施计划、参考文献、变更事项。

（2）核心内容，就是叙述为什么做该课题研究，如何实施课题研究，研究的目标和内容如何去实现，研究的思路和具体步骤与措施，届时能够取得哪些方面的成果，还要阐述课题研究的基本条件和保障。

（3）容易混淆部分：①不能简单复制立项申报书的内容，而应该在申报书的基础上进一步落地和细化，要有更为具体的实施计划，对课题要有新的和更深入的理解。②研究目标要针对课题拟要解决的问题，要回应前面的研究背景中的“问题缘起”。③研究意义包括学理意义（理论意义）和现实意义，不能回避学理意义，而且现实意义要与学理意义相联系。④研究方法既要说明宏观、中观的研究方法更要说明微观的研究方法。宏观的研究方法是指马克思主义和历史唯物主义的方法，但不需要说明；中观的方法包括文献研究法、调查研究法、实验研究法等，要使用规范的表述；微观的方法是结合本课题对中观方法的具体和个性化的操作方法。

（二）开题报告会的组织

1. 目的

一是审查课题组是否具备开题条件，二是课题组借此机会寻求评审专家的指导。名师工作室可以模拟组织一次课题开题报告会。

2. 基本流程

介绍与会人员→课题组汇报→专家评议和提问→课题组答辩→专家组合议→组长宣读评审意见→合影→专家签字。记录员注意做好过程记录。

二、掌握中期报告的主要内容

课题组需要开中期报告筹备会对课题进行再次梳理和总结，即撰写中期报告。课题中期报告既要对课题前期研究情况进行总结，又要明确课题下一步的研究思路，还要发现存在的问题。一般而言，中期报告的主要内容包括以下几方面。

（一）课题中期研究情况总体概述

1. 课题基本信息介绍

常规地对课题进行简介，说明课题由来、名称确定、课题界定、研究目标、研究内容，还要对课题基本信息进行说明，还有研究时间、主持人及主要成员等，都需做概括性的介绍。

2. 实施情况陈述

根据课题研究的时间顺序或内容板块有条理地说明研究工作的开展情况；有详有略、有主有次地陈述研究过程中做了什么、怎么做的，包括课题中每一次的研究过程、方法和主要活动。

3. 阶段性研究成果展示

客观地阐明本课题组完成研究内容、实现研究目标的情况；简要说明已经形成的基本观点或理性思考以及澄明了什么、说明了什么、探明了什么；介绍产生的客观效果和社会影响；概括性地叙述已形成的研究成果（体例、数量、影响等）；具体罗列主要的研究成果（作者、名称、体例、发表或获奖情况等）。 对照开题报告说明已经完成的目标和内容，以及一些比较好的做法和经验。

4. 存在疑难困惑

具体明白地提出研究过程中遭遇的问题（课题研究本身）；实事求是地提出研究工作中面临的困难（课题研究的外部环境和客观条件）。

5. 后段设想

阐明前段应做而没有完成的工作如何补救；课题组面临的疑难困惑如何解决；后段研究思路有何调整；后段主要研究活动怎么安排。

6. 基本要求

对单一课题，可采用时序式编写，按任务完成时间的先后写。但重点放在本阶段研究工作的进展和结果上，避免写流水账。对项目比较多的课题，如分有多个子课题的课题，可采用任务分项式编写，一项一项地写。也可把时序或任务分项式结合起来编写。

（二）说明课题研究存在的困惑

（1）存在的问题。问题主要包括两个方面：一是研究方法和技术的问题，以及这些问题下一步如何解决；二是其他具体专业性的问题，即课题组成员随着研究的深入而发现的新问题，以及这些问题下一步如何解决。当然，对于这些问题，可以利用中期报告会寻求评审专家的指导。

（2）根据进度和遇到的困难，需要进行一些小的调整，包括课题组成员的调整和后期进度的调整，包括提出延期结题的申请。但这些调整不能违背课题立项和开题审批的基本要求。

（三）课题研究的下一步计划

课题研究工作的中期阶段，课题研究成员或多或少都会出现“倦怠”现象，包括课题研究工作进展迷茫、研究素材杂乱、课题组成员分工不明确等。根据研究计划和实际工作需要对课题研究思路进行再调整、再分工。

三、中期报告会需要注意的问题

（一）反映本阶段研究工作的进展情况和存在的问题

应按工作计划上规定本阶段任务的条款，逐条检查落实，注意说明完成情况和存在问题，分析存在问题的原因，如果不具备研究条件而未完成任务应作出说明。

（二）具体说明下阶段研究工作计划

这部分写作既要参照课题工作计划写出下一阶段将进行的研究，又要针对上阶段工作的经验和存在的问题，将未完成的任务移至下一阶段去完成。如果研究工作计划有变动，应写明变动原因并作出新的安排。

（三）注意内容要实事求是

汇报的重点应放在“研究计划完成情况”和“未能按计划完成的工作”两部分上。应如实反映研究的客观实际，正确估计取得的成果，成绩不要过分夸大。

（四）注意利用报告会寻求专家指导

课题组要主动和真实地说明存在的困难和问题，这样参会的评审专家才能够给予有效的指导。一般而言，课题组应提前将中期报告材料发给专家审阅。报告会上要虚心听取专家建议，不要认为专家指出问题是对自己的课题研究过不去和挑剔。

活动与思考

1. 组织一次课题开题报告会。挑选若干工作室成员进行模拟开题报告，并邀请专家进行点评和指导。

2. 组织一次课题中期报告会。挑选若干工作室成员进行模拟中期报告，并邀请专家进行点评和指导。

3. 组织工作室成员观摩正式的课题开题和中期报告会，并组织研讨会进行讨论和分享，形成工作简报。

修炼20

做好结题报告及其成果表达

我们在进行课题结题及其成果表达时，研究已经经历了假设、验证和形成三个基本阶段，并且已经取得了阶段性成果。因此，结题时研究者需要遵循教育科学规划课题结题与鉴定的一般规律，结合研究的具体情况和成果，清晰明了地呈现研究问题、研究设计、实施过程和结果分析，确保结题报告的内容充实全面，表达清晰精准，以便让评审专家和读者清晰准确地了解课题研究的全貌。

一、掌握结题报告的写作要求

结题报告是对研究课题实施过程和结果进行全面总结的学术性报告，是描述研究工作成果和进展的文书形式。通过对课题的实际研究活动和所得数据进行整理和阐述，以呈现出研究内容的全貌和深度，从而汇报和展示研究成果及结论。研究报告侧重于实证性的描述，其主要目的在于提供第一手资料来支持结论，而非简单的逻辑推理得出结论。通过调查、实验或体验等多种方法来获得佐证，以确保结论的可靠性和科学性。

结题报告撰写需要注意以下几个基本的要求。

（一）准备齐全的结题材料

（1）课题申请书与立项批文，确保课题立项的正式性和合法性。收集整理好课题立项时的所有文档，包括科研课题申请书、立项证书、开题报告、立项通知书等，这些都是结题的基础材料。复核材料基本内容，避免有错漏和勘误。

（2）实施方案与工作计划，提供课题研究的整体规划，包括各阶段的研究目标、内容、方法和预期成果。其中，实施方案概述要清晰地说明目标与任务分解，简要概述课题的总体目标，然后将总目标细分为具体的研究任务或子目标，明确每个子目标的责任人、预期完成时间和衡量标准。

（3）理论框架与方法论，整理好课题研究的重要理论依据，包括采用的研究方法（如量化研究、质性研究或混合方法）、技术路线、数据收集和分析的具体方法，作出清晰的指引和说明。

（二）课题工作计划明确到位

（1）时间表与阶段划分清晰：详细列出研究的时间规划，包括各个阶段的起始和结束时间，如文献综述阶段、数据收集阶段、数据分析阶段、撰写报告阶段等。对于每个阶段，明确关键活动、里程碑事件及其相互之间的逻辑关系。

（2）责任分配明确：清晰指明项目组成员的角色、职责及任务分配，包括课题负责人、核心成员、参与教师、技术支持人员等各自的工作内容。

（3）资源安排到位：说明研究所需的人力、物力、财力等资源如何配置，包括预算分配、设备使用、场地安排等，确保资源的合理有效利用。

（4）风险管理与应对策略：识别可能遇到的风险和挑战（如数据收集难度、参与度不高、时间延误等），并预先规划应对措施，以保证研究进度和质量不受影响。

（三）实施过程中的调整与反馈

（1）动态调整机制及时：描述在实施过程中如何根据实际情况灵活调

整计划，包括调整的原因、决策过程和调整后的计划。

（2）监测与评估清晰：说明如何定期监测研究进展，采用何种方式评估研究质量和效率，如定期召开项目会议、中期评估报告等。

（四）成果与成效验证充分

（1）阶段成果展示：简要概述各阶段取得的主要成果，如完成的文献综述、初步数据分析、教学实践尝试等，以及这些成果对后续研究的影响。

（2）成效验证：根据项目目标，说明最终研究成果如何被验证，包括采用的评估方法、参与者的反馈、实践应用的效果等。

通过上述内容的详细说明，可以展现出课题研究的系统性、逻辑性和实施的有效性，为结题报告增色，也便于评审专家或读者全面了解并评价整个研究过程。

（五）遵守学术诚信

确保所有数据的真实性和研究过程的透明度，正确引用文献，避免抄袭。在结题报告的写作中，遵守学术诚信是至关重要的，它不仅关乎个人声誉，也是对学术研究纯洁性的维护。

以下是几个关键方面，需要特别注意以确保学术诚信：

（1）原创性与诚实性：确保报告中的所有内容都是原创的，或是正确引用了他人成果。不得有抄袭、剽窃行为，即使是自己以往发表的内容，也需要适当引用并标明。

（2）正确引用与标注：对于报告中引用的文献、数据、观点，必须按照学术规范的引用格式（如APA、MLA、Chicago等）进行精确标注。直接引用应使用引号标出，并附上详细的参考文献列表。

（3）数据的真实性：保证所使用的数据、实验结果、调查统计等信息准确无误，未经篡改或伪造。在数据分析时，应客观呈现，避免为了支持预设结论而选择性使用数据。

（4）透明度：在研究方法、数据来源、分析过程等方面保持高度透明，详细说明研究设计和实施过程，使他人可以验证研究的可重复性。

（5）合作与署名：如果报告是团队合作的结果，应公平、准确地列出所有贡献者的贡献和署名，不得随意增减作者或更改作者排序，遵循合作研究的伦理原则。

（6）利益冲突声明：如果研究受到特定资助、存在潜在的利益冲突，应在报告中明确声明，确保研究的独立性和客观性不被质疑。

（7）版权与使用权：使用他人图片、图表、文本等材料时，必须获得版权所有者的授权，并在报告中适当标注来源。若研究成果部分或全部基于已发表的会议论文或其他形式的成果，应遵循相应的再发表规定，如增加新内容、获取版权许可等。

（8）自我审查与反思：在撰写过程中，不断自我审视，确保没有无意间侵犯学术诚信的行为，如过度自我引用、自我抄袭等。

通过上述各方面的严格遵守，可以有效地维护学术诚信，确保结题报告的真实性和学术价值。

（六）材料格式与规范和整理要求

报告应遵循一定的格式要求，包括但不限于封面设计、目录、章节编排、参考文献格式等，需符合所在地区或机构的学术规范。主要体现在下面几点基本要求和规范性：

（1）分类清晰：将所有材料按照类别和重要性进行归类，如将立项文件、研究过程文档、研究成果、财务报告等分别整理。

（2）完整性：确保每一份需要提交的材料都是齐全的，包括但不限于立项申请书、任务下达书、开题报告、课题设计方案与计划、结题报告、研究成果（论文、著作、专利证书等）、经费决算报告、阶段性验收鉴定报告、相关证明材料（如会议记录、调研问卷、实验数据等）。

（3）原件与复印件：根据要求准备原件和复印件。通常，立项文件、立项通知书等重要文件需要提供原件和复印件，以供核对。

（4）编排有序：所有材料应按照逻辑顺序排列，如从立项到结题的时间顺序，或按照材料的重要性排序。确保评审专家能顺畅地阅读和理解整个研究过程。

（5）装订成册：将所有材料装订成册，封面应注明课题名称、负责人、课题组成员、完成日期等基本信息。内部页码应连续编排，便于索引。

（6）电子版材料：除了纸质材料，还需准备电子版文档，包括PDF和Word版本，确保电子文档与纸质文档内容完全一致，便于存档和远程评审。

（7）目录与索引：制作详细的目录页，列出每部分材料的标题和对应页码，如果材料量大，还可以考虑制作更详细的索引。

（8）校对与审阅：在提交前，对所有材料进行仔细校对，检查文字错误、数据准确性、格式一致性等，必要时请课题组成员或导师进行审阅。

（9）遵守格式规范：遵循所在领域或机构的特定格式要求，包括引用格式、字体大小、行距、页边距等，保持报告的专业性和一致性。

（10）备份准备：保留所有材料的备份，以防原稿遗失或损坏。

通过以上细致的整理要求，可以提高结题报告评审和验收的效率，同时体现研究者对待科研工作的认真态度和专业精神。

（七）评审方式

课题结题的评审和验收方式通常包括以下几个方面：

（1）专家评审：由课题所属领域内的专家组成评审委员会，通过审阅结题报告及相关材料、听取课题负责人的汇报、进行现场问答等环节，对课题的完成情况进行全面评估。这是最常见的评审方式。

（2）实地考察：对于一些需要实地验证成果的课题，可能会安排专家进行现场考察，以验证研究数据的准确性和成果的实际应用效果。

（3）会议评审：组织召开结题评审会议，课题负责人需作现场报告，之后接受专家质询。这种方式有利于直接交流、快速反馈。

（4）书面评审：通过邮寄或电子方式提交结题报告及相关材料给专家进行评审。这种方式适合跨地域或难以组织集中评审的情况。

（5）远程视频评审：随着技术的发展，越来越多的评审采用远程视频会议的形式进行。这种方式能够兼顾效率和安全。

（八）课题验收注意事项

（1）准备充分：确保所有结题材料齐全、格式规范、内容准确无误，特别是数据和图表的准确性和完整性。

（2）遵守时间：按时提交结题材料，留意评审通知中的截止日期，避免因延误影响评审。

（3）沟通清晰：在汇报或答辩时，表述清晰、逻辑严密，针对专家提问能迅速准确回应。

（4）重视反馈：认真对待评审专家的每一条意见和建议，及时进行必要的修改和完善。

（5）原创性：保证研究的原创性，避免任何形式的抄袭和剽窃。

（6）经费审计：部分项目还需提交经费使用报告，确保经费使用的合规性，准备好相关财务凭证。

（7）成果展示：有效展示研究成果，包括但不限于研究报告、论文、专利、产品原型等，确保成果的可见性和影响力。

遵循这些方式和注意事项，有助于课题顺利通过评审和验收，确保科研成果得到应有的认可。

（九）后续推广应用

考虑研究成果的实践转化，制定推广计划或建议，促进研究成果在教育领域的实际应用。遵循上述基本要求，可以确保教育教研课题结题工作的顺利进行，同时提升研究的影响力和价值。课题结题后的成果推广应用是将科研成果转化为实际应用价值的关键环节，具体方式和方法多样，主要包括以下几个方面：

（1）学术发表：在专业期刊、会议论文集上发表研究成果，提升成果的学术影响力，为后续研究和应用奠定基础。

（2）科技成果转化：将研究成果转化为新产品、新技术、新工艺，与院校、企业合作进行技术转移或授权，实现产业化应用。

（3）政策建议：将研究发现和建议形成政策报告或白皮书，提交给政府决策部门，影响政策制定或改进。

（4）教育培训：将研究成果融入课程教材或专业培训，提升相关行业人员的知识水平和技能，促进知识传播。

（5）公开讲座与研讨会：通过举办公开讲座、工作坊、研讨会等形式，向学术界、本行业及公众普及研究成果，促进交流与合作。

（6）建立示范项目：选取典型地区或机构开展示范教育教学应用，展示成果的实际应用效果，作为推广模板。

（7）网络平台推广：利用官方网站、社交媒体、专业论坛等网络平台发布研究成果，扩大影响力，吸引潜在用户或合作者。

（8）编写手册或指南：将研究成果整理成教育教学操作手册、技术指南、政策解读手册等，方便用户直接应用。

（9）建立产学研合作：与高校、研究机构、企业等建立长期合作关系，共同推进成果的持续研发与应用。

（10）市场推广活动：针对有商业化潜力的成果，可以举办发布会、展览展示、路演等活动，直接面向市场需求进行推广。

（11）跟踪反馈与持续优化：在成果推广应用过程中，建立反馈机制，收集用户反馈和市场反应，不断优化改进，提升应用效果。

通过上述多种方式和方法，可以有效地促进课题研究成果的广泛应用，加速科技与经济、社会的深度融合，发挥其最大价值。

二、成果的评价和标准

理论上讲，科研成果与教学成果既有联系又有区别，但事实上教育领域的科研成果与教育教学成果比较难以严格区分。1994年发布的国务院令第151号《教学成果奖励条例》，对教学成果给出的定义是“教学成果，是指反映教育教学规律，具有独创性、新颖性、实用性，对提高教学水平和教育质量、实现培养目标产生明显效果的教育教学方案。”所以，教育教学成果在教育科研成果的基础上更关注成果的推广与应用。

（一）关于成果的鉴定与评价

教育科研成果的鉴定与评价是两个相互关联但又有所区别的概念。成果鉴定是行动过程，评价标准是这一过程中的指导原则和评判依据，两者共同作用于科研成果的质量管理和价值确认之中。

成果鉴定是指在教育科研项目完成之后，依据一定的程序和标准，由专家组成的鉴定委员会或相关权威机构对科研成果的真实性、创新性、科学性和应用价值进行审查和判断的过程。它侧重于验证研究结果的有效性、研究方法的正确性以及成果的原创性，是确保科研成果质量的一个关键环节。鉴定通常包括对研究过程的审查、数据的核实、结论的验证等，以正式确认研究成果的学术和技术水平。

评价标准则是指在鉴定或评价科研成果时所依据的具体准则和尺度，用于衡量成果的优劣、价值和影响。评价标准通常包括但不限于科学性、创新性、实用性、影响力、理论贡献、方法论的先进性、成果的推广潜力等多维度指标。这些标准帮助评审人员系统地分析和判断科研成果的各方面表现，确保评价的客观性和公正性。

成果鉴定更多是一个正式的、程序化的验证过程，强调的是对成果真实性和质量的确认。而评价标准则是一种工具或框架，用来具体衡量和评判科研成果的质量和价值。鉴定过程依赖于评价标准来具体操作。评价标准为成果鉴定提供了衡量的基准，没有明确的评价标准，鉴定工作就缺乏依据；反过来，鉴定过程的执行是评价标准得以应用的场景，二者相辅相成，共同构成了确保科研成果质量和价值认定的体系。

（二）成果评价的一般标准

教育科研成果评价的基本标准概括为以下几点。

1. 创新性与实用

首先，要求研究主题新颖，能解决教育实际问题，具有理论或实践的创新意义。其次，科学严谨性，强调研究方法的科学选择与严谨实施，确保数据的准确可靠及分析的逻辑严密。最后，学术价值，评价成果对教育理论的贡献，是否丰富理论体系或提出新见解。

2. 实践效果

首先，关注成果在教育实践中的应用成效，是否有效提升教学质量或学生学习。其次，推广潜力与社会影响，考察成果的可复制性、普适性及其对社会、教育政策的正面影响。最后，经济效益与伦理规范，评估成果带来的经济利益及遵循科研伦理的程度。

3. 可持续发展

分析成果对未来教育研究与实践的持续推动作用。

综上，教育科研成果评价旨在全面审视其在理论探索、实践应用、社会贡献等多方面的综合价值。教育科研成果有专家评价和文献学评价两种方法，一般将两者结合起来进行。文献学评价可以减少人为因素的干扰，容易做到客观和公正，但操作起来有一定技术上的困难。不同类型的研究成果，其评价标准有不同的侧重面。我们可以将《2022年教学成果奖国赛评分标准详解》作为参考。

教学成果奖国赛的评分标准包括形式、成果内容、创新、应用情况和综合情况五大项指标，另外项目特色和优先条件作为其他加分指标进行补充。（表6–2、表6–3）

表6–2　2022年教学成果奖国赛评分细化表

<table>
<tr><th colspan="2">项目</th><th colspan="2">内容</th><th>分值</th></tr>
<tr><td rowspan="6">形式</td><td>1. 成果名称</td><td colspan="2">成果名称准确、简洁地反映出成果的主要内容与特征，不超过35个字</td><td>2</td></tr>
<tr><td>2. 实践年限</td><td colspan="2">经过两年以上（从正式实施开始计算）教育教学实践检验</td><td>2</td></tr>
<tr><td>3. 申报材料</td><td colspan="2">材料填写齐全、规范，总结字数一般不超过1000个汉字</td><td>2</td></tr>
<tr><td>4. 主要完成人</td><td colspan="2">主要完成人必须直接参加成果的方案设计、论证、研究和实施全过程，不能仅冠名无贡献</td><td>2</td></tr>
<tr><td>5. 主要完成单位</td><td colspan="2">主要完成单位在成果的方案设计、论证、研究和实践的全过程中作出主要贡献</td><td>2</td></tr>
<tr><td>6. 校内建设与评审</td><td colspan="2">学校有教学成果奖励相关制度，执行良好</td><td>2</td></tr>
<tr><td rowspan="5">成果内容</td><td>1. 内容体现</td><td colspan="2">着重体现教学、教学管理等方面的成果</td><td>6</td></tr>
<tr><td>2. 支撑条件</td><td colspan="2">需要校级以及校级以上的支撑项目，如教学实践改革项目或质量工程项目，而且要求已经结项</td><td>4</td></tr>
<tr><td>3. 方向性</td><td colspan="2">符合国家教育方针、政策、相关文件精神</td><td>4</td></tr>
<tr><td>4. 科学性</td><td colspan="2">遵循教育教学规律，符合学生身心发展规律，适应社会经济发展需要</td><td>6</td></tr>
<tr><td>5. 饱满程度</td><td colspan="2">内容具有逻辑性、完整性、内在有机联系，并且具有覆盖广度和深度</td><td>6</td></tr>
<tr><td rowspan="4">创新</td><td rowspan="4">1. 理论</td><td colspan="2">成果教育教学方案在设计、论证、制定和实施等方面有相应的理论基础，并有所创新</td><td>3</td></tr>
<tr><td rowspan="3">根据原创程度进行评分，可以分为</td><td>市内首创</td><td>7～8</td></tr>
<tr><td>在已经有成果的基础上部分首创</td><td>5～6</td></tr>
<tr><td>全面突破</td><td>4～5</td></tr>
</table>

续 表

项目		内容	分值
创新	2. 实践	在成果教育教学方案实施过程中有所创新；或在结合自身特点，推广、应用已有的教学成果实践中进一步创新和发展	10
应用情况	1. 实施过程	成果方案设计、论证、研究、实践过程及阶段性检查、验收的规范性、完整性和延续性	4
	2. 推广应用	应用程度：推广应用成果的完整程度及深入程度。 应用范围：包括成果推广应用的空间范围、时间范围及受益面、受益时限等方面	10
	3. 应用成效	实施效果：成果应用在人才培养、提高教育教学质量等方面的具体效果反映。 应用反馈：成果实施实践过程中其他因素对成果应用的评价、反馈意见和对成果推广应用的认可程度	6
	4. 预期前景	成果有进一步拓展的空间，有进一步推广应用的可能性及预期前景	4
综合情况	1. 领先程度	要求在全市处于领先水平并产生一定影响并作出卓越贡献；以及成果总结报告水平体现或公开发表论文刊物的重要程度及在国内外同行中的影响	12
	2. 项目认可程度	阐释支撑成果建设项目等级以及已获奖励情况，其中不包括商业性的奖励	6
其他加分指标	1. 项目特色	在教育教学及教学管理改革，以及对社会经济文化建设贡献等方面具有突出的、为社会所认可的特色	5
	2. 优先条件	长期从事公共课、基础课教学工作的教师及中青年教师取得的教学成果	5

表6–3　2022年教学成果奖国赛评分指标体系

项目	内容	分值
形式	成果名称、实践年限、申报材料、主要完成人、主要完成单位、校内建设与评审	12
成果内容	内容体系、支撑条件、方向性、科学性、饱满程度	26
创新	理论创新、实践创新	20

续 表

项目	内容	分值
应用情况	实施过程、推广应用、应用成效、预期前景	24
综合情况	领先程度、项目认可程度	18
总评		

（三）关于课题结项的等级评定

课题结题主要考查哪几个方面？一是看结题材料是否齐备，二是看结题报告是否规范，三是看是否完成预设目标，四是看成效和影响力如何。

评审专家进行等级鉴定时遵循如下标准：做好上述前三项，可以评为合格或良好；做好了上述四项可以评为良好或优秀，也就是在合格的基础上，研究取得突出的成果和效果并产生一定社会影响，可以评为优秀等级。

活动与思考

一、课题结题训练

工作室组织学员对教育研究课题的结题训练：①学员完成结题报告；②学员进行结题汇报，专家现场点评；③学员根据指导意见，修改完善课题选题。

二、组织研讨会

组织工作室成员观摩正式的课题结题报告会，并组织研讨会进行讨论和分享，形成工作简报。

三、组织专家报告会

安排工作室主持人或邀请教育研究专家就如何做好课题结题作一次专题辅导报告，并要求工作室成员和学员写一份学习心得进行分享和交流。

专题7

课程开发

树木之壮在于根深，教育之基在于课程。课程在学校的教育教学中有着举足轻重的地位。宋代时我国就开始关注教育的计划、节奏及学习内容等，朱熹在《朱子全书·论学》中提出的“宽著期限，紧著课程”和“小立课程，大作功夫”，可以称是课程的雏形。而课程开发是教师专业发展的重要成长路径，是教师将理论知识与实践经验相结合展示的平台，更是在创新与实践中不断提高自身教育教学水平的有效载体。

本专题主要是从掌握必备的课程论知识、理解国家课程校本化实施、掌握如何进行校本课程开发、掌握如何编写校本教材等四个方面，阐释如何进行特色课程和校本教材的开发。校本化开发要结合学校特色和学生实际，借助学校、社区、学生家庭等资源进行特色课程的开发。

修炼21

掌握必备的课程论知识

我国学校课程和教材正在经历多轮次的改革，各级各类学校教师是教育改革的直接实践者，课程在任何一个教育系统中都是居于核心位置，教师必须学习现代课程理论，学校的管理也应由教学管理走向课程管理。教育部提出要构建以国家课程为主体、地方课程和校本课程为重要拓展和有益补充的基础教育课程体系，增强课程适应性，实现课程全面育人、高质量育人。对于骨干教师，特别是名师工作室成员来讲，要求不但能得心应手地驾驭好课堂，还能开发出特色课程，弥补课堂的不足。要开发好课程，先从必备的课程论知识入手。

一、了解课程流派的知识

课程的研究与实践者在不同时期、不同社会历史文化背景下对教育内涵和教育目标的独特见解和主张，产生不同理论体系和思想派别，形成了不同的课程流派。我国当代著名教育学家、课程论学科的奠基人和开拓者陈侠先生较早提出，从各派对制约学校课程诸因素的侧重点不同来讲，分三大课程流派，即知识中心论、儿童中心论和社会中心论。通俗地讲就是关注课程为谁服务，如为科学普及知识，为学生，为社会，侧重点不同，课程的特色也不同，便产生了不同的课程流程。随着社会的发展又产生了一些新的流派，如后现代课程理论、社区课程理论、综合课程理论等。

（一）知识中心论

知识中心论又称学科中心课程论或学科主义课程论。布鲁纳提出的结构主义课程论、夸美纽斯等提出的要素主义课程论、艾瑞克·哈耶克等提出的永恒主义课程论，分别主张“按照学科知识本身的内在逻辑顺序来组织教学内容”“强调基础知识和技能的掌握（即我们常说的双基）”和“教育应传承经典文化与永恒的价值观”。以上学者都非常关注学科知识本身。随着时代的发展，特别是“大型语言模型AI生成器”（如阿里云的通义千问、百度的文心一言、OpenAI的ChatGPT等）的出现，可以快速生成系列“知识中心”课程，可以很好地实现快速的知识科学普及。

（二）儿童中心论

儿童中心论又称学生中心课程论、学习者中心课程论或经验主义课程论。约翰·杜威等提出的经验主义课程论、奈勒等提出的存在主义课程论、马斯洛等提出的人本主义课程论，分别主张“以学生的生活经验和兴趣为导向，提倡活动课程和问题解决式的教学”“强调学生的个人自由和自我实现，认为教育应关注学生的内心世界和生活意义”和“以人为本，强调情感、价值观和潜能的开发，关注个体的全面发展”。以上学者都非常关注课程的服务对象学生，更人性化，更能促进学生的发展。

（三）社会中心论

社会中心论又称社会改造主义课程论。康茨等强调，课程应反映社会现实和解决社会问题，教育应服务于社会改造和公民素质的培养。关注教育教学的服务对象社会，解决为谁培养人才的问题。从我们党的教育方针来看，“教育必须为社会主义现代化建设服务、为人民服务，必须与生产劳动和社会实践相结合，培养德智体美劳全面发展的社会主义建设者和接班人。”例如，我们可以借鉴社会中心论开发“五育并举”课程，服务于社会改造和公民素质的培养。

另外，还有后现代课程理论，提倡多元文化和批判性思维，关注知识的建构性和相对性；社区课程理论，强调学校与社区的联系，课程应围绕社区需求和资源展开，以实现教育的社会参与和服务功能；综合课程理论，主张打破学科界限，通过跨学科的方式组织教学内容，以培养学生的整体视野和综合解决问题的能力，如2022年新课标增加的“跨学科实践”教育主题……这些新的课程理论都非常具有针对性，往往是随着社会的发展而产生的。

二、懂得课程开发的理论

课程开发包括课程设计、课程管理、课程实施、课程评价。从设计到管理，从实施到反思评价课程本身，在实践一轮后，再进一步完善课程设计与实施，形成一个闭环，且能螺旋上升拔高。

（一）课程设计

课程设计侧重于前期的整体设计规划，是对课程目标、课程内容、课程实施和课程评价等方面的整体的、高瞻远瞩的设计，引领课程开发的方向。在设计的基础上进行具体的内容和形式开发，包括课程目标的制定、课程内容的选择和组织、课程实施和课程评价等。尤其是课程内容的具体化、呈现形式的结构化等，这些环节相当重要，直接影响课程开发的质量。

（二）课程管理

课程管理主要是在现有课程的基础上，对生成课程计划、开发课程资源、课程评估等方面的管理。主要侧重于宏观层面进行规划和调控，如课程的顶层设计和资源配置，并给课程的实施创设环境和提供条件保障。

（三）课程实施

课程实施过程中，学校教务部门需要进行精细化跟进，确保课程规划能够有效落地并持续优化，如从课程计划与安排、师资配备与培训、教学资源建设与管理、教学质量监控与评估、课程实施过程管理、信息化管理与数据分析等方面着手。它主要侧重于微观层面的执行和操作，选用不同的教学策略，促进学生的成长。

（四）课程评价

课程评价是对课程设计、管理及实施效果的检验和反馈，这里更侧重于对课程本身进行评价，重点关注课程目标的达成、教学内容的适宜、教学方法的有效等。可以由学生、教师、家长等对学生所学课程进行一个客观的、多元的评价。一门课程是否有价值，主要看是否能吸引学生、对学生的帮助有多大、教师是否容易驾驭、家长是否认可等。可以进行定性与定量的评价，通过分析课程存在的问题和优势，再决定下一步如何改进和优化课程。其实广义的课程评价，既可评价学生的学业成就（一般有过程性评价和终结性评价），也可评价课程本身的设计和执行效率、效果与效益。

三、认清影响课程的因素

影响课程的因素很多，要按重要程序进行排序，并想方设法关注各因素，努力兼顾并因势利导，助力课程的开发与落地。

（一）课程与政策

从国家政策层面来看，课程开发要立足于“立德树人”的根本任务，牢记“为党育人，为国育才”的初心，关注成“人”教育，培养能建设中国式现代化，为实现中华民族伟大复兴、为中国特色社会主义事业奋斗终身的有用人才。这是宏观层面的要求。从细节方面来看，要根据不同发展时期社会的需要，有针对性地开发配套课程，如前几年的“大众创业、万众创新”、最近的“在教育‘双减’中做好科学教育加法”等，根据不同的号召与政策要求，开发的课程内容也可以做相应的调整与倾斜。

（二）课程与教师

开发与实施课程的核心因素是教师。师资队伍的建设决定课程开发与实施的质量。所以，建设一流的师资队伍尤为重要。从师资配置到师资培养到师资评价，各环节都要关注。师资配置，要扬长避短，把教师放在最适合的岗位；师资培养，及时做好传帮带工作；师资评价，借评价促进教师的成长。只有师资队伍成长起来，才能更好地开发（含国家课程校本化二次开发）和实施课程。

（三）课程与学校

学校除了按上级要求落实国家与地方课程外，在校本课程开发与实施上还要有足够的自主性。一般根据学校办学宗旨等顶层设计与校园文化建设的需要，通过配套开发与实施系列特色校本课程来支持学校文化的生成，促进其内涵发展。例如，我校（东莞市东莞中学初中部）提出“为每一位学生的终身发展奠基”，建设“根脉课程”体系，开发的系列课程紧紧围绕着夯实学生的双基与情感价值观，搭建平台多方位发展学生的特长，向下扎实根基，向上蓬勃发展。

（四）课程与社会

就课程的培养对象学生来说，其具有社会属性，始终要走进社会。在课程设置这一块，要为学生走进社会做准备，尤其是职业生涯体验、财经素养等课程，虽然这些课程不列入升学考试，但对学生来讲非常重要。

就学校办学来说，要依靠社会力量与资源办学，充分用好社区资源，依托社会资源开发课程，引进社会资源，如馆校共建、家校共建、校企共建等形式；同时通过开发课程来传承与创新当地的传统文化，实现以文化人、以文育人。

除了上述提到的课程论知识外，还有一些其他方面，如课程心理学、课程与多元文化……综上所述，必备的课程论知识是一个非常广泛的领域，需不断学习和更新。要开发出高质量的课程，需要前置学习与储备一定的课程论知识，才能更好地理解课程设计、管理、实施与评价，进而提升课程实施的育人效果。

总的来说，掌握必备的课程论知识很重要，因篇幅有限，不能展开阐述。建议名师工作室学员找到相关的课程论专著，抽空细读，相信对后期的课程开发会有较大帮助。

活动与思考

一、学习任务

1. 学习相近学科最新的课程标准，并进行学科横向、学段纵向比较，归纳其共性，探索如何做好教学上的互补与衔接工作。

2. 根据“在教育‘双减’中做好科学教育加法”这一号召，尝试对国家课程（数学、物理、化学、生物学、地理、信息科技）等学科进行校本化实践学习与设计，为“做好科学教育加法”奠定基础。

二、研讨活动

1. 头脑风暴：影响课程与课程开发的因素有哪些？具体有什么样的影响？

2. 随着社会的发展，不断有新的课程理论生成，如社区课程理论、综合课程理论等，关注课程所依托的资源、涉及的学科融合等属性，进一步挖掘课程的重要属性，尝试构建新的课程理论。

修炼22

理解国家课程校本化实施

为满足学生个性化需求，彰显学校办学特色，促进学校的内涵发展，“国家课程校本化”是最佳的落脚点和助推器。毕竟，国家课程仅是在面上统一全国的教学标准和教育内容，是一个基础框架，如何优化课程，使之更适于本校学生的需求，是学校与一线教师的重要任务。

一、理解我国的三级课程管理体系

我国实行三级课程体系，即国家课程、地方课程和校本课程。特别是道德与法治、语文、历史三科探索统编教材，统分合理，有利于发挥各自的优势，实现预期的育人目标。

国家课程，是由国家教育行政部门制定、规划和管理的课程体系，是国家统一实施的基础教育内容标准，如2017年发布的高中课程标准和2022年发布的义务教育课程标准。为与时俱进，及时更新教育教学内容，一般来说，课程标准每十年修订一次，如近年发布了三个版本的课程标准：2001版、2011版、2022版，逐步推进课程改革。例如，义务教育的纲领文件《义务教育课程方案（2022年版）》，由中华人民共和国教育部制定，从培养目标、基本原则、课程设置、课程标准编制与教材编写、课程实施等五个方面统领国家的义务教育课程，并组织权威专家制定生成各学科的课程标准，包括道德与法治、语文、数学、英语、物理、化学、历史、地理、生物学、艺术、信息科技、体育与健康、科学、劳动等14门课程，若加上日语、俄语共16门。每门课程标准分别从课程性质、课程理念、课程目标、学业质量、课程实施等5个方面来引领各个地区（或版本）课程与教材的开发实施，其中2022年义务教育新课程标准侧重“核心素养”与“跨学科实践”两个新方向的实施。通过国家课程，教育系统在统一的标准下运行，保证教学质量的一致性，并为地方教育部门和学校的课程开发提供了指导性框架。同时，国家课程还提供了具体的课程比例分配、学时安排、评价等方面的规定，以及对课程开发、审定、实施和评估等过程的管理机制。国家课程具有权威性和强制性，各地方必须按要求严格落实，确保教育教学质量。

地方课程，是由各地教育主管部门根据国家课程政策和国家课程标准，在考虑地方特点的基础上设计、开发和实施的课程，如《广东历史》《东莞地方历史读本》，地域特征尤为突出。地方课程强调结合当地的自然资源、历史文化资源和其他教育资源，设计出具有鲜明地方特色的课程内容，这些内容可能涉及地方历史、地理、民俗、艺术、科技、经济等多个领域，有助于提升学生的综合素质，增进学生对本土文化的认同感和归属感。

校本课程，也称校定课程，是学校在国家预留时间内根据学生成长需求自主确定的课程。学校根据自身的办学理念、学生需求、社区资源和地方特色，按照国家课程方案及三级课程体系要求，参照国家或地方的课程纲要与标准，由学校教研部门或教师自主研发课程。

教育部2023年5月印发的《关于加强中小学地方课程和校本课程建设与管理的意见》强调，地方课程建设要注重挖掘并利用具有地方或学校特色的自然、社会、文化等方面资源的育人价值，涵养学生家国情怀，铸牢中华民族共同体意识；还要体现多元一体的理念，坚持区域特征与共同要求相统一，强化地方与国家的不可分割性。校本课程建设要注重服务学生个性化学习需求，引导学生及时了解经济社会和科技等新进展、新成果，培养兴趣爱好，发展特长；注重体现综合性、实践性和选择性，丰富载体形式，建设数字化课程资源。

三级课程管理体系的优势在于既保障了教育质量的底线，又鼓励了地方和学校因地制宜、因材施教，追求普适与特色的统一。

二、理解为何倡导国家课程校本化实施

国家课程校本化，指学校在遵循国家统一的课程方案和课程标准的前提下，结合当地与学校的实际情况（包括教育教学资源）及学生需求，对国家课程进行适当的调整、改编并创新性实施。通俗地讲就是“二次备课”，强调“用教材教”而不是“教教材”。这就要求教师要熟悉国家课程标准的具体要求，在落实课程标准的前提下，进行国家课程校本化、二次备课，让课程更适合本校学生。

三、如何进行国家课程的校本化实施

（一）校本化实施过程

1. 理解国家课程标准

组织全校教师深入学习《义务教育课程方案（2022年版）》，理解和把握国家课程改革的基本精神、目标要求，以及各学科课程标准，包括同一学科不同学段，做好纵向衔接工作；甚至横向比较同一学段的不同学科（如数学、物理、化学、生物学等理科，具有一定的共性），做好横向的互补工作。

2. 分析校情师情学情

结合新课标要求，对学校的软硬件资源、师资力量、教学条件等进行详细评估与最优化配置，扬长避短，把不同特点的教师放在最适合的岗位，并配备最佳的软硬件资源支持。调查研究学生的实际学习能力、特长、发展需求，了解家长和社会的期待，校本化出“更适于学生能力最近发展区”的国家课程。

3. 重构特色课程内容

根据本土文化、社区特点以及学校的办学特色，对国家课程的内容进行适当的补充、拓展或重构。特别是基于真实生活情境，通过跨学科深度融合、项目式学习等方式，使课程内容更贴近学生的学习生活，激发学生学习热情，让学习活动化、生活化、可视化。尤其是整合家校资源、社区资源，助力国家课程校本化。

4. 创新教育教学方式

课程作为教育教学的载体，其落地的方法可以多样，最终能够实现“育人”目标的均可。例如，创新教育教学方式，如探索“学习金字塔理论”在教育教学中的创新应用；根据学生的认知心理和能力发展特点，采用多样化的教学策略来实施国家课程，常用探究式、小组合作式等学习方式，提升学生的主体地位；课堂教学中突出师生互动、生生互动。重视布卢姆分类法后面三个层次“分析、综合和评价”，甚至“分析、评估、创造”（《布卢姆分类法》的修订版《教学、学习和评估分类法》）的达成。

5. 制定课程实施方案

根据学校顶层设计及特色课程体系，制定具有学校特色的课程实施方案，包括前期的师资配备与培训、教学资源建设与管理、课程目标、具体的教学计划和评价方法等课程规划；并进一步细化课程的具体推进过程，关注教师的教，更关注学生的学。

6. 跟进课程管理评价

健全学校课程管理制度，确保国家课程按义务教育课程方案及其课标的要求，有效且高效落实。开发并实施多元评价，既重视学业成绩也注重过程性评价，用评价机制促进学生的学习与成长。同时关注国家课程校本化实施本身，对二次开发生成的课程进行一个全面的诊断反馈，为接下来完善课程实施提供数据与案例支持。

7. 改进完善课程实施

课程实施具有周期性和重复性，但每一届面对的教育对象却不同，所以我们的课程实施不是简单的重复过程，更多的是不断实践、反思与完善的过程。因此要建立完善的课程实施反馈机制，定期评估课程实施的可行性和有效性，特别是关注学生的收获与成长反馈，并进一步调整和完善校本化实施策略，努力追求有效且高效育人。

（二）特色化校本实施

1. 国家课程“活动化”

突出“活动”特色，以活动为主线贯通全课程，用活动将课程串起来，让学生在做中学。例如生物学课程，用各种体验小活动、小实验等，串起整堂课与整个课程，引导学生在体验中发现问题、生成问题、解决问题，内化为自己的智慧。

2. 国家课程“生活化”

突出“联系生活”特色，全课程关注与生活的结合，让学生学会学以致用。基于现实情境、根植于生活的课程才有生命力。所以，课程二次开发应尽可能生活化。

3. 国家课程“融合化”

跨学科实践是2022年版新课标的热点，突出“跨学科深度融合”特色，以现实生活情景切入，关注利用跨学科知识解决问题。这也是未来社会发展趋势与问题解决思路。只有高度关注学科融合，才能事半功倍。国家课程STEM化，是近年常见的课程融合方向。

总之，国家课程校本化，给教师提供了一个非常好的锻炼平台，处理好教师与教材的关系，用“教材教”，特别是二次开发国家课程，让其更适合本校学生，以便更好地达成预期的目标。

活动与思考

一、学习任务

1. 学习国家三级课程管理体系，理解如何充分发挥各级课程的作用，特别是如何进行国家课程二次开发与校本化实施。

2. 在教学中尝试一项“国家课程校本化特色实践”的教学改革，如国家课程活动化设计与实施等。

二、研讨活动

1. 国家课程校本化的具体途径还有哪些？如何完善？组织一次经验交流活动并形成工作简报。

2. 国家课程校本化，除了活动化、生活化外，还可以尝试哪些特色整合？组织一次研讨活动并形成工作简报。

修炼23

掌握如何进行校本课程开发

前面提到我国的三级课程体系，校本课程开发是学校的自留地，是学校满足学生个性化发展需求、因材施教的重要一环。通过校本课程开发，可有效激发学生的学习兴趣，培养其探究能力、科学思维、创新精神、实践能力以及人文素养、使命感和责任感等，探索“益智”与“养德”的课程体系，助力“立德树人”教育根本任务有效落地。下面介绍什么是校本课程及怎样开发校本课程，并通过案例的评析帮助大家理解校本课程的开发。

一、准确理解什么是校本课程

校本课程常常结合学校的实际情况、校内与社区的教育资源、地域特色等，进行个性化设计与开发。这类课程有别于国家或地方统一规定的课程，更具自身的特色，注重个性化教学和学生的全面发展，是构建学校课程体系的重要组成部分。

对校本课程本身来讲，其具有自主性、校本性、可选择性、学生主体性，相对国家课程，其内容形式多样，能更好补位国家和地区课程。

对学生来讲，倡导以“学生”为中心的教学理念，能鼓励学生积极参与课程设计与学习过程，并生成更完善的校本课程。

对教师来讲，开发和实施课程是促进教师专业发展的较好途径。所以在职称评定文件里，要求教师能开发与实施校本课程。

二、掌握校本课程开发的一般方法

开发校本课程是一个系统性的过程，需要关注以下关键步骤。

（一）需求与实情的分析

调研学生需求，明确学校办学特色和本土文化，评估社区资源等实际，明晰生情、师情、校情、乡情，为接下来的课程开发做准备。一般通过调查调研或实地考察获得一手资料，支持分析，不能纸上谈兵，想当然。

（二）目标与方向的设定

结合调研的结果，定下校本课程开发与实施的方向，明确预期达到的教育教学效果和培养目标。这一顶层设计非常重要，既结合实际又需适当拔高，鼓励师生追求更高的目标。

（三）主题与内容的确定

根据调研的结果，综合分析国家课程标准和地方教育要求，选择适合自己学校的主题，向下生成课程的具体内容，确定过程要关注主题与内容的科学性、适切性和创新性。特别是内容的选择，要与时俱进，同时要选择学生感兴趣的内容，尽可能让学生从被动学习转变为主动学习。

（四）标准与大纲的编制

参考相关学科的新课程标准，制作校本课程的标准，对接下来的课程实施有一定的作用。主要是制定详细的课程框架，包括课程目标、主题单元划分、教学内容、活动（实验）设计、评价方式等内容。大纲指的是考试大纲，现在已取消，但从以往大纲的编写来看，还是具有一定的指导意义的。也可以尝试编写课程图谱来指导课程的开发与实施。课程图谱是一种将学校课程体系结构化、可视化的方法，常常包括课程编码、课程名称、课程内容概要、课程目标、课程层次结构（课程模块、章节、知识点、学习目标）、课程类别（核心课程、公共选修、专业选修等）、课程连贯性与关联性（先修课程、后继课程）、学期安排、授课教师、评价方式（考试、作业、实验、项目学习报告等及其所占权重）、校本课程特色、教师发展路径与学生全面发展进程等。课程开发前用表格的形式绘制课程图谱，直观展现课程在整个课程体系中的地位及与其他课程之间的逻辑关系，为教育管理者与课程开发者提供课程设计的依据。建议有条件的学校尽可能开发课程图谱来指导课程开发。

（五）方法与策略的设计

结合课程特点，采用多样化的教学模式，如活动化课堂、项目化课堂，通过探究学习、项目学习、合作学习等，生成多样的课堂成果。设计与课程内容相匹配的教学与实践活动。方法策略很关键，根据金字塔学习理论，“做中学”或“马上运用或教别人”，其效果较佳。所以，方法与策略方面，可直接指向结果，既关注课程教学过程的生成，也关系课程实施的结果。

（六）资源与教材的准备

课程的概念相对较大，包括教材、校内外各种教育资源、场所、师资、专家等，均可作为课程的一部分。因此，要提前整合校内外资源，如图书、实验室设施、社区场所（包括科学场馆、企业研学场所等）、专家等。校本教材是校本课程的核心，因此应编写适用的教材、导学案及学习支架等，尤其是好的学习支架可以助力学生高效地完成学习。

（七）实施与试行检验

校本课程开发往往是由点带面，先小范围试验与修订，邀请相关参与者（直接或间接），如教师、学生及家长进行反馈，进一步调整和完善课程，重点关注是否能达到预期教学效果。

（八）评估与改进完善

建立有效的课程评价体系（或课程评价方案），从过程性评价到终结性评价，关注学生的学习与能力发展过程。根据前面的反馈和调研，争取及时且持续优化和更新课程。例如，基于UBD逆向设计的课程开发，依据课程目标来设计、实施和评价课程，可以较快达成预期目标。

（九）申报与备案课程

在完成初步开发后，经学校的课程审定委员会审定后，将校本课程的相关材料报上级教育部门备案，获得批准后方可大面积推广实施。

（十）培训与支持师资

为确保校本课程能更好地实施，尤其是其可持续性，必须通过传帮带的形式对承担校本课程教学的教师进行培训，重点聚焦课程执行能力，包括支持课程实施的相关教学资源、技术的应用。

相信通过以上十个步骤，层层落实，扎实推进，有望能开发出富有学校特色、满足学生个性化需求的高水平校本课程。而在实际操作层面，校本课程的形成和开发主要有两种路径，即演绎模式和归纳模式。一是“自上而下”的演绎模式。基本过程为：确立学校教育哲学（办学理念和核心价值）→进行学校课程整体规划→进行具体校本课程的开发。它是由学校管理者来推动科任教师实施校本课程开发。二是“自下而上”的归纳模式。基本过程为：教师自发进行课外活动实践→课外活动课程化→确定校本课程整体结构→提炼学校课程文化和特色→确定学校教育哲学→指导校本课程的进一步完善。它是在科任教师自发实践活动的推动下，学校管理者组织进行的校本课程规划与开发。“自下而上”的归纳模式更为常见，也是相对容易操作的一种路径。

总的来说，校本课程的开发实践是教师专业发展的必经途径，也是捷径，只有充分参与和体验这一过程，才能真正理解课程、理解教学、理解教育。

活动与思考

一、学习任务

1. 校本课程的开发是教师专业发展的必经之路。结合学生的实际和学校文化与课程体系建设的需要，进行头脑风暴选题，筛选出较有价值的选题。

2. 尝试开发一门特色校本课程，并通过学校、少年宫或选修课实施完善。

二、研讨活动

1. 通过线上或线下工作坊的形式，以“生态文明”为主题，进行小组合作选题，拟出至少5个相关课程选题方向。（注：可以用腾讯文档在线上实时合作编辑）

2. 通过头脑风暴，初步生成课程图谱，构思课程名称、类别（必修、选修）、学分信息、先修课程、后继课程、课程目标、课程内容概要、层次结构、学期安排、评价方式等。

修炼24

掌握如何编写校本教材

近些年，校本教材开发已成为教育创新和改革的重要突破口。笔者2007年提出的生物学教育应关注“拓宽知识视野、增进实验技能、激活科学思维、培养积极人生”的观点，正是通过校本教材《小实验 大道理》有效落地的。2017、2022年先后公布的初高中生物学科核心素养印证了我实践的前瞻性。其实开发校本教材还可以促进教学内容与技术方法与时俱进，如笔者2013年已经将数码显微技术引进初中校本教材，助力技术的推广应用，大大提升了实验教学的效率与效果。在前面系统学习校本课程开发的基础上，进一步关注什么是校本教材，怎样开发校本教材，并通过案例的评析帮助大家理解校本教材的开发。

一、理解校本教材及其编写要求

校本教材，一般是由学校教研部门或教师根据学校自身的办学理念与学生需求，结合校本课程的目标，自主研发的教学材料，常常结合学校的实际情况、校内与社区的教育资源、地域特色等，进行个性化设计与编制。这类教材有别于国家或地方统一规定的教材，更具自身的特色，是构建学校课程体系的重要组成部分。

校本教材的开发常常要遵循如下原则：

（1）科学性与严谨性。作为教材，必须严把“科学性”这一关，不能有丝毫的科学性错误；严谨性方面，教材不能出现模棱两可的内容，谨记没有把握的内容不能进教材。

（2）适切性和实用性。适切性，校本教材的开发要遵循学生的认知心理和能力发展规律，为学生量身定制适切的课程，从入门到进阶到拔高，螺旋上升式扎实推进；实用性，结合学生当下和未来的需求，开设最急需、最实用的课程，为每一位学生今后顺利走进社会奠定基础。

（3）创新性与发展性。创新性，创新是教材的灵魂，重点关注选题、内容及呈现形式的创新，也追求实施形式创新，如学习支架与呈现创新、关注课堂生成创新等；发展性，主要体现在教材开发的适当留白，给师生一定的发展空间，留出创造性使用教材的空间，让教材更受欢迎。

二、掌握校本教材编写的基本方法

编写校本教材是一个严谨而系统的过程，富有创造性。需从学校的教育理念、学生特点和校本课程目标等方面考虑，生成高质量的校本教材。以下是一些关键步骤。

1. 需求与实情的分析

校本教材与校本课程一样，都需要调研学生需求，明确学校办学特色和本土文化，评估社区资源等实际，明晰生情、师生、校情，同时关注乡情，为编写校本教材提供直接的素材等资源支持。具体可参考前期校本课程开发的调研数据，根据校本教材的特点，做进一步的分析。

2. 目标与方向的设定

根据校本课程的目标，结合调研的结果，定下校本教材编写的方向，明确预期达到的教育教学效果和培养目标。

3. 教材主题与内容的确定

根据调研的结果，综合分析国家课程标准和地方教育要求，选择适合自己学校的主题，向下生成教材的核心主题和具体内容，特别是先规划教材目录（内容框架），设计教材的章节结构和内容，全书规划好后再进行编写，确保其整体性。同时，其呈现顺序要符合学生的认知水平和能力发展规划；还要确保目录内容能建构一定的知识体系，关注目录间的逻辑关系，层层推进，螺旋式上升。这里回应一下上一节讲的“自上而下”的演绎模式，是在课程框架搭建好的基础上开发教材；而“自下而上”的归纳模式，往往是在师生互动实践中先生成教材，再进一步整合归纳成校本课程，体现出其“草根式”，更接地气。

4. 教学素材与资源的整合

深入挖掘和收集与校本课程主题有关的内容，通过相关的学术研究、政策文件、专业期刊等寻找素材（使用时要注明出处）；同时结合学校实际和社区资源，融入本土特色的活动与案例，丰富其内容与形式。特别提醒，作为教师，平时要用好手机的高清摄影功能，走到哪儿观察到哪儿，有教育价值的素材及时拍照保存好，这对后期校本教材的编写帮助很大。

5. 教材大纲与教案的编写

制定教材的编写大纲（有别于考试大纲，考试大纲侧重考点的呈现），包括各章节的教学目标、主要内容、重点难点、活动设计，为接下来教材内容的编写提出了具体的要求。同时可以开始编写配套的教案（教学参考书），规划每节课的配套资源、教学流程、方法策略以及学习评价方式。

6. 教材内容的撰写与创新

采用生动有趣、简洁且易于理解的语言撰写教材内容，注重呈现过程的启发性；多设置“生活体验”“情景模拟”“实践操作”“发现问题和解决问题”等活动环节，鼓励学生主动参与。同时，教材的呈现形式可以创新，提供一些学习支架，从内容与思维层面引导学生参与学习。

7. 配套资源的设计与开发

现在是读图时代，漫画、简图、结构化的图表等更受欢迎。配备适合学生年龄特征的插图、图表、示意图等视觉元素作为学习支架，增强教材的表现力和吸引力。同时可以结合现代教育技术，制作电子版教材或配合教材使用的多媒体资源，如课件、动画等。

8. 权威审稿与修订完善

组织相关领域的专家、一线教师对初稿进行评审，提出修改意见。根据反馈意见反复修订和完善教材内容，并进一步实践试验，确保教材的质量和适用性。

9. 局部试用与评估反馈

在小范围班级中试用教材，邀请相关参与者（直接或间接），如教师、学生及家长进行反馈，收集师生使用体验和教学效果数据。根据试用结果进一步修订教材，形成最终版本。从试验本到修订本这一过程非常重要，观察学生学习过程的各种表现与反馈的数据，可给教材提供很多有价值的修改依据。

10. 联系出版与推广使用

若编写人员水平较高，编写出来的质量比较满意，可以一步到位，直接联系出版社审稿出版；但一般情况下，都是先印刷使用几年，不断完善后，再考虑正式出版。有些科普性较强的，还可以提升为科普读物（编著或著）出版，扩大校本教材的受益面。

总的来说，校本教材只是校本课程的一部分，是校本课程实施的有效载体，其质量直接决定校本课程的质量。因此，在开发过程中，要根据课程图谱，综合学情、师情、校情等多方面因素进行精细化开发。

活动与思考

一、学习任务

1. 校本教材的开发是教师专业发展的必备技能。结合学生的实际和学校（校本）课程体系建设的需要，进行头脑风暴选题，筛选出有价值的选题。

2. 尝试开发一本特色校本教材，并通过学校、少年宫或选修课实施完善。

二、研讨活动

1. 通过线上或线下工作坊的形式，以“生态文明”为主题，进行小组合作选题，拟出最少10个相关教材选题方向（注：可以用腾讯文档在线上实时合作编辑）。

2. 通过头脑风暴，初步生成教材的体例，确定设置哪些栏目、安排哪些元素，让教材更具可读性，特别是突出其“益智”与“养德”价值。

专题8

教学建模

教学模式是教育理论与教学实践的桥梁和中介，最大的意义就在于它的处方性和实操性。教学模式具有指向性、操作性、完整性、简明性、稳定性和灵活性等特点，教学模式的研究是名师成长的必由之路。名师工作室成员通过对教学模式的理性认知、自我构建与实施评价，形成独特的教学风格，助力自身的专业化发展和学科核心素养的落地。

本专题包括四部分，第一部分介绍了教学模式的内涵要求、构成要素和价值意义；第二部分介绍了若干国内外知名的教学模式，包括PBL教学模式、5E教学模式、翻转课堂教学模式、BOPPPS教学模式、论证探究式教学模式、HPS教学模式、成果导向教育模式、对分课堂教学模式、情境教学模式等；第三部分介绍了多轮认知结构教学模式的建构路径；第四部分介绍了教学风格的理论依据及其分类。

修炼25

理解教学模式的内涵要求

随着我国教育改革开放的逐步深入，国外的教育研究成果被学界陆续翻译和引进。教学研究领域的主题从教学方法、课堂研究、学习理论与方式、国外教学理论、教学模式、教学改革与实验、教学论、学科建设等理论热点更迭频繁。其中，教学模式是联系教育理论与教学实践的桥梁，是将教育理论切实转变为教师教学行为的捷径。下面着重谈谈教学模式在国内外的研究与发展状况。

一、理解教学模式的内涵与价值

“教学模式”（Model of Teaching）一词最初由美国学者乔伊斯（B.Joyce）和韦尔（M.Weil）等人提出，他们在1972年合著的《教学模式》一书中介绍了22种教学模式，按其理论依据归纳为信息处理、个性发展、社会相互作用、行为修正四大类别，并用较为规范的形式进行了分类研究和内涵阐释。20世纪80年代开始，国内高校很多学者开始关注教学模式，钟启泉、李乐天、王坦等翻译引介国外教学模式。塔巴、布鲁纳等人的研究成果如《教学模式概论》《掌握学习教学模式》等文章受到国人关注。90年代开始，研究从高校下移到中小学。经多年的努力，国内外的学者和专家们做了大量的中外理论比较研究和实践操作层面的探索，以学科为主导的教学模式成为研究的主旋律。进入21世纪后，研究教学模式的文章数量呈现“井喷”的态势，将“教学模式”作为主题词在中国知网检索，结果发现在2005—2014年的10年间，相关的条目数高达15.9万之多，而且呈逐年递增的趋势。同时，出现了对教学模式本身的深度反思等领域的研究成果。

归纳起来，教学模式的概念与内涵有不同的解读，主要包括以下五类观点：

一是行为范型说。乔伊斯和韦尔在《教学模式》中认为：教学模式是构成课程和课业、选择教材、提示教师活动的一种范型或计划。有学者认为：教学模式是正确反映教学客观规律、有效指导教学实践的教学行为范型。

二是方法系统说。教学模式是特殊的教学方法，适用于某些特定的教学情境，是协调应用各种教学方法过程中形成的动态系统，是教学方法或是多种教学方法的综合。

三是范畴结构说。教学模式是“人们在一定的教学思想指导下对教学客观结构作出的主观选择”，是“教学结构在空间维度和时间维度上的稳定形式”。

四是系统要素说。完整的教学模式至少包括理论基础、教学目标、教学程序、辅助条件、评价标准五个要素。

五是程序方法说。教学模式是依据教学思想和教学规律而形成的在教学过程中必须遵守的比较稳固的教学程序及其方法的策略体系，包括教学过程中的诸要素。

若再对教学模式进行纵、横向的内涵发掘的话，李方教授认为：横向剖析主要考察其种类，由于分类侧重点不同，按培养思维能力、传授知识、人格发展进行划分，教学模式的分类见仁见智，学派纷呈。比如，国外学者乔伊斯和韦尔将教学模式分为四种类型，即信息加工教学模式、个别化教学模式、社会互动教学模式及行为控制教学模式。国内学者也有不同类型的划分，包括七类型说（讲解接受教学模式、自学辅导教学模式、问题教学模式、探究—发现教学模式、掌握教学模式、开放课堂教学模式、合作教学模式）、六类型说（认知模式、非理性模式、社会学模式、程控模式、教学模式、整体优化模式）、五类型说（注入式、启发式、问题式、范例式、放羊式）、三种类型说（教师传授和学生学习书本知识教学模式、教师辅导学生从活动中自己学习模式、折中于两者之间的教学模式）和两类型说（归纳教学模式、演绎教学模式）等。

纵向剖析主要关注其层次，引入了概念模式和具体模式两个层次。概念模式较为宏观，提出模式的基本理念、基本原则、基本架构，属理论层面，建立概念模式的意义在于指导具体模式的产生，使具体模式在实践中各呈特色，又不脱离概念模式的轨道，体现概念模式的要旨。笔者理解的具体模式就是课堂教学的具体实施模式，一方面呼应理论层面的概念模式，一方面构建的各种微观具体模式可以相对独立也可以有机整合，当以教学环节和教学内容的需求为依据。

综上所述，教学模式既是理论体系的具体化，又是教学经验的系统概括，具有完整性、操作性、简明性等特点。它是在一定教学理论指导下，从教学的整体出发，根据教学的规律原则而归纳提炼出的包括教学形式和方法在内的具有典型性、稳定性、易学性的教学样式，以简化形式表示的关于教学活动的基本程序或框架。一般来说，任何一个教学模式都深入研究了教学过程的矛盾因素，揭示了客观规律，力图寻求最佳的程序和途径，最终形成了不同教学模式的相互借鉴和融合，不断发展变革并形成推出新的教学模式。所以，教学模式在保证课堂教学质量和教师形成教学风格领域有其重要的价值与意义。

二、把握教学模式的构成要素

学术界对于教学模式这个概念无真正的统领性结论，到目前仍是百家争鸣，但学者们对教学模式基本要素的理解基本一致，任何一个教学模式都包括理论依据、教学目标、操作程序、实现条件和教学评价五个要素。这五个要素相互联系，构成一个完整的整体结构。

一是理论依据，即教学模式所赖以建立的教学理论或思想，无论是从教学原理演绎出来的教学模式，还是从实际的经验中提炼出来的教学模式，都有一个鲜明的理论指导贯穿其中。

二是教学目标，即教学模式所能达到的教学效果，是教育者对某项教学活动在学习者身上将产生什么样的效果所作出的预先估计。

三是操作程序，即教学在时间上展开的逻辑步骤以及每个步骤的主要做法等。

四是实现条件，即促使教学模式发挥效力的各种条件（教学、学生、教学内容、手段、时间、空间等）的最佳组合和最好方案。

五是教学评价。教学评价是教学模式的一个重要因素，包括评价的方法、标准等。每种教学模式一般都应该具有适合自己的评价方法和标准。

下面以“发现教学模式”和“掌握学习教学模式”这两个最为熟知和经典的教学模式为例，说明教学模式的构成要素。

（一）布鲁纳的“发现教学模式”

理论依据：以结构主义认知心理学为指导思想，通过让学生以发现的方法学习学科的基本结构，促进学生的认知结构不断地重组和改造，使学生智力获得发展。

教学目标：以解决问题为中心，着眼于学生探究思维能力、创造性思维能力的培养。

操作程序：创设问题情境—提出假设—验证假设—应用假设解决问题。

实现条件：教学要与儿童的认知发展相适应，合理安排教学序列，教师要选择适当的时机对儿童的学习结果进行强化。

教学评价：发现教学法以启发式教学为主，强调学习过程，注重直觉思维，强调内在动机，有利于提高学生的潜在智力，有利于培养学生的兴趣，有利于提高儿童的思维能力；但消耗时间较多，只适合智力较高的学生，因而被看作“天才模式”，对教师和学生的要求很高。

（二）布卢姆的“掌握学习教学模式”

理论依据：掌握学习理论是以新的学生观——“所有的学生都能学好”、心理学提到的学生的情感影响着学习结果理论、布卢姆自创的“教育目标分类学”和教学评价理论三个方面为理论基础。

教学目标：教师要为掌握而教，学生要为掌握而学。教师要发挥学生的学习潜力和学习的积极性，使每一个学生都能学好，即达到掌握的程度。

操作程序：教学准备—确定课时教学目标—进行课堂教学—形成性测验—矫正—再测验。

实现条件：首先，师生双方都信任“掌握学习”；其次，确定所教的学科的内容、目标和测量手段；最后，为“掌握学习”制订计划。

教学评价：掌握学习是一套因材施教的方法，承认学生之间的差异，但操作起来有弊端，增加了教师的教学负担，由于是针对大多数人的学习方法，对优等生可能存在“难度不够”现象，深化学习、扩展学习的实施难度较大。

活动与思考

一、专项研究

运用文献研究法了解教学模式的各种理论依据，比较目前基础教育常用教学模式的内涵和外延，选择自己最感兴趣的一种教学模式撰写研究综述一篇。

二、案例分析

结合专项研究，从教学模式的系统要素（理论基础、教学目标、操作程序、实现条件、教学评价）中的一个维度对自己曾做过的教学案例进行剖析和反思。

三、学习分享

将上面的专项研究和案例分析发到工作室微信群和网络平台，分享给大家。工作室成员一起学习和讨论，并形成工作简报。

修炼26

掌握已有的知名教学模式

目前国外知名的、涉及多个学科领域的教学模式有概念获得模式、归纳思维模式、探究训练模式、科学探究模式、群辩法模式、法理学探究模式、实验训练模式、社会模拟模式、社会探究模式、相倚性管理模式等。我国广大教育工作者立足中国的教育教学实际，也总结探索了本土教学模式，如江苏东庐中学的“教学合一”教学模式、山东杜郎口中学的“三三六”自主学习教学模式、卢仲衡的“自学辅导教学模式”、黎世法的“六课型”单元教学模式、李吉林的“情境”教学模式、邱学华的“尝试”教学模式、顾泠沅的“尝试回授—反馈调节”教学模式、魏书生的“七步教学法”教学模式以及北京景山学校的“结构单元”教学模式等。下面具体介绍几个知名的国内外教学模式。

一、掌握项目式学习教学模式及其运用

项目式学习（简称PBL），通过达成项目目标来发展学生的综合能力。作为当前国际教育创新的一个热点话题，PBL在国内教育界风靡。美国巴克教育研究所将项目式学习定义为：“一套系统的教学方法，它是对复杂、真实问题的探究过程，也是精心设计项目作品、规划和实施项目任务的过程，在这个过程中，学生能够掌握所学的知识和技能。”项目式学习把学

习置于真实的、有意义的问题情境中，让学生通过自主探究和协作交流，在解决问题的过程中学习问题背后的知识，形成问题解决的技能，并发展综合能力。

建构主义理论和实用主义理论是项目式学习的理论基础。其中，基于建构主义理论，项目式学习中，学生带着原有的知识和经验去解决实际问题和完成任务，在这个过程中，原有的知识得到重组和改造，形成新知识，而教师更多的是提供脚手架，帮助学生将知识进行重构，生成有意义的知识体系；杜威的实用主义理论批判传统教育理论不顾儿童个性特点和社会生活的不断变化，批判传统教育理论把重心放在教师和教科书上，强调教育中的学生、经验与活动三大因素，以学生为中心，以活动课程、做中学为特色，注重学生对知识的自主探索和发现。这些内容在项目式学习中都得到了体现。

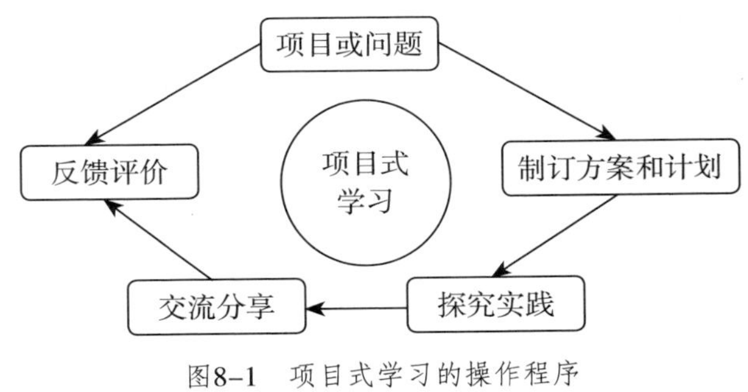

图8-1 项目式学习的操作程序

项目式学习是以学生为中心，以问题为动力导向，通过创设真实情境，引导学生以小组合作的方式解决问题，最终完成项目的一种学习方式。它以驱动性问题为起点展开研究，确定项目研究目标，规划设计项目研究方案，小组协作实施，在实施中合作解决相关难题，完成项目并且展示与汇报。项目式学习是对复杂、真实问题的探究过程，也是精心设计项目作品、规划和实施项目任务的过程。项目式学习是促进学生深度学习的有益尝试，是推动深度学习理念落地的有效实践模式。

二、掌握“5E”教学模式及其应用

“5E”教学模式，是基于建构主义教学理论的一种教学模式，最早由美国生物学课程研究会（BSCS）于1989年开发，并在BSCS课程中得以应用。自20世纪80年代末以来，这一教学模式一直在BSCS的课程设计中占据重要地位。该模式在生物学课堂教学中比较适应。该模式的五个阶段分别是“吸引”（Engagement）、“探究”（Exploration）、“解释”（Explanation）、“迁移”（Elaboration）和“评价”（Evaluation），这五个阶段的英文首字母构成了“5E”模式的名称。

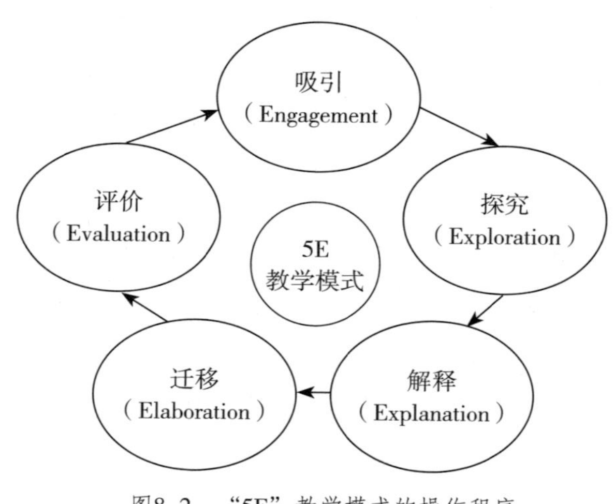

图8–2　“5E”教学模式的操作程序

1. 吸引

这一环节是“5E”教学模式的起始环节。为吸引学生对学习任务主动进行探究，“5E”教学模式一般强调通过创设问题情境来激发学生的学习兴趣。这里的问题情境应尽量与现实生活（特别是学生的生活）联系起来，并与课程内容和教学任务联系起来。情境中的问题能够吸引学生，引发学生认知冲突，从而激发学生主动探究、主动建构知识的兴趣。教师课前需要了解学生对于即将学习的任务已经形成的前概念，分析原有概念和科学概念之间的差异及其形成差异的原因。然后创设问题情境，通过演示实验或其他常见情境与学生已知的前概念产生认知冲突，由此激发学生对学习任务的探究兴趣，产生探究意愿。

2. 探究

探究是“5E”教学模式的中心环节。教师可以根据上一环节产生的认知冲突引导学生进行探究。在探究过程中，学生是主体，教师的作用是引导和帮助。教师注意观察、倾听，并进行适当的提示和指导，以了解学生探究的进程和深度，同时避免学生过快地得出结论。在这一阶段，教师需要提供一些学生必需的背景知识和学习材料，如果是实验探究，还必须提供给学生实验仪器、实验材料等。“支架式”支持的力度，取决于学生的实际状况及教师对学生的了解情况。在探究环节中，由于学生进行了具体的探究活动，学生的前概念（很可能是错误概念）、技能、方法等逐渐被暴露出来，这为之后的概念转换和概念界定创造了便利的条件。

3. 解释

解释阶段是“5E”教学模式的关键环节。这一阶段应将学生的注意力集中在对探究过程和结果的展示及分析方面，给他们提供一个机会表露其对概念的理解，以及技能的掌握或方法的运用，让学生尝试用自己的理解阐述他们对概念的认知。这一阶段也为教师提供直接介绍概念、过程或方法的机会，教师应该借助于课程目标来帮助学生更加深入地理解新的概念。解释环节需要一定的逻辑推理，教师应注意鼓励和提醒学生根据已有的知识经验和上一环节进行探究的过程和结果进行推理。如果推理有困难，教师也可以直接借助于学生的实验过程和结果，并辅助以其他的材料和媒体帮助学生正确地理解概念，特别要注意纠正学生已有的错误概念。

4. 迁移

在教师的引导下，学生继续发展对概念的理解和应用技巧，扩充概念的基本内涵，并与其他已有概念建立某种联系，同时用新的概念解释新的情境或新的问题。通过实践练习，学生从中可以加深或拓展对概念的理解，获得更多的信息和技能。在利用新概念解释新的类似的情境或问题时，教师要注意引导学生尽量使用刚刚学习的专业术语，这不仅可以对新情境和新问题进行回答，而且可以加深对新概念的理解。

5. 评价

在这一阶段，教师和学生用正式或非正式的方法评价学生对新知识的理解及应用能力。如果用正式的方法评价，教师可以采用纸笔测验和表现性任务等形式；如果采用非正式的方法评价，教师可以在整个教学过程的任何时候进行。总之，评价的目的在于确保学生活动的方向或鼓励学生对研究过程进行反思，同时，评价为教师提供了一个评估自己教学过程和效果的机会。“5E”教学模式也提供给学生自我评价的机会，自我评价有助于学生能在一个任务中认知自己的思路、方法和操作技能，也有助于学生认知自己对探究活动付出的努力程度。

三、掌握翻转课堂教学模式及其应用

翻转课堂来自同侪教学，同侪教学概念由埃里克·马祖尔于20世纪90年代首次提出，即通过建立学习小组，加强学生在课堂学习中的互动和讨论，以提高学生的积极性和思考能力。1996年，美国密歇根大学商学院教师拉德（Maureen J. Lade）和普拉特（Glenn J. Platt）首次引发了“翻转课堂”的设想，并在面向大二学生开设的《微观经济学原理》课程中实践了这一设想。2000年，美国学者普拉特发表了论文《翻转课堂：创建全纳学习环境的路径》，该文以迈阿密大学《微观经济学原理》课程的开设模式为例正式提出了翻转课堂的概念。同年，贝克（J. Wesley Baker）在教学国际会议上发表了论文，文中强调网络工具对于课堂教学的指导辅助意义，并提出了翻转课堂的模型。同年秋，威斯康星大学麦迪逊分校在计算机课程中采用Eteach软件教学替代教师讲座，取得了良好的反响。

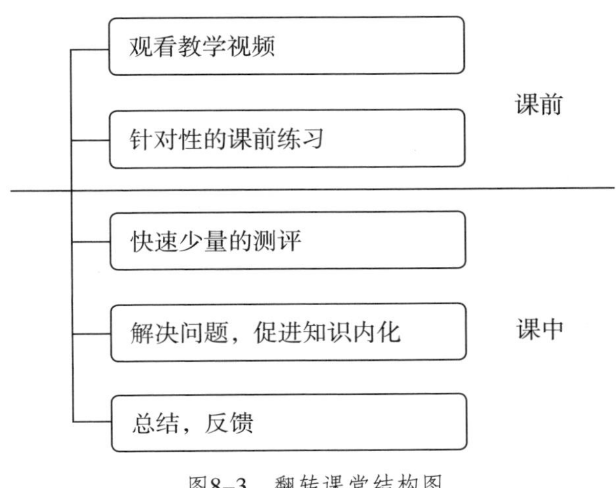

图8-3　翻转课堂结构图

2007年，化学教师伯格曼和萨姆斯将翻转课堂模式从高等教育引入基础教育阶段，在高中化学课上大胆尝试“翻转课堂”，这一实验很快受到中小学教师的关注，在中小学教学实践中掀起了一波热潮，许多中小学教师自发组织教学探讨和交流，并最终形成翻转课堂联盟。2011年是翻转课堂繁荣发展的一年，美国一名业余教师可汗（Salman Khan）的无心之举使该模式迅速风靡全球，引起了教育界的连锁反应。可汗在辅导孩子功课时将自己录的教学视频上传到全球最大的视频网站YouTube上，结果点击量激增，在这一启发下，可汗创立了可汗学院，利用网络技术实现一对一教学指导。

翻转课堂的原文是“Flipped Class Model”，字面意思浅显易懂，即将课堂的模式翻转过来，虽然基本理念相通，但是不同的学者在翻转课堂的实际应用中对翻转课堂的内涵及外延的认识却各有侧重。首次在中小学教育中应用翻转课堂的亚伦·萨姆斯认为，翻转课堂实质就是借助信息手段将课上内容转移到课堂之外由学生自己完成学习，而课上时间则用来进行原先缺乏时间完成的教师与学生的沟通，他强调了信息手段在其中发挥的作用。从知识吸收过程出发，英特尔全球教育总监冈萨雷斯（Brian Gonzalez）认为翻转课堂实际是学生知识吸收过程的一个翻转，与原先学生在课上接受知识灌输相比，学生在课前及课后，由灌输知识变为主动选择知识，而课内通过更充分的交流来吸收理解知识。

四、掌握BOPPPS教学模式及其应用

BOPPPS教学模式源于加拿大的教师技能培训，是一种以教学目标为导向、以学生为中心的教学模式。它的理论依据是认知理论和建构主义，如何使学生在课堂上最大限度地掌握知识是其关注的重点，因此教学互动和反馈是其突出的特点。

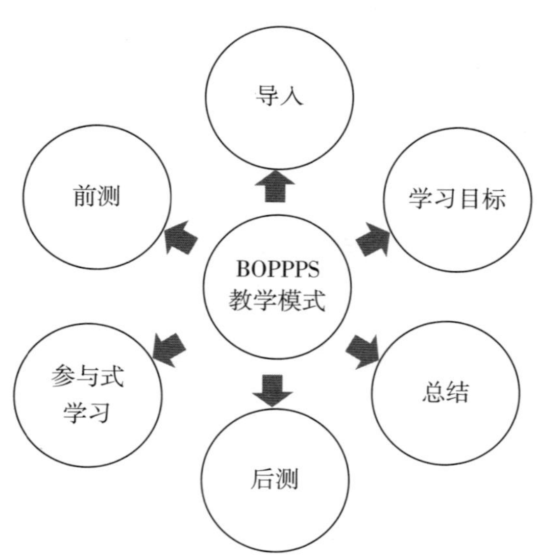

图8-4　BOPPPS教学模式的操作程序

（一）操作程序

1. Bridge（导入）

导入的目的是吸引学生的注意，诱导学生产生强烈的学习动机和明确的学习目的。导入应该简洁，重点是将本次课的内容和学生的已有知识或者未来可能碰到的问题衔接起来。

2. Objective（学习目标）

该阶段的目的是向学生清楚表达本节课的学习目标，便于学生掌握学习的重点。该环节强调教学目标必须具有可操作性，应包含以下内容：明确指出学生应掌握的知识要点；对于知识掌握的熟练程度必须明确可测；学习后学生能自我评估是否达到了要求。

3. Pre-assessment（前测）

前测的目的是掌握学生的受训能力，学生之间知识背景和学习能力的差异不能忽视。如果教学内容远超学生已有的知识范围，容易使他们产生挫败感，丧失学习兴趣；如果讲授的知识学生已经非常清楚，也会使他们感到无趣。

4. Participatory Learning（参与式学习）

参与式学习是BOPPPS教学模式最核心的理念，是培养学生主动学习的重要手段。参与式学习体现的是以学生为主体的教学思想。常用的参与式学习组织形式包括分组讨论、角色扮演、动手推算、专题研讨、案例分析等。

5. Post-assessment（后测）

后测是判断学生是否达到预期效果的重要环节。相对于传统教学模式，BOPPPS教学模式强调检测的及时性，即应该在课后或者教学过程中及时评估教学效果。根据评估结果，学生可以及时了解自己对知识的掌握程度，教师可以反思并调整教学设计，使教学目标更易实现。

6. Summary（总结）

总结主要是归纳一节课的知识点、厘清知识脉络、引出下次课的内容。与传统的教学模式不同，BOPPPS教学模式强调总结应该是学生自己对知识的归纳。因此，在总结过程中，教师主要起引导的作用，由学生自己总结本次课的知识点和重要内容，评估自己的学习效果。

（二）运用BOPPPS教学模式应注意的问题

应用BOPPPS教学模式对教师素质有更高的要求，要求教师不仅理论功底要扎实，还必须具有丰富的实践经验。该教学模式的六要素在实际应用中并不固定。根据教学经验，实际教学过程受许多不可控因素的影响，很难完全固定按这六个环节开展教学活动。形式多样的教学形式的共同重点是“教学反馈”。教师在课程设计中采用哪种教学形式应该取决于能否提高学生学习效率和深度，而这很大程度取决于师生之间能否通过及时、准确的“教学反馈”，实现教与学的同步，产生情感共鸣。

通过归纳BOPPPS教学模式六要素的共同点，不难看出BOPPPS教学模式的内涵：在教学理念上，教师关注的重点应该是学生“学到了什么”，而不是自己“教了什么”；在教学目标上，必须按照学生认知规律，设定清晰、具有可验性的目标，便于学生评估自己掌握知识的程度；在教学方法上，强调参与式教学，力求学生能在课堂上充分发挥主观能动性，独立思考、创造新思维。

BOPPPS教学模式作为一种注重教学互动和反思的闭环反馈课程设计模式，本质上是对以学生为中心的教与学的实践。教师在应用BOPPPS教学模式开展教学设计时，应从教学理念、目标、方法上准确把握该模式的内涵，不必拘泥于固定的形式。

五、掌握论证探究式教学模式及其应用

论证探究式教学模式（Argument Driven Inquiry，ADI）是近年来起源于美国的一种新型教学模式，强调培养学生利用资料进行合理的推理和论证的能力，培养学生的科学思维方式。相关研究表明，论证探究式教学模式能有效提高学生的学术成就和科学过程技能。该模式要求学生将自己的研究介绍给同学、对问题作出反馈、进行科学写作、相互评估和修正报告，是一种综合的科学实践活动。论证探究式教学模式包括8个阶段，如图8-5所示。

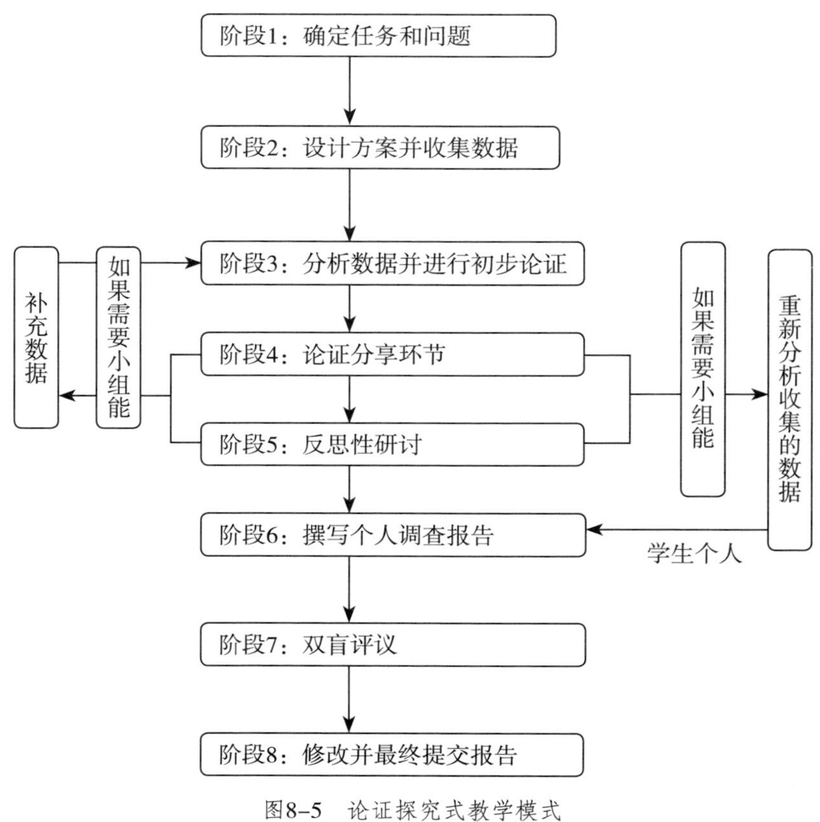

图8-5　论证探究式教学模式

将真实科学探究中的科学论证活动与探究式教学过程进行整合，让学生能够经历完整的类似于真实科学实践的活动，从而提高探究性实验的教学效果，促进学生多维度发展。科学论证教学是将论证引入科学课堂，使学生经历类似科学家的论证过程，从而促进学生理解科学概念与科学本质，发展学生的科学思维。科学教育不应只是科学知识的传授与技能的训练，更应重视培养学生的批判性思维与论证能力。科学论证在科学教学中的重要性日益凸显，如何将科学论证融入科学教学成为新一轮科学教育改革关注的热点问题之一。

六、掌握HPS教学模式及其应用

HPS是科学史和科学哲学（History of Science and Philosophy of Science）的英文缩写，是由孟克和奥斯本所提出的。随着科学社会学的发展，加上科学社会学与科学教育的特殊关系，科学教育家将科学社会学也纳入HPS教育，HPS就变为科学史、科学哲学和科学社会学，其主要内容是：把科学史、科学哲学、科学社会学的有关内容纳入科学课程，以期提高科学教育的质量。HPS教育的根本目的是理解科学本质。这一教学模式实施的基本前提是：所学的课题必须是科学史上某一科学家曾经研究的自然现象。

这一模式的教学程序包括6个环节：①演示现象；②引出观念；③学习历史；④设计实验；⑤呈现科学观念和实验检验；⑥总结与评价。HPS教学模式是提升学生科学素养的有效手段。比如：HPS教育可以在人文的背景下构建生物教学。HPS生物教育是从科学史、科学哲学、科学社会学的角度讲述生物学科知识，为自然学科增加了人文气息，不仅使学生学到生物知识，更重要的是使学生感受到科学知识背后永恒的人文精神和科学素养，实现人文教育与科技教育的统一，达到人文教育与科技教育的平衡。

表8-1　HPS教学模式的操作流程

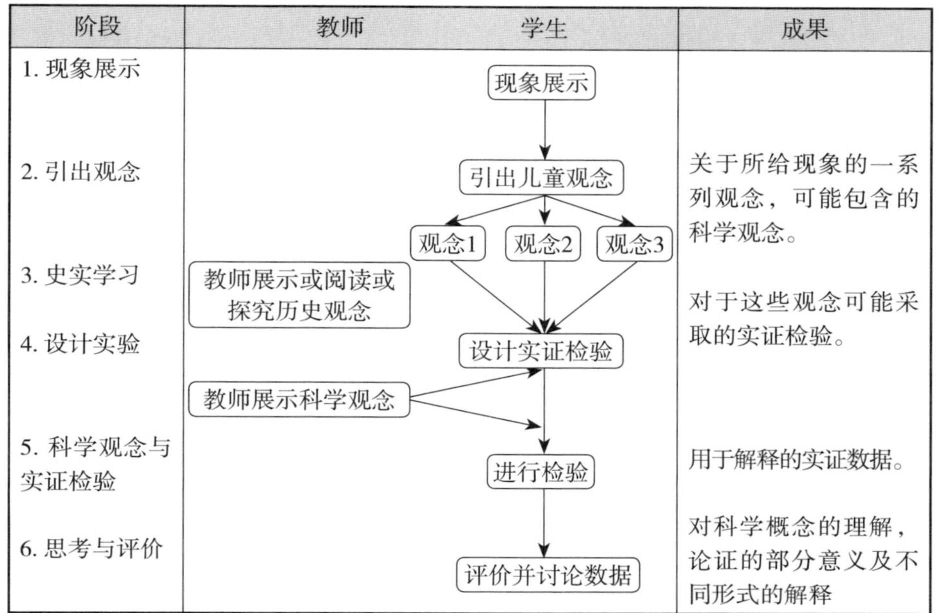

阶段	教师	学生	成果
1. 现象展示		现象展示	
2. 引出观念		引出儿童观念 观念1　观念2　观念3	关于所给现象的一系列观念，可能包含的科学观念。
3. 史实学习	教师展示或阅读或探究历史观念		
4. 设计实验		设计实证检验	对于这些观念可能采取的实证检验。
5. 科学观念与实证检验	教师展示科学观念	进行检验	用于解释的实证数据。
6. 思考与评价		评价并讨论数据	对科学概念的理解，论证的部分意义及不同形式的解释

七、掌握成果导向教育模式及其应用

成果导向教育（Outcomes-Based Education，简称OBE）是指“清晰地聚焦在组织教育系统，使之围绕确保学生获得在未来生活中取得实质性成功的经验”。与知识结构、教师传授为主导的传统教育相反，成果导向教育强调学生的预期学习成果的确定、达成方式以及达成度的评价。成果导向教育是工程教育专业认证的三大基本理念之一，美国工程与技术教育认证协会（ABET）也全面接受了成果导向教育的理念，并将其贯穿于工程教育认证标准的始终。

成果导向教育理念改变了传统的“以知识为主导”的教学理念，以学生预期能力获得为导向进行反向设计和正向实施教学，将教学的重点聚焦于“学生产出”，立足于工程教育专业认证大背景，注重学生创新、实践等能力的培养。

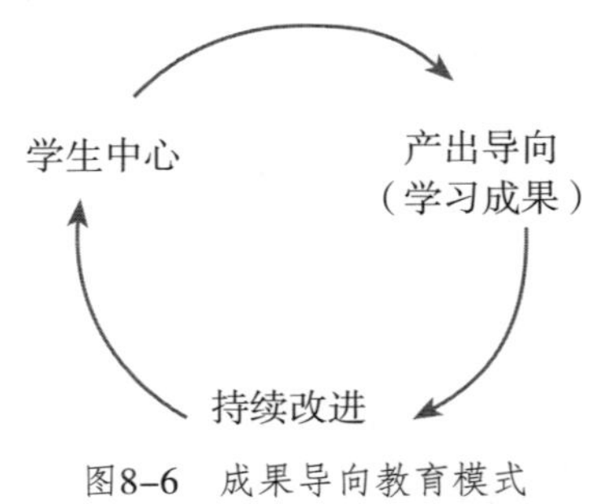

图8-6 成果导向教育模式

（一）成果导向教育模式的实施包括以下关键步骤

设定学习目标：明确学生应该掌握的知识、技能和能力，根据目标设计课程体系。

开发教学策略：设计符合学习目标的教学活动和课程内容，以促进学生的学习和发展。在教学过程中，教师可以使用多媒体资源、小组讨论、实验等多种教学策略来促进学生的学习。

设计评估方法：制定多样化的评估方法，评估学生达成学习目标的程度。教师可以使用测验、作业、项目作品、口头演讲等多种评估方式来评估学生的学习成果。

实施教学和评估：根据设定的学习目标和评估标准，开展教学活动和评估学生的学习成果。教师通过讲课、演示、讨论等方式进行教学，并在学期结束时进行学生表现的综合评估。

持续反馈和调整：根据评估结果对教学过程进行分析和反思，为学生提供及时的反馈和指导；反思教学方法和课程设计，根据学生的反馈和表现进行调整和改进。

（二）对课程教学改革的启示

1. 明确课程学习成果目标

在成果导向教学中，学生的课程学习进程划分为不同的阶段，并确定每一课程阶段的学习目标，这些学习目标是从初级到高级再到课程的最终成果。换句话说，也即具有不同学习能力的学生应用不同的时间、通过不同的途径和方式，达成同一目标，因此成果导向教学设计必须明确每门课程对毕业要求的哪几条有贡献，然后对这几条毕业要求逐条确定相应的课程教学内容，再确定所需的课程教学模式。确定课程学习成果需求：成果导向教育理念深刻反映了从需求开始，由需求决定课程的教学目标。成果导向教育是“反向设计、正向实施”的过程，需求既是起点又是终点，进而最大限度地保证了教育目标与结果的一致性，其“正向实施”是从需求开始，由需求决定培养目标，再由培养目标决定毕业要求，再由毕业要求决定课程体系，最后到课程环节，完全符合现代教育思想中以人为本的认知规律和特点。设计取得课程学习成果过程：课程的建构应更多地采取互动式、研究型教学，引导学生强化对科学和工程原理的理解和运用，要有充分的分析内容，鼓励学生“自学”，提倡“自主式学习”“合作式学习”“探究式学习”。课程的实践教学应与理论教学相结合，选择恰当的载体，使学生经历解决复杂工程问题的过程，并在解决问题的过程中深入掌握工程原理，充分体现知识、技术技能与方法的综合应用。

2. 构建课程学习成果评价体系

成果导向教育理念非常强调“以学论教”的评价原则，即教师“教得如何”要通过学生“学得如何”来进行评价，其基本思想就是“教师教学生学”、教学生“乐学”“会学”“学会”，其中“会学”是核心，引导学生要会“自己学”、会“做中学”、会“思中学”。成果导向的教学评价主要聚焦在学习成果上，而不在于教学内容以及学习时间、学习方式上。教师要掌握并利用各种多样化的课程教学评价方法，如课堂提问、中期测验、问卷调查、项目设计、作业评阅、调研报告等，动态地掌握学生知识、能力和素质的发展水平。

3. 持续改进保障课程学习成果

建立完善的持续改进机制，首先要确定课程的保障质量目标，然后要确定课程培养目标与毕业要求的符合度与达成度，最后是制订课程教学活动的持续改进计划，并通过PDCA循环来实现。应注意的是，课程教学的持续改进不能被视为课程教学的某个环节，它是一种贯穿于课程整个教学过程中的运行机制。

八、掌握对分课堂教学模式及其应用

对分课堂（Presentation–Assimilation–Discussion Class，PAD Class）是2013年复旦大学心理系张学新教授首次提出的本土化教学模式，被认为是“具有中国特色的大学教学新方法”，“可能给传统课堂带来深刻变革”。对分课堂的关键创新在于把讲授和讨论错开，让学生在课堂中有一定的时间自主安排学习，进行个性化的内化吸收。对分课堂把教学刻画为在时间上清晰分离的三个过程，分别为讲授（Presentation）、内化吸收（Assimilation）和讨论（Discussion）（见图8–7）。

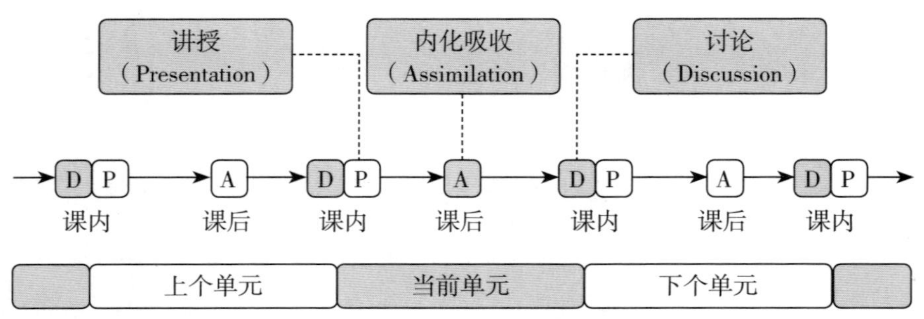

图8–7　对分课堂“隔堂讨论”的基本流程

在对分课堂上，教师介绍基本框架、基本概念，着重讲授重点、难点，但并不穷尽教材内容。学生通过教师讲授把握了章节的基本内容，理解了重点、难点，大大降低了课后的学习难度。课后学习时，学生可以根据自己的个人特点和具体情况，以自己的节奏去完成内化吸收过程，完成对教材内容更为全面的学习与理解。内化吸收之后，学生再回到课堂上，分组讨论自己学过的内容，然后与全班和教师进行深入的互动交流。同一内容，经过教师讲授、课后复习、分组讨论三个阶段的学习，理解程度逐步加深。

每周课堂的前一半时间用于讨论上一周课堂上教师讲授的内容，本堂课讨论上堂课的内容，这是对分教学最核心的特点，称为“隔堂讨论”。对每一个章节，在讲授环节，教师基本不向学生提问，也不组织讨论，通过单向讲授，介绍教学内容的框架、重点和难点，不覆盖细节。在讲授和讨论两个环节之间，学生有一周的时间阅读教材、完成作业，根据个人的兴趣、能力、需求，在自己最合适的时间，以最适宜自己的方式方法，深入理解，进行个性化的内化、吸收。内化吸收要求独立完成，不能与同学或教师讨论交流。讲授和讨论过程中也存在学生对知识的内化，不过不够集中和纯粹。内化类比品味、消化、吸收、反刍、咀嚼，更强调由自我掌控的个体学习。

教师上课后不做讲授，立刻让学生分组，通常四人一组进行讨论。讨论针对教师上次课的讲授内容和学生在内化阶段的学习结果。学生分享自己的体会、收获和困惑，互相答疑、互相启发，把普遍性的问题记录下来。小组讨论后，教师组织全班讨论，对小组讨论中存在的疑难问题进行解答，最后做章节总结。对分这个名称是指每次课的时间被对半分割，一半用于教师讲授，另一半用于学生吸收和讨论交流。

隔堂讨论的三个阶段可以更细地分为五个环节，分别为讲授、独立思考、独立做作业、小组讨论和全班交流。隔堂的要求不是绝对的，对某个学习内容，如果能够按照这五个环节的顺序去开展教学，而且每个环节都遵循对分课堂的具体要求，就可认为在实施对分教学。

九、掌握情境教学模式及其应用

李吉林老师倡导情境教学模式，以“情”为经，以“境”为纬，通过各种生动、具体的生活环境的创设，拉近了学科教学与学生现实生活的距离。李吉林老师为学生的主动参与、主动发展开辟了现实的途径。

（一）情境教学的特点

情境教学的特点概括为形真、情切、意远、理寓其中。后来，她又将这四点展开表述为：神韵相似，以鲜明的形象强化学生感知教材的亲切感；情意真切，情感参与认知活动，充分调动主动性；意境广远，形成想象契机，有效地发展想象力；蕴含理念，抽象的理念伴随着形象，有效地提高认识力。所谓“形真”，主要是指情境教学中的形象具有真切感，神韵相似，能达到“可意会，可想见”。所谓情切，是指情境教学能抓住促进儿童发展的动因——情感，展开一系列教学活动，境中寓情，情真意切，以情激情，以情动情，从而达到既促进认知活动，又促进儿童全面发展的效果。所谓意远，就是指情境教学的意境深远，能形成想象的契机，有效发展学生的想象力。李吉林老师说：“‘情境教学’取‘情境’而不取‘情景’，其原因就在于‘情境’具有一定的深度与广度。古人云：‘文之思也，其神远矣。’便道出了作者著文时，已置身于广远的意境之中。情境教学便是顺应作者的思路，体验作者情感的脉搏，创设有关情境，从而把学生带入作者创作时所处的情境之中，使创设的情境之深远。”所谓理寓其中，是指情境教学无论是所创设的形象，伴随的情感，还是开拓的广远的意境，其中都蕴含了一定的理念。这里说的理寓其中的“理”，实际上就是教材内容的中心。李吉林老师说：“情境教学如失去了理念，如同没有支柱一样，站不起来，深不下去，只能是内容贫乏，色彩苍白的花架子。”通过以上解释不难看出，情境教学就是利用形象创设典型情境，通过教学将学生带入情境，激起学生的情绪，把认知活动与情绪活动结合起来，以提高教学质量的一种教学方法论。这种典型的情境，或者与教学内容神韵相似，能以鲜明的形象强化学生感知教材的亲切感；或者情意真切，情感参与认识活动，能充分调动学生学习的主动性；或者意境广远，形成想象的契机，能有效发展学生的想象力；或者蕴含理念，抽象的理念伴随形象，能有效提高认识力。

（二）情境教学的“五要素”

（1）以培养儿童兴趣为前提，诱发主动性；

（2）以指导观察为基础，强化感受性；

（3）以发展思维为核心，着眼创造性；

（4）以激发情感为动因，渗透教育性；

（5）以训练语言为手段，贯穿实践性。

这实际上也是对设计情境教学的五点要求。

（三）情境教学操作的四个递进环节

在阅读教学中创设情境，把“言”和“形”结合起来，进行语言的片段训练。

（1）通过“观察情境教作文”引导儿童进行观察，让儿童在情境中加深体验，在情境中展开联想；习作时则在再现情境中构思，在进入情境中陈述，促使儿童情动而词发。

（2）通过“生活显示情境、实物演示情境、音乐渲染情境、图画再现情境、扮演体会情境、语言描述情境”六种不同途径，创设和教材有关的情境，对儿童进行美感教育，促使儿童由感受美而入境，由爱美而动情，进而晓理。

（3）在前两个阶段的基础上，运用“形式上的新颖性、内容上的实践性、方法上的启发性”的情境教学三原则，进一步促进儿童整体的发展。

以上对部分知名教学模式进了简要评介，其实国内外优秀的教学模式远不止这些。对他人的教学模式如何借鉴和有效实施？这是需要我们认真思考的问题。

活动与思考

一、深化经典教学模式学习

深入学习本专题提供的九个经典教学模式，流畅地解释每种模式的操作流程和核心步骤。

二、选取两个知名的教学模式进行实践

选择两个模式用于相应的课堂教学，感受经典模式的魅力，同时找出实践时出现的困惑和自己的解决方案，并完成一篇叙事研究。

三、搜集更多优秀教学模式

除了上面介绍的一些教学模式，国内还有诸如黎世法的“六课型单元教学模式”、邱学华的“尝试教学模式”、魏书生的“六步教学模式”，以及洋思中学的“先学后教”教学模式、东庐中学的“教学合一”教学模式等，请搜集整理并在工作室交流分享。

修炼27

学会构建自己的教学模式

教学模式是教育理论与教学实践之间的中介，是将教育理念切实转化为教师课堂教学行为的有效路径。在教育教学的研究工作中，可尝试提炼课堂教学中遇到的重点、难点、热点问题，并且针对解决这些问题中自己较有感悟的解决渠道和实施方案，形成亮点，再进行转化和修正，进而构建具有自己特色的操作流程，在找到理论的依据后，逐步形成教学模式。教师进行教学建模的路径与方法主要有基于标准模式的转化与类化、基于实践逻辑的模式归纳、理论关照下的模式演绎、已有模式的创新与应用等。这里提供一个“多轮认知结构教学模式”的案例。

该教学模式由广东第二师范学院胡继飞创建，目前已经应用于生物学、化学、物理、地理等不同学科，尤其是华中师范大学的化学教学论团队也将该模式运用于该学科的教学设计。该模式的建构采用理论关照下的模式演绎，即按照“理论假设→演绎出教学流程→形成教学模式→实践运用和检验”的建模路径。

一、指导思想或理论基础

多轮教学模式的理论依据和指导思想主要来自认知建构理论和概念图教学理论。在这两个理论的指导下，多轮认知结构教学模式主张：一方面，教学是学习者将外在于书本和客观世界的知识结构内化为大脑内部认知结构的过程，而且是一个认知结构被多次改造的动态过程；另一方面，由于学习者的认知风格、认知结构和认知能力等存在个体差异，学习者对于外部世界的理解可能也有不同，故学习又是学习者主动进行具有个人意义的认知建构的过程，而且内存于人脑的认知结构可以用概念图进行可视化的外部表征，为认知结构的改造提供了操作上的便利。

简言之，学习是学生以外部客观事实及其固有的知识结构为基础，经过原有经验和心理结构的个人意义上的改造来建构知识，借助概念图的表征工具，促进学生认知结构得以不断完善的过程。

二、流程与结构

基本流程：初识新课知识结构→检视原有认知结构→打破原有认知结构→建立新的认知结构→巩固新的认知结构。

限于篇幅，在此不对以上结构一一解析。

三、适用范围与特定目标

其一，该教学模式的核心价值在于引导学生不断地优化认知结构（教学的本质），呼应了素质教育的要求。该教学模式关心的不是单一知识的获取、回忆或再现，而是富有结构性和迁移性的知识体系及其心理过程。

其二，该教学模式具有明显的多学科性和明确的适用对象。该教学模式适用于中学和大学那些概念和名词术语较多、知识的结构性和逻辑性较强的课程内容。

四、学与教的策略

环节1：初识新课知识结构

确定教学单元后，首先应初步了解单元教材的知识点及其呈现方式和逻辑结构。方法是对课程标准的要求和单元教材的内容进行研读和分解，特别是要知道单元教材中包含哪些基本素材，如：①有哪些事实性材料？②有哪些方法性材料？③有哪些概念和原理？④有哪些应用性材料？⑤以上素材间有何内在联系？⑥课程标准对此有何教学要求？

环节2：检视原有认知结构

第一步，根据上一个环节分析得到的新课知识结构来推定学生应该具备什么样的原有认知结构，即在学习新课之前，学生需要习得哪些必需的前期知识。第二步，弄清学生已经具备了什么样的认知结构，这些原有认知结构既包括那些必需的前期知识，也包括那些非必需但仍关涉新知学习的前期知识，还包括相应的认知策略等。了解原有认知结构的方法主要有：①教师凭个人经验进行判断；②教师组织课前预备性检测；③学生课前主动申诉；④教师在教学过程中进行形成性设问；⑤让学生画出相关的概念图（可以采用“中心概念衍射法”）。第三步，在前两步的基础上，通过对比分析进一步弄清学生的原有认知结构中还缺少什么和不缺少什么，为下一步的教学提供依据。

限于篇幅，后3个环节的实施策略不再罗列。

环节3：打破原有认知结构

打破原有认知结构的方法主要有二，一是寻找原有认知结构的“缺口”，教师的工作之一就是要将学生原有认知结构中的那些亟待填补上的“缺口”暴露出来。二是在原有认知结构与新信息之间制造认知冲突。制造认知冲突的方法有很多，如利用生活经验、生产实际、教材资源、科学实验、科学理论、科学假设、科学史料、自然现场、模拟场景、教师故错、师生歧见等来制造认知冲突，使学生在学习过程中出现“困难”“障碍”或“不协调”因素。

环节4：建立新的认知结构

建立新的认知结构的方式主要有三，一是概念形成，主要通过学生对科学事实的直接感知和观察来建立初级概念。二是概念同化，用已有的概念来吸纳新的概念。原有认知结构的“缺口”暴露出来后，“缺口”中的连接点也显露出来，这时我们可以通过概念同化来将新信息整合到原有认知结构的缺口中。三是概念改变，主要是学生原有的某种知识经验由于受到与此不一致的新经验的影响而发生的重大转变。学生习得新概念后，应及时通过精加工策略将新旧知识整合起来形成新的认知结构，并用概念图表征出来。

环节5：巩固新的认知结构

巩固新的认知结构的方式主要有二，一是知识的整合和结构的固化，主要是对上一个教学环节建立起来的新的认知结构做进一步的精加工，将小的知识结构合并为大的知识结构，并增进知识之间的联系性，以建立更为牢固的概念系统和知识网络。二是知识在新情境下的应用，主要是运用新建立的认知结构来解决新情境下的新问题，包括书面作业中的科学问题和生产生活中的实际问题。

活动与思考

一、回溯课堂教学中遇到的问题

请回顾入职以来的几个阶段，同时分阶段谈谈课堂教学中所遇到的问题，如教学中的重点、难点、热点等问题。

二、对问题进行分类和研究

对问题进行整理和归类，对于已经解决的问题谈谈解决的思路、方案和效果；对未解决的问题进行罗列，并谈谈解决这些疑惑点的具体困难到底在哪里。试着查询资料和寻求专家指导进行解决。

三、试着归纳和构建自己的教学模式

选取课堂教学中已解决的重点、难点、热点或已解开的疑惑点，并将之打造成个人的亮点或特色，结合理论依据、教学目标、操作程序、实现条件和教学评价这五个要素，初步建构自己的教学模式并实施。

修炼28

学会提炼自己的教学风格

教学风格的形成是教师专业化发展和成长经历的组成部分，也是教学艺术达到高度成熟、最高境界的标志，在教学个性化的追求中被人们所瞩目，乃是一种必然结果。但是传统教学论向来忽视教学的艺术及其个性的研究，致使教学风格的理论成果贫乏，远远不能适应教学艺术个性化发展的需要。教学风格理论的研究，已经成为现代教学论的具有鲜活生命力的生长点之一。

一、了解教学风格的理论依据

教学风格论有着广泛坚实的理论基础，如哲学、生理学、心理学、社会学、艺术学、美学等，这使得教学风格论的研究是基于跨学科成果之上的。

哲学中关于共性和个性关系以及个性独特性的论述，对我们研究教学风格论提供了重要的指导。人类由于不同的地理环境和遗传差异，分化为不同人种、不同民族；在同一人种、同一民族中，由于人的先天素质和后天所处的家庭环境和社会条件不同，人也会在外貌、体质、感情、欲望、阅历、能力和行为习惯诸多方面表现出显著的差异。

生理学和脑科学的研究表明，人的大脑两半球分别以不同的方式对来自外界的信息作出加工，其方式和机制各有自身的特点，从而构成不同的加工风格，左半球采用序列的分析风格，而右半球则采用平行的综合风格。左半球的序列加工风格与语言的有序性相一致，而右半球的平行加工风格与完成空间任务的要求相一致。研究还表明，左半球序列的分析性风格表现为继时加工信息，偏爱由部分到整体的归纳，强调言语能力的重要性，倾向于反复沉思；而右半球平行的综合风格则表现为同时加工信息，偏爱由整体到部分的演绎，强调空间关系和情绪特征的重要性，倾向于快速冲动反应。

心理学认为，那些选定了正规教学方法的教师具有认真尽责、注意细节、不受个人情感影响、善于组织管理的特点。选定非正规教学方法的教师却具有愿意改变注意力并转向有直接兴趣的某些事情上去的特征，他们关心整体效果而不讲究精确的细节，不喜欢严格地组织安排时间。

社会学的研究表明，今天我们身边正悄悄地发生着彩色革命，因为对彩色的强烈敏感和多方面的要求已成了当今时代的重要特征。像服装从单调的蓝黑灰走向五彩缤纷，电影、彩色电视、彩色照片纷至沓来，甚至在可知而不可见的微观粒子世界，物理学家也偏爱以红、绿、蓝来象征和命名不同种类的夸克。可以说，文化、教育、社会、经济、科学等各个领域都在走向多样化、多元化的发展道路，“彩色革命”正以磅礴之势席卷现代生活的每一个角落，渗透到每一个现代人的心灵。所以，学校、课程、教学风格也呈现出丰富绚丽的风景。

风格的问题，一直都是艺术学、美学研究的重要课题，并已经取得了丰硕的成果。以内容与形式相统一、思想与艺术相结合为出发点，对艺术风格的内涵和意蕴做了科学的概括，提出了系统的风格理论，在对风格内涵的全面把握的基础上，多方面地揭示风格产生的各种主观和客观因素，为风格理论的研究开拓了广阔的道路，对风格不仅做现象学研究，也做发生学研究。从对外部可感的风格特征作表层分析，到对内部深蕴的风格精髓做深入把握，对风格类型学的研究已取得重要进展，帮助人们认识到风格谱系的基本构成。

二、了解教学风格的分类

（一）以心理品质为中心的分类

美国心理学家斯腾伯格从认知的角度将教学风格划分为七种。一是立法型：教师善于创造和提出规则，并按自己的方式教学，喜欢鼓励学生创造性地解决问题；二是激进型：教师喜欢变化的教学任务，并善于超越现有的规则和程序进行教学；三是评判型：教师善于评价和分析任务，喜欢判断和评价事实、程序和规则；四是整体型：教师喜欢面对全局性、抽象性的问题，偏好总体性、概念性和观念性的教学任务；五是执行型：教师喜欢按既定的程序和规则解决问题，喜欢按事前准备好的教学计划进行教学；六是保守型：教师习惯于熟悉的教学任务、教学情境和传统的教学方式方法；七是局部型：教师工作时能深思熟虑，喜欢细节性和具体化的教学任务。

斯腾伯格以实验证明，前四种教学风格是较为复杂、有效和受学生欢迎的风格类型，后三种则是相对简单、低效和不受学生欢迎的风格类型。他认为风格是多维的，且只有适应与否的问题，而没有好坏之分，一个人可以拥有多种风格类型。

（二）以活动为核心的分类

例如，国外首批教学风格研究者汉森和博思威克（Henso，Borghwick，1984）将教学风格分为任务中心型（教学重点是结构化教材活动）、合作中心型（教学重点在于组织学生参与决定如何学习）、学生中心型（教师的重点是设计各种学习活动，并要求学生选择最适合他们的活动）、内容中心型（教师考虑的是教材内容而不是学生）、学习中心型（教师关注的是学生对学习内容的真正理解）和情绪中心型（教学重点是调动学生的情绪情感）等六种。国内学者如魏正书把教学风格分为启迪型、探索型、善导型、合作型、暗示型、表演型、感染型和综合型。李如密把教学风格分为单一型和综合型，单一型有理智型、情感型，表演型、导演型，庄雅型、谐趣型，谨严型、潇洒型，雄健型、秀婉型，韵味型、明畅型，综合型是两种或两种以上风格的融合，如情理交融型、寓庄于谐型、雅俗共赏型、刚柔相济型等。

（三）以课堂教学的语言特点分类

例如，贡振羽把教师教学风格分为五种：一是精讲精练型，教师语言逻辑性强，善于引经据典和对知识层层剖析；二是朴实自然型，教师语言朴实无华，以细细诱导、娓娓道来见长；三是感情充沛型，教师语言慷慨激昂，情绪高涨，容易引起师生强烈共鸣；四是幽默生动型，教师以语言幽默生动、机智诙谐见长，师生间有较强亲和性；五是机智思辨型，教师善于运用各种教学方法，讲解、论证和分析都充满机智，思路清晰。杨立刚以课堂教学中师生交流信息的活动方式为标准，把课堂教学风格分为理智型、情感型、自然型、幽默型和技巧型等五种。颜宪源等人提出根据不同教师课堂教学体现出的主要特征，把高校教师教学风格分为激情洋溢型、理性睿智型、朴实自然型、智慧技巧型、幽默生动型。黄敏卫、邓铸按信息输出的四种结构形式将教学风格分为饱和信息类风格、空壳信息类风格、含信息熵类风格和黑洞信息类风格。纪大海将教学风格类型梳理为善诱型风格、喻示型风格、魅语型风格、激情型风格、T知型风格、幽默型风格、逻辑型风格。

教师教学风格的形成是一个持续探索与追求的过程。教师教学风格的形成过程虽有差异，但一般都会经历前提准备、初始探索、成型奠基、定性成型四个阶段。教学风格的形成过程具有稳定性与发展性的双重特征。稳定性是教师在教育实践中逐步形成的具有鲜明个性的教学风格，具体表现为教学方法上富有成效、教学观念上日趋成熟。发展性意味着教学风格形成后并非固定不变，而是一个不断突破束缚实现自我更新的过程。教师的教学风格应是在稳定中求发展，在完善自我的过程中不断提高教学境界。

活动与思考

一、进一步理解何为教学风格

查阅文献资料进一步对教学风格进行解读，了解不同类型的教学风格，试着对一两种感兴趣的教学风格进行内涵和价值分析。

二、试着用自己的教学模式提炼出教学风格

基于自己构建的教学模式，试着进一步提炼出自身独特的教学风格，并能够进行释义和做初步的推广。

三、运用和改进教学风格

将教学风格一边运用于课堂教学实践，一边进行推敲和改进，让其慢慢趋于稳定和成熟，并完成一两个教学案例的撰写。

四、组织专题研讨会

有些专家学者认为“教学风格”一词正在出现被滥用的趋势，请就此组织一次专题研讨会并编辑工作简报。

专题9

单元整合

大单元教学和“教学评一体化”是新一轮课程改革的重要标志之一。大单元教学能将相关的知识点有机地组织起来，形成一个完整的教学内容，与传统的教学方式相比，在建构知识体系、把握学科本质、发展核心素养等方面存在诸多优势，但实施难度较大。

本专题包括三部分：第一部分关于大单元教学的要旨，帮助教师理解大单元教学的内涵，把握大单元教学的特点和原则；第二部分关于大单元教学的基本策略，重点探讨了“基于大概念的大单元教学策略”“基于结构化理念的大单元教学策略”和“基于UbD理论的大单元教学策略”；第三部分关于大单元教学示范课，采用基于大概念的大单元教学设计策略，以小学三年级科学课程“健康每一天”为大单元整体教学提供示例。

修炼29

正确理解大单元教学的要旨

新课标指出，课程要“基于核心素养发展要求，遴选重要观念、主题内容和基础知识，设计课程内容，增强内容与育人目标的联系，优化内容组织形式。设立跨学科主题学习活动，加强学科间相互关联，带动课程综合化实施，强化实践性要求”。在“双减”和“双新”背景要求下，开展以素养为本的大单元教学，能切实优化教学的形式，促进学生形成学科基本观念，是贯彻基础教育新课标要求的有效途径。那么怎样组织和开展大单元教学呢？首先要正确理解大单元教学的要旨。

一、理解大单元教学的内涵

大单元教学能将相关的知识点有机地组织起来，形成一个完整的教学内容。与传统的教学方式相比，大单元教学在建构知识体系、把握学科本质、发展核心素养等方面存在很多优势。

（一）大单元教学的概念

大单元教学是指以一个学习主题（以某个大任务/大项目/大问题的完成或解决为题）为中心，按学习的逻辑组织起来的结构化的学习单位。它将相关的知识点有机整合起来，形成更为完整的教学单元。一个教学大单元，通常包含单元引领性的学习主题、大单元的学习目标、大单元实践性学习活动、持续性评价四个部分。大单元教学与传统的“分课时”课程教学理念不同，它克服了课时教学的不足，打破了以往教材体系在一个学科单元间交叉或单一学科领域内重复的学科排列及组合。教师通过挖掘单元的内在联系，适度整合单元，从项目活动、学习任务、问题设计等方面对学科知识内容进行重组，引导跨学科、跨领域的知识建立新的联结，促进新旧知识、直接经验与间接经验的融合，构建跨单元、主题化的大单元整体教学。

具体而言，大单元教学不再简单拘泥于某一个知识点或者某一个具体的课节进行讲授，而是把学科内以及学科间相互关联的基础知识、实践性学习活动、学科学习与研究方法有机地融合在一起，实现单元深度整合，促进学生深入理解和掌握系统的学习内容。大单元教学以提升学科核心素养为目标，整合教材中的多节点内容和多个知识点，积极利用情境式教学、互动式教学、启发式教学、探究式教学、体验式教学等多元化的教学方法，将原本细碎且孤立的知识串联起来集中教学，通过这样的方法引导学生在学习过程中积极表达和交流，提升思维和素养，进而实现学生全面发展的教学目标。

（二）大单元教学与单元教学的比较

大单元教学常常与单元教学类比，二者有一定联系，但同时也存在显著区别。从知识联系规律角度来看，大单元教学和单元教学都是对教学内容进行组合和排列，运用整体思维将原本细碎且不成体系的知识联结和融合，从而尽可能降低知识教学过程中出现的理解难度，帮助学生更好地理解相关领域知识内容。从区别上来看，单元教学中教师主要依托本学科教材，对一些主题相近、内容基本相似的课节展开教学，其本质上仍然是将学科知识点割裂成不同性质的独立部分进行讲授，有其单一知识点和单一课节的单项讲授模式的局限性；大单元教学是将目的相同、主题相近、情境相似、知识点相互关联的学科教学内容加以排列和重组，打破学科教材既定的单元设计，从更高的维度检视和安排教学的相关内容。与单元教学相比，大单元教学在学科教学过程中更加科学合理，能够有效提升学科教学效果。

大单元教学应当有较为明确的阶段性学习主题、系统的学习目标框架和相对完整具体的学习内容。大单元教学提出的以大概念统领的学习主题应是能够连接、整合大单元学习过程和内容的主要线索，能增强整体学习过程的逻辑完整性和教学评一致性，赋予各紧密关联的教学内容以明确的系统含义，有助于科学建构框架化、结构化的知识体系。大单元教学是以学习者核心素养能力发展规律为主要导向设立学习目标，根据课程标准规定的内容要求、学业质量标准来确定单元学习主题。大单元教学的学习内容是以学科大概念统摄的，包括学科基础知识技能、学科研究方法、思维方式、科学精神及科学态度的养成等，教师通过设立富有研究性与挑战性的大单元学习实践活动推动教学走向深入。

（三）大单元教学的价值

大单元教学是顺应新课改的必然要求。大单元“大”在其“大任务”的统摄建构作用，从而使大单元教学具有传统教学方法难以比拟的教学优势。大单元教学是教师“按大概念的逻辑而非按内容的逻辑，从大概念之间以及小概念与大概念之间的关联来划分单元组块”，重组学习内容，整合学习资源，建构具有统整性、逻辑性、结构化的单元整体，走向教学序列化。大单元教学能帮助学生明确各单元内容之间的关联性，在持续性探讨基本问题的过程中强化学科大概念的理解，在多种评价任务中促进新旧知识的正向迁移，提升学习效率。大单元教学在建构知识体系、把握学科本质、发展核心素养方面存在一定的价值和积极的意义。

1. 大单元教学有利于学生建构知识体系

在传统的学科教学中，教师只能依据学科教材既定顺序和内容来安排教学，学生掌握的学科知识常呈现碎片化、零散化现象，无法建立整体认知，学生对于概念的外延和整体视域观的理解和学习都是欠缺的。而学科大概念是大单元整体教学的上位目标，对教材的单元内容进行合理的整合是获取大概念并实现大单元整体教学的前提。大概念能重新连接教学单元，跳出零散的知识点教学。在大概念的统领下进行单元教学，可以使学生走进新单元中，发现知识点之间的联系，站在整体角度，探究、掌握学科的基本结构，建构知识体系。

2. 大单元教学有利于学生把握学科本质

大单元教学中往往蕴含着诸多学科概念和学科思想方法，这些学科概念关系和学科思想方法就反映了学科本质。大概念是统领单元学习内容的核心，基于大概念的大单元教学能使课程内容结构化。在大单元教学过程中，单元的划定以大概念的内涵灵活界定，根据不同学段、不同课型进阶设计不同的情境和不同的项目活动。学生在经历、体验和感悟中获取不同的学习思想和方法，将零散的知识串联起来，逐级完善学科观念，掌握知识的深层意义，建构大概念，把握学科本质。

3. 大单元教学有利于发展学生核心素养

大单元教学使教师不再拘泥于教材的安排和束缚，在教学目标指引下整合、联通教材章节，将教材之外的内容吸纳到教学过程中，拓宽学生的视野，有效培育学生的学科素养。在大概念统领下的大单元教学，超越原有的单元结构，打破教学课时限制，将孤立的、碎片化的知识学习转化为整合性、交互性的知识获得，串联单元教学中相互关联的知识点，从单一知识走向综合应用。通过知识联结内化为观念，将抽象知识转化为内在的素养，学生在获得和体验知识过程中实现自身发展，由此生发形成核心素养。在核心素养的助力下，学生利用多种方式理解和掌握不同知识点之间的联系和规律，建构对本学科的整体认知，从而进一步促进和提高核心素养水平。

二、把握大单元教学的特点

开展大单元教学有利于学生建构知识体系、把握学科本质、发展核心素养。大单元教学能解决传统教学法的固有疏漏，在整体性、连贯性、层次性（进阶性）、主体性（自主性）、创新性、综合性、育人性等方面有其显著的特点，并能就这些方面有针对性地提升具体的教学效果。

（一）整体性

不同于传统零碎知识的教学，大单元教学站在宏观角度，从教学内容和教学过程两方面进行系统的整体设计，解决知识碎片化问题。

一是教学内容的整体性。大单元教学强调教学内容的整体性，从贯穿教材知识系统结构的整体出发，通过认真研读完整教材文本的方式找寻教学内容的契合点，把握知识之间的特殊性，对知识重新进行整体组合和排列，形成具有紧密逻辑的完整的教学单元。大单元教学以培养学科核心素养为导向，以教材对知识内容的划分为基础，重新对知识内容表现形态和组织结构进行系统建构，并适当予以补充内容和适度拓展其他相关课程教学单元内容，加深学生对知识结构的整体理解。

二是教学过程的整体性。大单元教学有效统整了孤立零散的课时，积极围绕一个固定的主题和任务开展教学过程，使同一单元不同课时之间的结构性和递进性不断增强，构建起教学逻辑主线，加强知识间的本质联系，将各课时与具体的知识点以一定的顺序排列组合，实现知识点的有序教学，保证教学过程的整体性。同时，大单元教学从“教学目的—教学内容—教学方法—教学深度”等方面进行的教学设计思路的考量，强调以结构化的大情境和大概念为指导，设计教学流程，以实现教学过程的逐步深入和螺旋式发展。

（二）连贯性

在大单元教学中，教师会将一些与主题相关的知识点有机地组织起来，根据主题进行有序排列，让学生能够从整体中理解每一个细节，以及每一个细节之间的相互关联。由此可见，大单元教学还具有教学目标和教学内容连贯性的特点。

一是教学目标的连贯性。大单元教学目标是多维的统一体，而不是互相割裂的。大单元教学旨在让学生更好地理解和掌握学科知识，形成系统的学科认知结构；提高思维的广度和深度，发掘知识点间的内在关联和法则，培育出更具条理性和逻辑性的思维方式，同时激发创新精神；提升学生对学科知识的实际应用能力，促使他们将所学知识与现实生活紧密结合，从而有效提高解决问题的能力。这种教学目标不仅贯穿于每个阶段的大单元教学中，而且渗透在整个教学过程中，为学生的学习和成长提供持续的支持和引导。

二是教学内容的连贯性。大单元教学的前提是知识的系统化，教师既要考虑学生已形成的知识结构，还要联系当前的学习内容和后面的知识点。一方面，教师必须准确分析和了解原有课程教材体系结构中包含的学习信息序列，包括构成教材内容整体的重要知识结构、逻辑关系点等方面；另一方面，教师要全面分析考查学生现有的相关学习能力基础，逐步调整、拓展、巩固和增加其他相关课程的学习内容，构建一套更加紧密连贯和系统完整的知识内容序列，有序开展大单元教学，提高课堂学习的效率。

（三）层次性

大单元教学要在教学中实现不同的教学境界，让学生通过参与不同层面的教学活动，自主探究，形成严密的学科逻辑思维能力，解决实际问题，将思维能力融入后续的学习过程，向高阶思维迈进。

一是知识结构的层次性。各科学习是一个由易到难、由浅入深、循序渐进的过程。大单元教学强调的不是对知识的掌握，而是在传授知识的过程中对教学内容的传递，形成相应的关联性。大单元教学在安排教学内容时，先从基础的知识开始，逐步过渡到更高级、更复杂的内容。这样的组织方式，不仅符合学生的学习规律，也有助于构建稳固的知识体系。同时，教学技能的训练也是从基础操作开始，逐步提升难度，最终实现技能的熟练运用。这种层次分明的教学方式，有助于学生在逐步积累中不断提升自己的能力和水平。

二是教学活动的层次性。大单元教学不仅聚焦于知识的传递，更加重视对学生思维能力、创新潜力和学习策略的培养。它体现了从掌握基础学科知识点到深入理解复杂学科核心概念的逐步深化，同时呈现出从单纯注重理论学习到全面塑造思维品质的层次性特点。在学生这种认知层次性特征规律的指引下，教师需要精心策划和设计一系列与学生当前学习基础和实际能力相匹配的任务和活动，以确保这些任务和活动既具有挑战性又富有趣味性，符合学生的认知水平，从而有效激发学生的学习兴趣和积极性。

（四）综合性

大单元教学注重知识的深度和广度。教师通过组织学生深入探讨知识点的内涵和外延，引导学生对知识进行延伸和应用，拓宽学生的认知覆盖面。学生掌握的知识越多，大单元教学的综合性特点就越明显。这种系统化的大单元教学不仅能统筹规划同一学科在不同教学阶段的内容，还能够融合不同学科、不同领域的知识，建立它们之间的内在联系，全面提高学生的综合能力。

一是教学情境的综合性。大单元教学的情境多来源于现实生活中的真实问题，为学生提供更加丰富和全面的学习体验。教师将此类复杂、综合的问题以生动、形象、具体的方式呈现。要解决大单元教学中情境的问题，往往要运用多学科知识，涉及多个学科领域和知识体系。学生在多学科的交叉融合学习中，形成更加完整和深入的对大概念的理解，提升了思维能力、实践能力、创新精神等综合素质。

二是教学评价的综合性。大单元教学的评价通常会综合考虑学生的知识技能、学习态度、实践能力等多个方面，采用多种评价方式，如考试、作品评定、口头表达等，以全面客观地反映学生的学习成果，更好地适应学生的需求和发展，提高教学质量和效果，促进学生的全面发展。

（五）主体性

学生的成长与发展是一个综合且逐步递进的系统化过程。大单元教学结合学生不同阶段的发展，通过对教学内容重构实现不同阶段的联结。大单元教学始终坚持以学生为主体，充分尊重学生的主体地位，从学生的实际出发设立符合学生认知水平的单元学习内容。大单元教学能真正让学生参与到教学中来，激发学生的学习自主性和思维创造性，培养学生的独立思考和创新能力，突出学生的主体地位。

一是学习自主性。在大单元教学中，学生独立思考、积极参与课堂讨论，主动提出问题和解决问题，参与学习过程，而非被动地接受知识。同时，学生对自己的学习负责，自主安排学习计划和时间，主动寻求帮助和反馈，以实现自我发展和提升。

二是思维创造性。在大单元教学中，学生积极探索和创新，不拘泥于传统的思维方式和答案，勇于探索新的领域和尝试新的方法，形成创新思维和创造力。同时，学生自觉地发挥自己的主体性，审视和质疑所学知识，并提出自己的见解和观点，形成批判性思维，主动实现自我发展和提升。

（六）育人性

大单元教学是在学科核心素养的指引下对教材内容重组，用大观念、大概念统整主题相同的知识，将课外的知识和生活中的案例结合起来，在项目活动中浸润心灵、启迪智慧，从而实现其育人的特点。大单元教学的育人性体现在知识传授和品格培养两个方面，旨在促进学生的全面健康发展。

一是知识传授。大单元教学注重知识的系统性和完整性，通过整合和优化教学内容，使学生能够全面、深入地理解学科知识，培养他们的逻辑思维和问题解决能力，达到启智育人的效果。

二是品格培养。大单元教学强调人文关怀和社会责任感，通过引导学生对生活和社会的关注和思考，培养他们的批判性思维、创新精神和实践能力，使他们在掌握知识的同时，也具备良好的品德和健全的人格。

三、认同大单元教学遵循的原则

以大单元统整进行总体规划能化解备课过程中出现的杂乱无章、逻辑不清等问题，使教师能更加有条理地按照不同需求进行教学和科研。在大单元教学设计规划中遵循以下原则，能有针对性地提升大单元教学的具体效果。

（一）以学科素养为依据，基于学科本质原则

大单元教学是基于学科核心素养在各科中的具体体现来进行设计的，它坚守“学科本质”的核心原则。在宏观层面上，大单元教学并非简单按照教科书的章节顺序来组织“知识与能力”的结构，而是更侧重于依据该学科内部知识与能力之间的内在逻辑联系来进行有序排列。当学科知识和能力结构框架比较复杂时，可以首先制作出课程与单元之间的结构关系图，并在此基础上，建构各个模块的知识与能力的构架图。以“单元计

划”为明线，以“思维”和“方法”为主线。教师在理性分析课程标准的基础上，深入理解并把握学科素养与大单元教学之间的紧密联系，明确活动的形式，选择合适的教学方式，在教学过程中最大限度地促进学生的学科核心素养的提升。

（二）以学生个体为中心，基于学生认知原则

新一轮的基础教育课程改革，其出发点和根本目的是关注学生的发展。新课标着重强调核心素养的本质目的是顺应现代社会人才需求模式，培养真正意义的复合型、发展型人才。在此基础上，进一步突出对学生个性成长的重视，强调培育学生优秀的团队协作能力与健康的生活习惯。由此可见，大单元教学的根本，应回归于“人才”二字，要做到“以人为本”，以学生个体为中心，既要关注学生的学习过程，又要关注学生的认知水平。教师应密切关注学生特点和需求，从学生认知水平出发设计大单元教学，激发学生的内驱力，突出个性化学习。

（三）以解决问题为目的，基于目标统领原则

学生综合能力的发展，有赖于解决问题的过程。教师综合分析核心素养与解决问题的内在联系，不断将学生置于真实的问题情境中，鼓励学生在社会实践活动中灵活运用个人已有知识和经验，对各种问题提出新颖且有效的解决办法。相较于传统的碎片化教学方法，大单元教学更注重知识点的整合与内在联系。在大单元教学中，教师通过将零散的知识点通过问题解决和目标导向进行串联和整理，帮助学生构建清晰、完整的知识体系，使他们更深刻地理解各知识点之间的相互关系。为了确保大单元教学的顺利推进，在规划单元教学目标体系时，教师应坚守“目标统领”的教学理念，先设定一个宏观的单元大目标，再细化为具体的课时子目标，以单元教学目标为指引，科学地整合和优化教学内容，精心设计教学活动，以充分发挥大单元教学的独特价值，培养学生解决实际的问题，提升学生

的综合能力。

（四）以项目活动为载体，基于教学评一致原则

以项目活动为载体的大单元教学能够带给学生更加真实和直接的学习体验，对发展学生核心素养有着深远的意义。以项目活动为载体的大单元教学要解决以往评价局限、内涵不足的问题，则需坚持教学评一致原则。坚持这一原则可以这样做：首先，教师需要深入剖析课程标准与教材，明确学科的核心概念，并以这些概念为指引，确立清晰的教学目标；其次，通过设计表现性任务，让学生在真实情境中运用已有知识和技能解决具体问题，以此激发他们的深度思考，使他们形成对学科概念的深入理解，从而实现教学目标的达成与评价的有效融合；最后，在项目活动的驱动下，教师应精简课程内容，对单元进行系统性规划，设定层次递进的学习目标，并构建融教学、评价与学习为一体的单元学习路径，确保教学评的一致性。

活动与思考

一、自我反思

请结合新课标和“双减”要求，阐述大单元教学具备哪些特点以及在开展大单元教学时应遵循哪些原则，并举例说明如何在日常教学中体现这些特点和原则。

二、经验分享

请结合实际教学情况，谈谈如何遵循大单元教学基本原则来进行总体规划，化解备课过程中出现的杂乱无章、逻辑不清等问题，更加有条理地按照学生不同需求进行大单元教学备课。

活动与思考

三、集体研讨

新课标中提到“教师应根据不同学段学生的认知特点和学习需求，基于单元教学目标，整体设计单元作业和课时作业”。请谈谈在大单元教学中如何整体设计单元作业和课时作业。

四、问题探讨

无论是过去的“单元教学”还是今天的“大单元教学”，都是强调整体教学，那么大单元教学中的“大”，可以理解为大容量、大观念、大概念、大任务、大情境。对此你如何理解？工作室就此组织一次小型辩论会。

修炼30

掌握大单元教学的基本策略

大单元教学作为一种创新教学模式及理念，源于莫里逊的单元教学法，具有宏观的教学思维，在兼顾“大”的基础上要抓好细节，找准目标定位，回归学科教学的应然样态。大单元教学理念在教学中有着重要的意义，教师在深度剖析大单元教学现实困境的基础上，采取大单元教学基本策略，步骤清晰、成效显著地实施大单元教学。这里的教学策略主要指具体规划和实施教学活动的方法和思路，包括基于大概念、基于结构化理念、基于UbD理论的大单元教学策略等，目的是保障单元教学顺利进行，导向学生核心素养的培养。教师根据各个单元的具体教学内容和课时的实际需求，审慎选择和确定恰当的教学策略，确保教学计划得以有序、高效地实施和开展。

一、掌握基于大概念的大单元教学策略

（一）多角度分析，构建单元概念框架

提炼大概念、建构单元概念框架是进行单元教学的基础。然而，在新课标和学科教材中，大概念往往不是直接呈现出来的。为了将大概念融入单元教学设计，教师首先需要明确大单元的学习主题，并在此基础上进行深入剖析，提炼出单元的核心概念和具体概念。这样，教师就能够构建出

一个清晰、系统的单元概念框架，为单元教学提供有力的支撑和指导。

1. 分析课程标准

新课标作为教学活动的指南针，对学生的全面发展设定了多元化的期望。在这些期望中，一些核心词汇反复出现，它们不仅是新课标理念的体现，更是培养学生核心素养的关键所在。因此，教师应当深入研究新课标，敏锐捕捉课标中频繁出现的词汇，进而提炼出核心概念。通过核心概念将原本孤立的知识点串联起来，形成一个有机的知识网络。简而言之，教师应该利用新课标中的核心词汇，提炼大概念，以点带面，帮助学生建立起一个全面、深入的知识概念框架。

2. 分析核心素养

大单元教学的起点和归宿点均在于核心素养。同时，核心素养是推动学生学习进步的具体指向。教师对核心素养进行深入分析，有针对性地提炼出相应的大概念，在基于大概念的大单元教学中又进一步促进学生核心素养的培养。

3. 分析学科本质

学科的本质在于其研究对象与研究方法，两者共同体现了学科的独特性。学生通过亲身参与体验活动，不仅能够深入理解学科的核心观念，还能够掌握有效的学习方法，并在此过程中积累宝贵的学习经验，从而理解学科的本质。

（二）教材梳理整合，规划单元内容体系

虽然各学科的教材中都有相应的章节安排，但有时这些章节的内容与学科的核心概念并不完全契合。在这种情况下，教师需要以核心概念为导向，对章节内容进行重新组合和调整，以形成更具整体性和连贯性的教学单元。这意味着教师不应拘泥于原有的章节框架，而是要打破这种限制，对教学内容进行扩充和整合，确保各个知识点之间建立紧密的关联。完成整合后，教师需按照特定的主题或模块对课程内容进行串联，以概念活动作为连接点，帮助学生理解和把握知识点之间的内在联系，从而有效地促进学生知识体系的构建和完善，达成预期目标。

构建单元内容体系的目标在于有序地整理单元知识间的逻辑关联，从大概念出发，再将大概念分解细化，判断单元内容逻辑主线。根据单元逻辑主线，精细化调整和重组教学内容，进一步梳理和规划单元知识内容，为单元教学提供坚实的内容基础。教材中的每个单元都包含多个相互关联的知识点，这些知识点共同构成了学习主题下的完整知识体系。因此，教师需要深入剖析单元在教材中的定位，明确其学习主题，并对知识点进行深入浅出的梳理，理解它们之间的层次关系和逻辑顺序，从而确保教学内容的连贯性和有效性。通过这样的单元内容体系构建，教师可以更好地为单元教学做好充分的准备，提升教学效果。

（三）围绕大概念，制定单元教学目标

单元教学目标在整个教学过程中起着关键的指向作用。大概念统领下的单元教学目标与单元教学的各个环节都指向大概念。换句话说，大概念是单元教学的灵魂，它贯穿于教学目标的设定、教学内容的选择、教学方法的运用以及教学评价的实施等各个环节。通过围绕大概念展开教学，教师可以帮助学生建立起完整的知识体系，提高他们的思维能力和解决问题的能力。同时，学生能够在学习过程中逐渐领悟和内化大概念，从而更好地应对各种实际问题和挑战。

教师立足整体视角，结合大概念以及单元教学内容确定单元教学目标，既要关注学生核心素养发展，又要确保学生能够准确把握学科概念知识点；既要符合学生的认知规律，又要能有效达成教学目标。在明确单元教学目标的基础上，教师精心策划和组织一系列学科相关的活动，引导学生积极体验和实践，逐步深化对学科知识的认识。首先，教师应确保学生

能够“知道”相关的基本概念和原理，这是认知的起点；接下来，通过深入讲解和讨论，促使学生“理解”这些知识的内涵和外延，形成系统的知识体系；最后，通过实践操作和问题解决，使学生能够“做”，将所学知识应用于实际，达到知行合一的境界。这样的教学设计有助于学生的全面发展，提升其学科素养和综合实践能力。

（四）开展系列活动，设置单元课时任务

在大单元教学中，教师需要紧密围绕教学内容和核心问题，灵活运用教学策略，设计一系列基于真实情境、富有启发性、相互关联的活动。教师根据单元教学目标和实际情况合理设置单元课时任务，引导学生通过亲身参与，验证并深化对知识的理解。大单元教学中，教师鼓励学生动手实践，在操作中发现问题，通过思考和实践，探索不同的解决方法，最终自主总结出规律。

此外，教师还应提供更多平台，让学生有机会展示自己的学习成果。在展示过程中，教师可以根据学生的表现提出具有针对性的问题，以此激发学生进一步探究的热情。通过这样一系列精心设计的体验活动，学生能够在实践中掌握知识，领悟思想方法，进一步掌握学科大概念，发展学科核心素养。这种教学方式不仅保证了大概念在课堂中的贯彻落实和大单元教学的有序推进，也为学生今后的学习和生活奠定了坚实的基础。

（五）设置问题链，确定单元教学步骤

新课标多次强调了“问题”的核心地位，视其为提升学生学科知识和核心素养的必经之路。问题的解决过程不仅锻炼了学生的学科知识应用能力，更是其学科核心素养发展的关键环节。为了有效指导大单元教学，教师必须先在学科大概念的统领下明确教学目标，并围绕这些目标整合单元教学内容，精心设计一系列问题，形成问题链，以指导教学步骤的展开。这样的大单元教学设计有助于引导学生逐步解决问题，从而构建完整的单

元知识体系，进而促进其核心素养的发展。

具体有如下方法：①围绕大概念，设计核心问题；②围绕知识点，设计系列子问题；③围绕核心问题，联系其他单元内容，设计跨学科问题。如此，教师可以构建问题序列，搭设较为完善的问题链。这一序列的问题能够帮助教师更加清晰地规划教学路径，提出具有针对性的问题，并与学生进行积极的互动，提高学生的学习兴趣和参与度，从而有效地推动课堂教学的进展，实现更加高效和富有成效的课堂教学。

（六）关注课程目标，构建教学评价体系

大单元注重评价事实、经验以及问题解决的能力。评价是检测学生学习进步和发展的重要手段，通过评价可以明确教学目标是否达成。教师关注课程目标，构建教学评价体系，在教学评价的指引下知道“做什么”“如何做”。在评价机制的驱动下，教师聚焦于学生的课堂学习行为，细致观察他们的表现，重视过程性和表现性的评价。教师灵活运用诊断性评价、即时评价和增值评价等多种评价方式，确保教学评价与单元教学紧密相连。通过这种方式，教师能够及时掌握学生的学习进展和成长情况，为学生提供及时的指导和帮助，从而促进学生逐步达成预定目标，提高单元教学的整体效果。随后，教师会根据评价结果调整教学计划，继续组织单元教学活动，并验证教学目标的完成情况，确保学生获得全面而有效的发展。

大概念导向的单元教学设计，着重于构建和有效运用评价体系，这不仅为教师改进教学方法提供了依据，也能帮助学生进行自我检测和反思。由于大单元教学涉及多个子课时任务，教师需要实时关注学生的学习进展，并在单元教学结束后进行总结性评价，以全面评估教学效果。在构建教学评价体系时，教师应遵循教学评一体化的原则，确保学生能够积极参与评价过程。在评价手段上，教师可以运用思维导图、游戏挑战等多样化的教学方法来检验学生对大概念的理解和单元知识点的掌握情况。同时，教师鼓励学生进行自评和互评，让他们自主选择或设计评价方法，不仅有助于提升学生的自我认知，还能让他们在相互评价中共同进步，从而更加清晰地了解在大概念引领下的单元学习效果。

总而言之，大概念统领下的大单元教学，有助于学生深入领会学科的核心观念和知识体系，培养他们的学科核心素养。为此，教师需要在新课程标准的指导下，将教学重点转向大单元整体教学，特别是以大概念为核心，统领整个单元的教学过程。在教学实施过程中，教师需要从多个维度进行深入分析，从而提炼出核心的大概念。随后，围绕这一大概念，教师应该制定具体的教学目标，整合和优化教学内容，并构建一系列相互关联的问题链。同时，为了确保教学的有效性，教师应根据教学目标，明确教学评价的具体任务。最后，在实际的课堂教学中，教师应结合教学内容和问题链，设计具有启发性和实践性的教学活动，规划单元课时任务，细化教学步骤，驱动学生积极体验，促进学生的思维发展和能力提升。

二、掌握基于结构化理念的大单元教学策略

大单元教学的结构化不仅体现了知识之间的内在联系，还体现了学生从下位到上位的知识形成过程和从上位到下位的知识迁移应用过程。它既为学生大单元学习提供了认知路径，也为教师基于结构化理念的大单元教学提供了技术路径。

（一）基于逻辑关系设计关联任务——知识结构化

掌握事物的基本结构，就是以允许许多别的东西与它有意义地联系起来的方式去理解它，学习这种基本结构就是学习事物之间是怎样联系起来的。知识关联的结构化是按照学科知识之间的逻辑关系将知识组织起来的一种内容组织方式。单元内容的组织要实现学科逻辑顺序与学生认知顺序

的有机融合，在遵循知识间的层级关系和教学逻辑的基础上凝练主题，设计关联任务。整合大单元教学内容，可以避免教材章节知识的杂乱和零碎现象，建立知识之间、知识和现实生活之间的联结，帮助学生形成结构化的知识网和解决问题的结构化思维。大单元教学应选择多样的情境素材，创设有逻辑关联的任务，在师生共同建构中达到对知识更深层次的理解，让学生在任务解决中形成对学科的基本认识。单元的整体教学设计可多视角厘清知识间的逻辑关系，从而为单元任务的整体建构提供基本思路。

（二）基于大概念提炼设计关键问题——认知结构化

从学科大概念视角分析单元教学内容，要立足学科整体，从具体内容中挖掘知识背后的学科大概念，再运用学科大概念梳理相关内容，使知识关联，帮助学生形成结构化的认知思路。在构建单元整体设计时，除了关注下位的基础知识，还需深入挖掘知识背后所蕴含的学科理念和思想。这要求我们在横向关联和结构化知识的同时，也要进行纵向层级的深入思考和提炼。通过这种方式，确保单元设计既涵盖了基本的知识点，又体现了学科的深层次理解和应用。

找出能够统领教学的大概念，形成系统认识，为单元整体设计提供立体化认识思路，进而形成核心观念，即上位的大观念。通过认知结构的重组，从横向关联视角和纵向层级视角建立学科知识的高阶认知。这要求教师基于学生的最近发展区情况，设计关键问题和关联任务。学生在完成关联任务和解决关键问题时，逐渐深入对学科概念的认知，感悟启示，提升了高阶思维，形成结构化思维。大概念教学更侧重于指向生活和现实问题的解决，使学生形成结构化思维的同时实现知识的迁移。

（三）基于核心观念设计教学思路——评价结构化

学科观念是学科概念、原理和规律的深度提炼与升华，它构成了我们理解物质世界及其变化的基础，也是解决实际问题的关键。这种观念的形成离不开结构化的思维认知方式，它为学科观念提供了坚实的认知基础。因此，核心观念不仅是结构化教学设计的前提，更是其不可或缺的基石。

为此，教师需在吃透教材的基础上对相关知识进行横向和纵向的关联与拓展，以发展学生核心素养为主线，建立结构化认识，形成大单元的整体教学思路，最终目的是引导学生掌握探索事物内在规律的通用思维与方法。教学设计中，在明确结构化认知和大概念提炼的基础上，以评价为导向，精心设计教学主题、设定教学目标、预先规划教学活动。教学结束之后，以学科核心观念为统领，设计一些具有挑战性和理解性的题目，让学生灵活地将所学知识运用到解决实际问题中。同时，对教学活动的最终效果进行评价，实现“教、学、评”一致性。

总之，通过梳理逻辑关系、大概念、核心观念等从知识、认知和评价几个方面进行结构化的大单元教学设计，实现对单元内知识的统整，建构知识点之间的联系，串点成线，以点带面，落实学科核心素养。

三、掌握基于UbD理论的大单元教学策略

20世纪90年代，美国课程与教学领域专家格兰·特威金斯（Grant Wiggins）和杰伊·麦克泰格（Jay McTighe）提出了UbD理论。UbD理论运用逆向思维，构建了一种独特的教学设计模式。这种模式以教学目标作为设计的起点，首先明确评估学生学习成果的证据，然后针对性地设计学习活动。与传统的教学设计模式不同，UbD理论并非从教学内容出发，而是将焦点放在学生掌握内容后所能达到的能力上。这种以学生为本的设计思维，与大单元教学的核心理念不谋而合。两者都着重于学科的核心概念，重新组合教学资源，以及构建整合性的单元教学思路。因此，当我们将UbD理论的逆向设计模式应用于大单元教学设计时，首要任务是围绕大概念制定科学的教学目标，以学生的理解为目的设计合适的教学内容，从而改变传统

的单一教学方法，促进学生全面发展，使他们在学习过程中得到更多的收获和成长。

（一）整理教学内容，找寻知识联结

教学内容能够反映知识之间的固有联系，整理教学内容是进行大单元教学的前提和基础。教师在整合教学内容时，不能单纯地将教学内容表达出来，必须从整体的高度来掌握教学内容，充分理解教材中的知识点，找寻课堂知识之间相互联系的内容，通过整合和重塑的方式将教学内容形成一个单元性整体。教师可以从以下几个方面整理教学内容：第一，对课程标准进行深度分析，这是大单元教学设计的基石，确保教学方向与课程要求保持一致；第二，对教学内容进行细致的研究，既要掌握本单元的核心知识点，又要了解与之相关的预备知识，确保教学的连贯性和完整性；第三，对比不同版本的教材是提升教学理解的重要步骤，有助于把握教学内容的广度，从而更全面地准备教学内容；第四，对学生的学情进行深入分析，包括他们的知识水平和心理特征，只有深入了解学生，才能确保教学的高效性和针对性；第五，确定学科大概念是教学设计的关键一步，它将为整个教学单元提供清晰的方向；第六，提出学科基本问题，这些问题旨在激发学生的思考和探究欲望，引导他们深入探索学科知识，提升他们的学习深度和广度。

（二）依据核心素养，优化教学目标

教学目标的设定是教学过程的基石和指南针，一个明确且合理的教学目标对于整个教学过程的有效推进具有至关重要的作用。教学目标的设计应全面考量基础知识和基本技能的掌握，以及基本思想和基本活动经验的积累，同时要展现出明确的教学层次性，着重强调对核心概念的深入理解。基于UbD理论的大单元教学在制定教学目标前，应先明确本次课程的核心目的，充分考量学生的现实需求与认知水平。在此基础上，结合学科核

心素养，精准定位并细化教学目标，深入剖析问题的核心，从根本上寻求解决方案。通过层次化的教学目标设定，将教学活动有序归类，使教学目标更具针对性和主体性，真正体现教学过程的实质价值。在制定教学目标后，必须对教学目标进行优化，从而有效地促进学生核心素养的发展，实现学科教育的育人功能。

（三）确定任务标准，构建教学评价

在UbD理论框架下，大单元教学设计强调教师应将评价设计置于优先位置，前置教学评价。这意味着在设计教学任务时，教师应根据预设的教学目标来构思评价任务，设计合适的标准来评价学生的表现。通过这样的方式，评价任务不仅有助于衡量学生的掌握程度，还能紧密围绕教学目标展开，从而提高评价的针对性和有效性。这种设计模式确保了评价与教学的紧密结合，有助于教师关注学生任务完成情况，精准地了解学生的学习情况，并及时调整教学策略。

（四）规划教学过程，落实单元活动

单元活动是大单元教学的重要内容，是由诸多课时整合的有机整体。在进行单元活动时，必须在教学主体的指引下详细周密地规划教学过程。首先在教学活动中进行情境创设，引入引人入胜的生活案例，激发学生对大单元教学的兴趣。教学活动开展后，再运用问题引导的策略，激励学生积极参与到总结与反思中。在问题任务的穿插下逐步落实单元活动，巩固和深化单元的核心大概念。这种经过细致规划的单元活动不仅有助于提升学生的理解力，还能让他们清晰地认识到自己的学习进度和知识掌握情况，从而及时调整学习策略，实现更高效地学习。最后通过综合评价，指引教学目标的达成。显而易见，合理规划教学过程能有效落实单元活动，推动大单元教学的有序开展。

综上所述，在UbD理论的引领下，探索有效的大单元教学设计路径对于

教师积极参与大单元教学实践并进行深度反思至关重要。为了设计高质量的大单元教学方案，教师需要精心研读并准确把握课程标准和教材内容，确保在全局视野下引导学生开展深度学习。同时，教师需要创设真实的教学情境，激发学生的自主建构能力，并通过持续的过程性评价来观察学生的学习行为，确保评、教、学的高度一致性。这种教学设计方法不仅有助于提升教师的教学效果，还能促进学生的全面发展。

活动与思考

一、集体研讨

谈谈基于大概念理念、基于结构化理念、基于UbD理论的大单元教学设计策略各有什么优缺点，分别适合应用在哪些课例中。

二、阅读分享

查阅文献，了解基于学习任务群、基于核心素养、基于逆向设计的大单元教学设计策略，并分享自己的研究成果。

三、实践活动

选择自己任教学科的一个教学单元尝试进行大单元教学设计，并在小组内进行展示和交流。

四、专题研讨

大单元教学如何融入“教学评一体化”理念？请结合本书后面的修炼35和修炼37相关内容，组织一次专题研讨会，并编辑一期工作简报。

修炼31

评析大单元教学示范课

在课程教学中，改变知识本位的教学观，依据课程标准设计、规划以学科大概念为统领的有一定主题内容和基础知识的教学大单元，能帮助学生形成学科基本观念。基于大概念的大单元教学设计要明确主题，设定清晰的教学目标，遵循科学合理的教学原则，通过从低阶思维逐步提升至高阶思维的过程，探索深度学习的有效路径，为学科教学提供指导，促进学科教育的持续进步和稳步发展。考虑到小学科学的内容更容易被各学段的教师所理解，这里以粤教科技版小学科学教材（以下简称“教材”）三年级下册第2单元“健康每一天”为例，浅析基于大概念的大单元教学设计策略。

一、研读“健康每一天”大单元教学课例

习近平总书记曾多次谈道：“青年强则中国强。少年强、青年强是多方面的，既包括思想品德、学习成绩、创新能力、动手能力，也包括身体健康、体魄强壮、体育精神。”在科学课上可以很好地将身体健康、创新能力、动手能力结合起来，实现习近平总书记提出的“立德树人”的育人目标。本单元精品课全部采用线上教学形式，通过备、教、研、评等多环节，精心组织学生在家开展实验活动，打造线上实验教学特色，并提出小学科学实验线上教学落实学科大概念的有效策略。

（一）多角度分析，构建单元概念框架

根据教育部《义务教育科学课程标准（2022年版）》，本单元学习内容属于生命科学领域和技术与工程领域，对应中小学在科学学习中需掌握的“生命系统的构成层次”“生物体的稳态与调节”“工程设计与物化”三个核心大概念。其中，学生通过学习第6、第7、第8、第10课，形成“人体由多个系统组成，各系统分工配合，共同维持生命活动”，“动植物之间、动植物与环境之间存在着相互依存的关系”的子概念；通过学习第9课形成“工程的关键是技术，工程是运用科学和技术进行设计、解决实际问题和制造产品活动”的子概念。本单元学科核心概念的学习有助于学生形成结构与功能、系统与模型等跨学科概念。

（二）教材梳理整合，规划单元内容体系

“健康每一天”单元涵盖消化器官和呼吸器官的知识，与人们的健康生活有关。春秋季呼吸道疾病频发，健康饮食有助于增强抵抗力从而抵御病毒，所以本单元的学习可以结合呼吸道疾病的相关知识来展开。学生需要了解呼吸道疾病的相关知识，做好自身防护，教师结合科学课中有关呼吸器官——肺的内容的学习，将“健康每一天”单元与肺相关的内容前置，组织学生进行线上学习，为学生防疫知识的学习做好铺垫。此单元能有效普及人体消化和呼吸器官的相关知识，增强孩子们强身健体的意识。教材以大单元主题教学的特点编排，各单元知识间关联不大，为“健康每一天”单元前置学习提供可能。

（三）围绕大概念，制定单元教学目标

本单元围绕“生命系统的构成层次”“生物体的稳态与调节”“工程设计与物化”三个核心大概念，制定教学目标如下。

1. 科学观念

描述人体用于呼吸和摄取养分的器官的重要性，列举保护这些器官的方法。

通过“人体由多个系统组成”大概念的学习，促进生命观念和整体观念的形成。

2. 科学思维

知道科学探究需要围绕已提出和聚焦的问题设计研究方案，通过收集和分析信息，获取证据，经过推理得出结论，并通过有效表达与他人交流自己的探究结果和观点。

认识人体和健康，以及生物体与环境的相互作用。

3. 探究实践

对自然现象保持好奇心和探究热情，乐于参加观察、实验、制作、调查等科学活动，并能在活动中克服困难，完成预定的任务。

具有基于证据和推理发表自己见解的意识；乐于倾听不同的意见和理解别人的想法，不迷信权威；实事求是，勇于修正与完善自己的观点。

4. 态度责任

初步了解在科学技术的研究与应用中，需要考虑伦理和道德的价值取向；热爱自然，珍爱生命，具有保护环境的意识和社会责任感。

（四）开展系列活动，设置单元课时任务

本单元以“人体用于摄取养分的器官”和“人体用于呼吸的相关器官”作为主线展开学习，通过科学的观察、实验、分析等活动，让学生亲身“体验”，了解保障人体“健康每一天”的消化和呼吸器官，并在学习过程中意识到身体健康的重要性，关注自己与他人的健康，养成良好的生活习惯。单元学习内容及活动安排见表9-1。

表9–1　“健康每一天”单元学习内容及活动安排

学习内容	学习目标	课题	活动安排
动物和植物都有基本生存需要，如空气和水；动物还需要食物，植物还需要光	描述动植物维持生命需要空气、水、温度和食物等	6. 我们需要食物	活动1：包饺子的食材
			活动2：哪种食物里有淀粉
			网络阅读：中国居民平衡膳食宝塔
人体具有进行各种生命活动所需的器官	简要描述人体用于摄取养分的器官	7. 食物的消化	活动1：食物在口腔中的变化
			活动2：食物消化的过程
	简要描述人体用于呼吸的器官	8. 我们离不开呼吸	活动1：感受呼吸
			活动2：吸气与呼气
			实践：测量气体的成分
工程的关键是设计	知道工程设计的基本步骤包括明确问题、确定方案、设计制作、改进完善等	9. 设计与制作：简易肺活量计	任务 ↓ 设计 ↓ 制作 ↓ 测试 ↓ 评价与改进
	针对一个具体的任务，按照设计的基本步骤来设计一个产品或完成指定的任务		
工程设计需要考虑可利用的条件和制约因素，并不断改进和完善	对自己或他人设计的想法、草图、模型等提出改进建议，并说明理由		
	在制作过程中及完成后进行相应的测试和调整		
人体具有进行各种生命活动所需的器官	列举保护这些器官的方法	10. 健康生活	活动1：生活习惯小调查
生活习惯和生存环境会对人体产生一定影响	列举睡眠、饮食、运动等影响健康的因素，养成良好生活习惯		活动2：养成健康生活好习惯
			实践：亲子运动

（五）设置问题链，确定单元教学步骤

本单元5节课以问题链形成紧密的逻辑结构，学生在完成活动任务的同时就是在解决一个一个问题，从而使学习走向深入。“健康每一天”单元教学问题链见表9–2。

表9–2　“健康每一天”教学问题链

课题	主问题	子问题
6. 我们需要食物	饺子有什么营养呢？	这些食物原料里含有什么营养物质呢？
		哪些食物含有淀粉？
↓		
7. 食物的消化	为什么米饭越嚼越甜呢？	口腔在食物消化的过程中起到什么作用？
		食物在人体内的消化过程是怎样的？
↓		
8. 我们离不开呼吸	我们吸气时胸围会变大吗？	我们在呼吸时，胸廓的变化情况是怎样的？
		人在呼吸时，空气经过了哪些器官？
↓		
9. 设计与制作：简易肺活量计	我们能制作一个测量肺活量的装置吗？	用什么办法可以把我们呼出的气体收集起来进行测量？
		怎样确定瓶身上的刻度？
		经常参加体育锻炼的同学的肺活量是不是更大？
↓		
10. 健康生活	早上精神应该很好，你头晕是不是因为没吃早饭？	同学们都有哪些生活习惯？
		哪些生活习惯有利于我们的身体健康？

根据三年级学生注意力集中时长特点，结合视力保护要求，确定本单元每节线上课堂时长为10~20分钟，留足学生自主学习的时间，放手学生自我管理，培养学生自主自律的意识。同时，在线上课堂中融入多种信息技

术的手段，特别是加强对学生的人文关怀，还考虑到学生居家实验情况，在实验器材替换、家长监管、健康饮食和体育锻炼等方面也加大了关注。在教师、学生、家长的长期线上互动中，教师汲取经验，不断总结反思，形成一系列的成果，具体分工见表9–3。

表9–3　“健康每一天”线上课堂分工

人员	课程内容	申报一览表	课程说明	教学设计	教学实录	课件	反思、图片、实验记录单	文章发表
连子游	6. 我们需要食物			√	√	√	√	
肖　洁	7. 食物的消化			√	√	√	√	
杨汉兵	8. 我们离不开呼吸			√	√	√	√	√
张　黎	9. 设计与制作：简易肺活量计	√	√	√	√	√	√	√
周梓欣	10. 健康生活			√	√	√	√	

本单元线上教学微课经过区、校等多级、多次研讨后推送给学生，其中第9课“设计与制作：简易肺活量计”作为优质资源在省级平台“粤课堂”播出。每次备课研讨都是以线上的形式集中、定点进行，保障每位教师深入交流、交换资源、借鉴参考，在不断完善中有效提高线上教学质量，在磨合、共识中精益求精，从而通过线上实验教学落实科学核心素养。

（六）关注课程目标，构建教学评价体系

线上实验教学不同于以往的线下教学，对于学生实验操作是否规范、实验结论是否合理等不能现场即时给予评价，需要学生提交实验小视频、实验记录单照片进行反馈。本单元在教学时依托互联网平台，建立学生作业库，组织学生自我评价、生生互评、教师评价、家长评价等多元主体评价。在评价时使用分层评价、过程评价、集中评价、个别评价、综合评价等多维评价方式，让评价更灵动、更有针对性，有利于学生的个性发展。同时树立榜样，及时鼓励学生居家学习取得的进步，既面向全体，又兼顾个体，以生为本，互勉共进，激发学生自主学习的动力。

二、讨论本单元课例的教学特点

本单元线上教学注重培养学生自主、自律的良好学习习惯，发现并激发学生的正向情绪、积极状态、探究精神和实践能力，鼓励学生共同克服现实困境，促进学生科学素养的发展。本单元课例的教学特点主要如下。

（一）围绕学情，个性创生

本单元教学设计结合教材大单元的特点将本单元内容前置，结合居家环节替换实验器材，结合学生认知水平准备教学指南。在秋冬换季呼吸疾病频发的时期，为了让学生尽快了解呼吸道疾病的相关知识，做好自身防护，再结合科学课中有关呼吸器官——肺的内容的学习，我校三年级科学教师果断将“健康每一天”单元与肺相关的内容前置，组织学生进行线上学习，为学生学习预防呼吸疾病的知识做好铺垫。

教材中的部分实验室器材替换成家中常见、易得的材料，教师在本单元教学中及时予以引导和鼓励三年级学生对实验器材的多元、创意替换。最后，在课件、视频等线上教学中，教师不断提示学生实验时注意安全，并在实验前群通知家长给予监管和辅助。

每节线上课教学时间不超过20分钟，教师通过学习指南在有限的时间内清晰明了地告知学生做什么、为什么做、怎样做，并结合三年级学生的认知特点设计简单易行的学习指引，让学生一目了然，增加学生学习的主动性。

（二）启迪方法，导向生活

在本单元线上教学过程中，教师始终关注学生主体，重在启迪方法，引导学生产生主动、真实、深层的学习，避免隔着网络“唱独角戏”。

1. 教学设计化繁为简

小学三年级学生自行在家进行科学实验，有一定的难度，因此本单元通过小视频、导学单等辅助手段辅助学生学习，并对每课的活动降低难度、减少环节。虽然学生在家通过网络进行小组合作学习很难操作，但和家人合作进行实验是可以实现的，通过这样的形式还能增进亲子关系，这是在学校实验室学习无法企及的。每课的教学设计里都有亲子活动，鼓励家庭成员参与，增加学生动手操作的积极性。

2. 教学语言亲切自然

因居家和外界环境的影响，教师要尤为关注孩子这段时间的身心发展。教师、家长与孩子的沟通会更为密切。在本单元线上教学期间，教师使用轻松自然、幽默风趣的语言消除家长、孩子的焦虑，促进学生形成完整、正向的世界观和人生观。

3. 教学管理自主自律

态度决定一切，习惯成就未来。大单元教学的便利在于前一周可以向学生推送下一周的单元课程资源，有助于学生制订单元学习计划，形成自主学习能力。本单元每一课在开课前一天还通过班级群提醒家长辅助学生准备实验器材。根据三年级学生注意力集中时长特点，结合视力保护要求，确定线上课堂时长为15~20分钟，留足学生自主学习的时间。师生适应并形成良好教、学习惯后，放手学生自我管理，培养学生自主自律的意识。

活动与思考

一、总结思考

本单元课例中核心概念是什么？是怎样围绕大概念开展大单元教学的？还有哪些地方需要改进？

二、经验分享

请以某一单元为例谈谈你所任教的学科是如何基于大概念进行大单元教学设计的。

三、集体备课

请以你所任教学科的某一单元为例，尝试进行基于结构化理念的大单元教学设计和基于UbD理论的大单元教学设计。

四、同课异构

请选择你所任教学科的某一单元，组织大单元教学的同课异构教研活动，进行观课议课。

专题10

质量测评

学业质量是学生完成课程学习后的学业成就表现，学业质量测评是对学生能力和综合素质的评价。通过学业质量测评，学生能了解自身学习水平，提高学习效果，促进学业发展；教师能诊断教学问题，优化教学内容和改进教学方法，提高教学质量；学校能把握教与学的状况，改进教学管理，深化人才培养模式改革。质量测评的重要性不言而喻，它是检测学生学习成果和能力的重要指标，是检验教学是否达成课程目标的一个重要指标，也是评价学校和教师工作质量的重要依据。

本专题内容包括四大部分，包括更新学业质量观和评价观、学会进行作业设计和试题命制、学会进行试卷和学业质量分析以及落实“教学评一致性”的理念。通过理论阐释和案例示范，帮助新时期名师工作室成员更好地实施质量测评。

修炼32

更新学业质量观和评价观

随着新一轮课程改革的实施，学业质量评价是教育教学改革的重要组成部分，对于学生、教师、学校和家长都有着重大的意义。因此，更新学业质量观和评价观是新课标实施的关键环节，也是当前广大教育工作者的首要任务。教育部颁发的《义务教育课程方案（2022年版）》明确指出，“全面落实新时代教育评价改革要求，改进结果评价，强化过程评价，探索增值评价，健全综合评价，着力推进评价观念、方式方法改革，提升考试评价质量”。

一、更新学业质量观

学生学业质量是评价一个学校教育质量的重要指标，也是评价学生学习成果的重要内容之一。新课程标准的制定，从实施需求出发，强化指导性和可操作性，切实加强了对教材编写、教学实施和考试评价的具体指导，增加了学业质量部分。新课程标准确立了新的学业质量观，改变过去对知识和技能掌握程度的单一评价，引导教学更加关注育人目的。新课程标准还研制了学业质量标准，把学业质量划分为不同水平，帮助教师更好地把握教学要求，因材施教，也为考试评价提供了依据。

（一）树立新的教育质量观

教育质量观是指对教育工作及学生质量的基本看法，主要着眼于对学生质量的评价。这里谈三个问题：

一是关于教育的意义和价值。教育是促进儿童发展的主要途径，教育的意义和价值涵盖个人和社会两个层面。从个人的角度来看，教育主要是发展人，帮助个体获得知识、技能和价值观等方面的发展。每个人在社会中谋生存、求发展，靠的是个体的一技之长；事业的成功，更依靠自己健全的人格和独特的优势。从社会的角度来看，教育面向未来，基础教育就是为每一个人备好走在未来发展之路所需的盘缠。

二是关于片面的教育质量观。科学意义上的"教育质量"是指教育水平的高低和效果优劣的程度，最终体现在培养对象的质量上。旧的片面的教育质量观受工业时代思维模式的影响，单纯以学业成绩的优劣或品德表现的好坏来论断教育质量的高低，把教育质量异化为分数和升学率。学生与生俱来的个性得不到良好的培养，人格得不到健全的培育，爱好特长得不到应有的发展。经过多年的课堂教育后，培养出来的学生都是一个高度相似的群体，缺乏创新精神，缺乏实践能力，没有鲜明的个性，没有健全的人格。教育要发展个性，教育要健全人格，教育要培养创新。基础教育呼唤全面发展的教育质量观、个性化发展的教育质量观和可持续发展的教育质量观。

三是关于全面的教育质量观。全面教育质量观认为，教育质量标准具有综合性，其实质是看学生的全面发展、教学任务全面完成和全体学生全面提高的状况，包括学生德智体美劳及各方面的发展，是否做到知、情、意、行的统一，知识与能力的统一，理论与实际的结合，以及智力与体力的协调发展。《中共中央 国务院关于深化教育教学改革全面提高义务教育质量的意见》（以下简称《意见》）传递出树立全面而科学的教育质量观的信号，为全面提高义务教育质量提供了清晰的方向指引。《意见》明确提出，要树立科学的教育质量观，深化改革，健全立德树人，落实机制，在坚定理想信念、厚植爱国主义情怀、加强品德修养、增长知识见识、培养奋斗精神和增强综合素质上下功夫。科学的教育质量观，应建立以发展核心素养为导向的科学评价体系，注重过程性评价和发展性评价，突出德育实效，提升智育水平，强化体育锻炼，增强美育熏陶，加强劳动教育，促进学生全面发展，破除“唯分数，唯升学”的片面评价体系。《意见》把科学的教育质量观概括为“德育为先、全面发展、面向全体、知行合一”。

（二）树立科学的学业质量观

这里仅以《义务教育数学课程标准（2022年版）》为例。

1. 学业质量的多维理解

（1）基于课标体系的理解——把握整体

从课标的宏观角度，整体理解。《义务教育数学课程标准（2022年版）》目录分为课程性质、课程理念、课程目标、课程内容、学业质量和课程实施六大部分。“让核心素养落地”是本次课程标准修订的工作重点。新课程标准依据素养发展水平来描述学业质量，让学生素养具体化、鲜明化。从课程标准制定的体系来看，学业质量体现以下几个特点：学业质量的内容更饱满、更丰富；学业质量源于核心素养，是对教与学的引领；学业质量指向课标各个部分，是关键；学业质量上承目标下启课堂教学，是枢纽；学业质量确定了评测的方向，是命题的依据。

（2）基于核心素养的理解——探究本质

核心素养是党的教育方针的具体化和细化，体现学科本质。把握素养的方法论与理解素养的意义很有价值。乔纳森（Jonassen）认为，教育的唯一合法目的就是解决问题。这里的问题不是只局限在学校范围内的问题，而是指向真实世界的问题。校园内的学生如何能与真实世界融通，其引桥就是情境。核心素养的精髓就是真实性。所谓真实性是指超越学校价值的知识成果，教给学生的不是局限于课本的死知识，而是走出校园、面向世界仍然能够使用的真实的知识。

素养导向的学业质量，其内涵就是解决真实问题的能力以及超越学校价值的知识成果。素养的理解比较抽象，更形象的理解应该是其下维的中国高考评价体系。2017年高中新课标落地，2020年中国高考评价体系出台，扭转了高考是应试教育指挥棒的局面。图10–1是高考评价体系的核心图（一核、四翼、四层）。

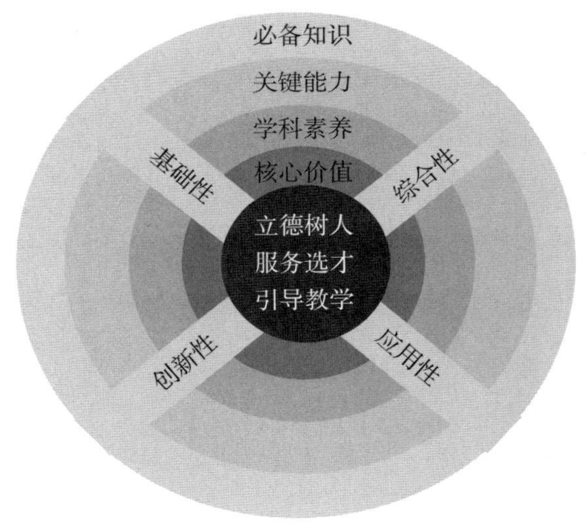

图10–1　高考评价体系核心图

内核中心是高考的功能，“立德树人”“服务选才”“引导教学”阐述了为什么要高考。外核的四层——“必备知识”“关键能力”“学科素养”“核心价值”对应考什么。四翼——“基础性”“综合性”“应用性”“创新性”则对应怎么考。我们可以用开车来做一个比喻。交通规则、安全法规、基本驾驶理论是必备知识，倒车、移库是基本技能，路面考试是应用水平和基本能力。能熟练上路安全驾驶的关键能力是遵守交规，必备品格是礼貌行车，正确价值观是尊重生命。高考考查的载体是真实世界创设的情境，所以无情境不高考。如果一个高水平的司机能够在复杂的路况中灵活应对棘手问题，完成较为困难的驾驶任务，作出令乘客舒心其他人放心的驾驶判断，则具备了驾驶学科的素养，这是基于真实性问题解决的学科素养与关键能力的区别。

义务教育阶段，数学核心素养是现实世界与抽象世界的建构，寻求对现实世界的本质、关系和规律的理解。学生在数学学科应形成三会的核心素养："会用数学眼光观察世界，会用数学思维思考世界，会用数学语言表达世界"。

（3）基于课程目标的理解——寻找源头

课程目标集中体现核心素养，但比核心素养更具象和宽泛。例如，数学学科的课程目标是培养三会的数学人，获得四基，发展四能，形成正确价值观、必备品格和关键能力。课程目标通过课程内容这个载体确保实施落地。

学业质量是以核心素养为导向，体现核心素养与课程目标、课程内容有机结合的指标描述，是对学业成就的总体刻画，是学段目标要求的核心表述。学业质量对课程目标具有指导性要求，如内容要求、学业要求、教学提示要求。

2. 科学的学业质量观

在各学科的新课程标准阐述中，学业质量被划分为若干个水平，学业质量水平体现学业成就逐步递升的进阶关系。那么，什么是新课标倡导的学业质量观？新课标改变了以往以知识点为纲的学业质量观，建立了以素养为导向的学业质量观。素养导向的学业质量观蕴含了新的学习观，认为学习不是识记教材中展示的知识，而是一个不断解决问题、不断创生意义的过程。学业质量的优劣主要看知识与能力的形成，更要关注学生素养有没有很好地发展。新的学业质量观体现了整合性、实践性和发展性的特点，指向学生的全面发展。

科学的学业质量观的内涵包括以下三个方面特征：

（1）学业质量关注的是基于正确价值观的问题解决能力的培养。

（2）学业质量的本质是促进学生问题解决能力的形成与发展。

（3）学业质量考查的载体是接近真实世界的情境。

（三）践行新课标学业质量标准

一是关于学业质量标准的内涵。学业质量标准是学科核心素养及其表现水平维度结合课程内容对学生学业成就表现的总体刻画。“学生在完成课程阶段性学习后的学业成就，表现反映核心素养要求，学业质量标准是以核心素养为主要维度，结合课程内容，对学生学业成就具体表现特质的整体刻画。”学业质量标准的源头是育人目标、课程目标、教学总目标对核心素养的描述。学业质量标准与各类目标保持一致性，使教育教学过程形成了闭环。

二是关于学业质量标准的特点。新课标在学业质量标准方面有以下几个创新点：首次提出学业质量标准，明确新的质量观，实现了大纲与考纲，“考—学—教”一体化融合；首次明确素养导向的学业质量评价，并在理念、方法上进行了完整的阐述，推动多元评价的创新设计；首次强调考试命题的改革与创新。

三是关于学业质量标准的意义。学业质量标准是学业质量评价体系的依据，多元评价是实施路径，考试命题是关键突破。这三方面是一个整体运行，围绕核心素养这个中心，相互作用，建立一个激励学生和改进教学的评价体系。学业质量标准是基于核心素养的标准，多元评价体系是为了在真实情境中考查学生的核心素养，考试命题的改革则是指向核心素养的落实。

《义务教育数学课程标准（2022年版）》增加了学业质量的描述，阐述了学业质量内涵和学业质量标准，并按四个学段分别给出学业质量的具体描述，为我们的教学评价提供了参照和依据，提高了课程标准的指导性和操作性。数学课程的学业质量要求主要包括三个方面，知识与技能、思想品质和学科核心素养。数学课程的学业质量标准主要从三个方面来评估学生核心素养达成及发展情况：首先，以结构化数学知识主题为载体，在形成与发展“四基”的过程中所形成的抽象能力、推理能力、运算能力、几何直观和空间观念等；其次，学生在熟悉的生活与社会情境，以及符合学生认知发展规律的数学与科技情境中，在经历用数学的眼光发现和提出问题，用数学的思维与数学的语言分析和解决问题的过程中形成的模型观念、数据观念、应用意识和创新意识；最后，学生经历数学的学习，运用实践探索活动的经验积累，逐步产生对数学的好奇心、求知欲，以及对数学学习的兴趣和自信心，初步养成独立思考、探究、质疑、合作交流等学习习惯，初步形成自我反思的意识。

二、更新学业评价观

低效的教育源自评价系统的缺失，那么异化的教育则是因为评价指标的不科学所导致的。如果我们以考试代替评价，以考纲架空课标，把平时测验异化为选拔考试，把频繁增减课程当成教育核心改革，我们不仅不可能拥有科学的评价系统，而且难以拥有真正高质量的基础教育。

新课标的学业质量标准为评价改革提供了框架和依据，我们要改变过分关注碎片化知识和技能的旧评价观，转向关注整体性、实践性和发展性的新评价观，并树立素养导向的学业评价观。教育部等六部门联合印发《义务教育质量评价指南》（简称《评价指南》），为县域义务教育质量评价、学校办学质量评价和学生发展质量评价的评价内容、评价方式、评价组织实施与评价结果应用明确了行动指导。学业质量评价是新课程标准的创新特色，新时期名师工作室成员须认真学习新课标的评价观和评价方法，落实到日常教学中。

（一）学业质量评价观多维解读

一是评价目的：在于促进学生成长、教师发展、教育质量提升。

二是评价功能：发展性和激励性。既要关注学生的学习结果，也要关注他们在学习过程中的变化和发展。应强调评价的诊断功能、促进功能，注重学生发展的进程。

三是评价方向：素养导向。我们对学生评价，既要关注学生知识与技能的理解和掌握，也要关注他们情感态度价值观的形成和发展。

四是评价内容：综合化，切忌片面。不仅关注认知领域的知识和能力，也关注非认知领域的情感态度价值观，如动机、兴趣、意志力、性格等。

五是评价标准：分层化，从强调共性走向关注个体差异。美国发展心理学家加德纳（Cardner）的多元智能理论告诉，我们每个学生都有可再发展的潜力，只是表现的领域不同而已。学生个体之间显现出多元的不均衡性，在认知方式、个性特征、学习习惯、生活特点、兴趣爱好等方面是千差万别的。如果用统一化的评价标准衡量所有的学生，难免打击部分学生使其丧失学习兴趣以及自尊心、自信心，减弱了评价的功效。

六是评价方式：多样化，采用多种评价方法来评价学生的学习过程与结果。评价应将定性评价与定量评价相结合，智力因素评价与非智力因素评价相结合，过程性评价与终结性评价相结合，自我评价与他人评价相结合，模糊评价与导向评价相结合，即时性评价与延缓性评价相结合。例如，“真棒！”“有趣极了！”这是激励为主的模糊评价。“你能够从另一个角度来回答这个问题，说明你思考积极。”这是导向评价。两者相结合，不失偏颇，才能更全面准确地反映学生的实际情况，满足不同学生的学习需求。

七是评价主体：多元化。重视评价主体多元互动，尊重被评价者的人格尊严，激励被评价者的自信心和创新精神，鼓励被评价者自主积极地参与评价。

八是评价结果：个性化。我们常用的评价如学习档案、风格评估、兴趣调查、学习困难诊断以及反馈建议等评价手段因人而异，评价结果都是个性化的。

（二）学业质量评价观内涵特征

一是以生为本的评价思想观。“以学生的发展为本”是基础教育课程改革的核心理念，以生为本的评价思想观首先体现在关注学生的发展，以学生的发展来审视学业质量的优劣。

二是素养本位的评价导向观。评估学生的学业质量，关键是评价学生的核心素养。素养导向的评价更强调学生的好奇心、求知欲、学习兴趣、自信心等，强化学生独立思考、批判思维、合作交流、实践创新、自我反思等习惯以及意识的培养。学业质量标准指出评价核心素养的三个角度——知识主题、问题情境、情感态度。具体包括：以结构化的知识主题如大单元、大概念、大任务等，来培养学生的核心素养；设计真实生活问题情境，在情境中应用基础知识、基本能力解决问题，来培养学生的核心素养；促进学生学习过程中情感态度价值观的发展，来培养学生的核心素养。

三是发展性的评价目的观。《基础教育课程改革实施纲要（试行）》明确指出：“改变课程评价过分强调甄别与选拔的功能，发挥评价促进学生发展、教师提高和改进教学实践的功能。”发展性的评价观强调评价的民主化和人性化，关注被评价者的主体性及评价对个体发展的建构性，将过程性评价与终结性评价相结合，定性评价和定量评价相结合。

四是多元化的评价系统观。具体包括以下几方面：

（1）评价形式丰富。除书面测验外，应积极探索口头测验、活动报告、课堂观察、课后访谈、课内外作业、成长记录、作品集、档案袋等评价形式，同时可以采用线上和线下相结合的方式进行评价。以小学数学为例：活动报告包括小学生数学活动后的交流总结和体会、实践活动后的感悟心得、数学调查的报告、实践活动的汇报、小组讨论的记录等。小学数学还有一种重要的评价方式——档案袋评价。档案袋评价指系统收集能够体现学生在学习过程中的努力与能力并能作为成长证据的相关记录。档案袋评价，旨在促进孩童的自我观察、自我评价和自我构建。

（2）评价维度多元。评价学生每一个领域表现的同时，要注重对学生学习过程的整体评价，还要分析学生在不同阶段的表现特征和发展变化，突出过程性评价。基础性评价和发展性评价相结合，百分制评价和学分制评价并存，以提高评价的相对合理性。

（3）评价主体多样。教师、学生、家长、管理者共同参与，交互作用，形成各主体之间的相互监督、相互帮助的群体关系，变教师权威下的轮型评价模式为以学生为主体的全渠道评价模式。

（4）评价反馈科学。评价结果的呈现与反馈应采用定性与定量相结合的方式。从以往过于关注学生的学习结果走向重视学生的学习过程和成长。以小学数学为例，评价反馈因时而异（表10–1）。

表10–1　小学数学不同学段评价方式应用及原因分析

学段	评价方式	原因
第一学段	描述性的定性评价	过早进行分数评价，会引导学生和家长过度关注分数，容易形成“分数即能力，分数即成功”的思维模式，可能会异化小学生数学学习和发展的丰富内涵，淡化评价给予学生的丰富信息，影响学生数学学习力的全面发展，甚至可能会给学生造成不必要的学习负担
第二学段	描述性评价与等级评价相结合	
第三学段	描述性评价与等级评价相结合	
第四学段	等级评价与分数评价相结合	

在小学低龄段会更多采用描述性评价。描述性评价也称为定性评价，它是指评价者对评价对象的表现和状态进行观察和分析，直接对评价对象作出判断。描述性评价对低龄孩童更适用。因为它是在真实情境下的真正体现教学评一致性的评价，更符合学生的身心发展特点，更关注学生核心素养的发展，更能发挥学科的育人功能，也能给教师更多的教学创新空间。

总而言之，学业质量评价有以下几个转变，从知识立意的评价走向素养立意的评价，从定量评价走向定性评价，从标准化评价走向个性化评价，从诊断和选拔性的评价走向激励和发展的评价，从数据化评价走向数字化和智能化评价，从对知识学习的评价走向真实情境下解决复杂问题的评价，真正体现教学评一致性。

我们需要领会评价导向，明确核心要求；对标评价内容，做好自我诊断；用好评价结果，促进循证治疗，着力构建符合素质教育思想，有利于促进学生充分发展、全面发展、终身发展和有差异发展的科学评价观。

活动与思考

一、自我反思

请结合《中共中央 国务院关于深化教育教学改革全面提高义务教育质量的意见》中关于科学教育质量观的论述，阐述你对科学教育质量观的理解，并举例说明如何在日常教学中落实。

二、经验分享

《基础教育课程改革实施纲要（试行）》指出，“改变课程评价过分强调甄别与选拔的功能”。请结合你的实际教学情况，谈谈如何发挥评价促进学生发展、教师提高和改进教学实践的功能。

活动与思考

三、集体研讨

教育部等六部门联合印发《义务教育质量评价指南》，对县域义务教育质量评价、学校办学质量评价和学生发展质量评价给出了行动指导。请与工作室全体成员共同研讨，学生发展质量评价的评价内容、评价方式、评价实施与评价应用如何实施。

修炼33

学会进行作业设计和试题命制

作业设计和试题命制，作为帮助学生巩固和消化所学知识并转化为技能技巧的重要环节，是教学评一致性的延续，是新学业质量观的体现，其重要性不容忽视。作业设计和试题命制不应只局限于对知识的复习、巩固和检验，而要使其成为后续教学过程的宝贵资源，助推学生核心素养的发展。教育告别“机械”“识记”“题海”，走向“情境”“实践”“综合”。

一、学会设计高质量作业

（一）认识何为作业

作业分为课内作业和课外作业，是课堂教学活动的必要补充，是教学工作的有机组成部分。学生作业的目的在于巩固与消化所学知识，并使知识转化为技能技巧。作业是学习的重要组成部分，也是学习的延续、补充和应用。作业和学习相互作用、相互依存。作业是反映学生学习效果的窗口，是课堂师生交往的延伸。每一份作业的背后都是一个个有思想、有感情的人。因此，作业可以反映出学生的态度思想、情感看法，也会关涉到学生的个性特征，甚至于学生的价值观念。教师要把握作业育人功能，严控书面作业总量，创新作业设计方式，提高作业设计质量，加强作业完成指导，认真批改反馈作业，健全作业管理机制。

1. 定位作业的育人功能

在长期的教育实践中，课程育人、文化育人、活动育人、管理育人、实践育人等育人方式逐渐被提炼和探究，为广大教师所接受和熟悉，但很少有人将“作业”和“育人”关联起来。2021年全国教育工作会议召开，教育部办公厅发布了《关于加强义务教育学校作业管理的通知》，首次提出“把握作业的育人功能”，并明确了“帮助学生巩固知识、形成能力、培养习惯”的育人导向，为广大教师打开了作业研究、作业设计、作业布置、作业评价和作业反馈的新视野。

（1）作业设计育人。高质量的作业设计在时长、内容、形式、梯度等方面均有精心的考量，确保每一个维度都发挥出应有的育人功能。作业时长要符合“双减”政策的要求；作业内容要联系生活，积极引导学生在生活化的情境中更好地巩固、拓展知识，在潜移默化中接受情感态度价值观的熏陶，发展人文情怀；作业形式要丰富多样，打破书面作业一成不变的单调样态，让学生参与读书分享、海报制作、实验探究、专题研讨、社会调查、公益服务等形式的综合性实践作业，培养学习兴趣，激发求知热情，开阔视野，发展实践能力和社会责任感；作业任务要因人而异，满足学生的个体差异性，让学生在基础型、提高型和拓展型的选择性作业中解决“吃不饱”和“吃不了”的问题。

（2）作业评价育人。作业不仅是教学信息反馈的重要载体，也是沟通师生情感的桥梁。作业评价是师生之间的认知交流和情感交流。从教育交往理论的角度，作业完成与作业评价是师生间以可理解的方式共享知识经验、分享思想情感的过程，是师生以作业为媒介的双向理解过程。这种理解不仅包括掌握知识经验的认知过程，也是师生间相互沟通、相互认同和相互接纳的交往过程。但在教育实践中，作业评价的教育价值往往被教师所忽略，存在被简单化和狭窄化的问题。为了使作业评价更好地体现出应有的教育价值，教师应重视挖掘作业评价中的尊重、激励、示范等教育内涵。

（3）作业反馈育人。作业反馈（包括订正）是作业管理的终端，同样具有育人功能。学生的作业反馈越及时，教育效果就越好。因为在短时间之内进行学情反馈，学生对先前所学知识还保留着较深的印象，教师的订正和补充练习就更容易起作用。同时，教师的评价、激励和指导对学生产生的即时效果也越好。及时的反馈，体现了教师责任心，教师的品格也会对学生产生潜移默化的隐性教育价值。

2. 厘清作业设计存在的问题

（1）教师对作业目标定位存在认知偏差。作业目标应依据课程标准和教学目标，围绕学科核心素养来确定，以帮助学生巩固学科基础知识，提高学习能力和解决问题的能力，形成正确的价值取向和良好的道德修养。但很多教师对作业目标的定位存在认知偏差，直接导致作业目标设计缺失，作业目标定位偏离，作业布置随意性较大。

（2）作业内容缺乏多样分层的设计。作业内容的设计是对作业类型的选择和作业难度的把握。受应试教育思想及知识本位的观念影响，传统作业的内容因循守旧，局限于知识巩固和应试技能的训练题目，注重学生实践能力和综合素养培养的作业设计较少；重复机械的作业练习形式较多，开放型和探究型的作业设计较少；过分强调智育提升，忽视情感态度和价值观培养；没有依据学生的认知水平和个体差异设计不同层次的作业。

（3）作业评价缺乏系统性、科学性和针对性。作业评价是教师对作业的批改和反馈。评价取向功利化，评价主体单一化，评价形式简单化，反馈内容狭窄化。

3. 认识作业单一和过多的危害

长期精神紧张、作业负担过重，会对学生产生系统性的危害。主要表现在以下几个方面：第一，身体危害。作业负担过重，孩子容易长时间处于焦虑状态，久而久之，产生内分泌功能紊乱，从而导致生长激素分泌受限，破坏免疫体系，影响孩子的身高。第二，心理危害。长期课业负担过重，孩子容易产生无力感和无助感，情绪不稳定，甚至产生消极的情绪或厌学。第三，人格危害。身心健康受到影响，会抑制个性发展，影响孩子的人格形成，孩子失去童真和天赋。

（二）如何设计作业

校本作业研发非常重要。新课标对作业提出了“加强课程综合，注重关联”的基本原则，要求教师加强课程内容与学生经验、社会生活的联系，强化学科内的整合，开展跨学科的主题学习，强化课程协同的育人功能。作业设计应指向核心素养，立足学生本位，强化学科素养和问题解决。作为教师，应树立由聚焦数量转向关注质量、由教学视域转向课程视域、由知识本位转向素养本位、由学科本位转向学生本位的价值取向的作业观。

一是作业设计的价值取向：由聚焦数量转向关注质量，由教学视域转向课程视域，由知识本位转向素养本位，由学科本位转向学生本位。

二是作业设计的实施路径：具体表现在以下几个方面。

（1）构建层级递推的目标体系。有效作业设计的目标，应指向学科核心素养的形成，但学科核心素养较为宏观，需要逐级具体化才能保证作业目标不出偏差。

（2）构建贴合实际的内容体系。首先，教师要进行学情系统分析，要设计出有针对性、贴近学生实际的作业，就必须对学习的全过程进行监测了解；其次，创设具象情境，建构主义视域下情境是学生知识建构的条件和学习活动的基础；最后，知识编排方式要符合学生的认知结构，这决定了作业的层次性。

（3）构建整体协同的结构体系。作业设计只有构建整体协同的结构体系才能发挥作业的整体效能，教师应厘清题型、内容、素养和难度的差异性，把握其特定功能，才能设计出有针对性的、个性化的分层的作业。

（4）构建及时反馈的评价体系。教师要将结果反馈为导向的终结性评价与描述性反馈为导向的形成性评价相结合，将反馈学生差异性的横向比较与聚焦学生成长性的纵向比较相结合。

（三）如何评价作业

作业评价作为教师对学生学习活动情况的一种反馈。通过作业评价，学生除了了解知识的掌握程度，还可以感受到教师对自己的情感，以及教师本人的职业态度，这些又反过来影响学生的学习态度和对教师的情感。可以说，作业评价是课堂师生交往的延伸，它对学生的认知发展和情感发展具有不容忽视的作用。

教育是人与人精神相契合、文化得以传递的活动。理想的教学交往应该是师生双方真、善、美进行交流。作业评价是师生之间超越课堂的再相遇，优秀的教师往往不会忽略这样的教育契机，因为简短的几句评语、着重的几点勾画就能实现师生间的沟通与理解，使教育的魅力和价值在无声与无痕中得以彰显，让作业批改散发更丰富的教育光彩。

1. 当前作业评价中存在的问题

（1）评价形式简单化

当前许多教师的作业评价往往关注的是作业任务是否完成以及完成的质量，对学生答题仅使用对错的符号，交流信息量太少，难以起到应有的教育意义。这种简单的评价方式忽视了作业潜在的教育功能和育人契机。

部分教师仅用分数或等级评价作业，也是过于简单化。学习不仅仅是简单的头脑活动，其中还包含复杂的情感，教师评价学生作业的态度对学生的学习和师生关系都会产生影响。当学生挑灯夜战或苦思冥想完成作业之后，学生在情感上希望得到教师积极的反馈，学生从内心希望得到的不仅是对错优劣的评判，更渴望得到来自教师的尊重和认可，这种认可与尊重可以通过教师作业批语的文字表达实现。

（2）反馈内容狭窄化

传统的作业批改，教师审视的角度往往是狭隘的，功利性目的凸显异化了教育的真正价值内涵，把师生的交往局限在知识领域，关注的是问题的“对”与“不对”，忽略了学生的情感和精神世界。雅斯贝尔斯（Jaspers）指出：教育是人的灵魂的教育，而非理智知识和认识的堆集。真正教育的过程是启智和陶冶性情的过程，它在缓慢的进程中完成着对真、善、美的不断追求。实践中，许多教师往往忽略了学生作业的评改是教师情感输出的载体，是教师与学生的另一种形式的沟通、交流。这种交流会超越知识层面，实现师生双方更深入的认识，从而达到师生情感方面良性沟通与融洽。教师的作业反馈就是教师情感输出的一种方式，它体现教师对学生作业的意见和态度，有经验的教师总是利用作业批语这一特殊形式褒贬学生的得失，进而达到一定的教育效果。

2. 挖掘作业评价中的教育内涵

（1）作业评价应体现平等的师生关系

现实中许多教师作业评价出现问题，原因在于师生关系的不平等。现实中仍然存在着这样的师生观：学生就是教师的工作对象，教师在学生面前必须以“权威形象”出现，学生必须在角色和心理上“臣服”于教师。这样，作业的评价自然带有浓厚的权威色彩，教师自然容易忽视学生的情感体验，师生之间通过作业平等交流很难实现。教师应放下“权威”，视每一个学生是同样有着思想、感情的独特生命体，用激情去唤醒，用情感以滋润。在作业评价时，教师会从学生的角度，对学生作业中出现的错误和问题多一些理解和谅解。这样的作业评价就具有了情感熏陶的价值。

（2）作业评价应发挥激励的教育功能

评价学生的学业活动可以直接对学生的学习动机产生影响。马斯洛（Maslow）说过：“人体内部存在着一种向一定方向成长的趋势和需要，这个方向一般可以概括为自我实现或心理的健康成长。”教育的价值不是成绩分数而是“成长”。作业评价的教育功能之一，就是如何把学生引向自我实现的成长目的，这种目的要求教师注意学生的差异，对不同水平的学生及其作业采取不同的评点反馈。教育艺术，说到底就是一种激励艺术。

（3）作业评价应保持动态的教育关注

所谓“动态”是指教师应保持对学生学习、思想、精神领域的持续关注。处在求学阶段的学生，由于生理和心理等原因，通常呈现出心理和情感状态的不稳定。学生可能会因某次作业批语的激励而爆发出强烈的上进意愿和努力状态，偶尔也有可能遇到一些情绪的刺激干扰或是知识障碍，导致自我意识偏差。教师如果能够根据学生的作业情况，结合平时的教育观察，通过作业评语和学生“谈心”，给予学生及时的注意和指导，让学生从作业评语中读出期望、获取指向，不仅可以及时纠偏学生的状态，还会传递给学生一种积极的信息，这对学生来讲是一种莫大的精神支持和鼓励。

总而言之，在新课改的浪潮中，如果课堂是主阵地，那么作业就是分战场。作业应该是课程动态的生长性的延伸，是对课程意义重建与提升的创造过程。学生在不断生成问题、解决问题中成长；在知识的不断运用中，在知识与能力的不断互动中，在情感、态度、价值观的不断碰撞中成长。作业应成为学生课内外、校内外的一种生活过程和生活方式，成为学生成长的一种自觉的生活需要、人生需要和学习需要。

二、掌握试题命制技术

有教学就必然会有考试，有考试就必然需要命题。对学校而言，命题在教学工作中起着举足轻重的作用，它是检验教学效果、改进教学的信息来源之一。同时，命题也是教育测量的重要步骤，决定测试的成功与否。对教师而言，命题绝不只是专家的事，它应当是教师基本功的重要组成部分，因为它关系到日常教学评价的准确度，关系到教师作业布置是否有效、对学生的思维训练是否得当。命题能力体现教师的专业水平，一份科学、有效的试题不仅体现教师对课标、教材的理解与把握能力，也体现教师对学生的研究深度、对学生学习的了解程度。

但是，命好题，编制出一些原创性、高质量的试题并不是一件容易的事情，需要通过学习课程标准、研究课程目标、研究教材和学生、研究试题，以及提高命题能力才能得以实现。命题可以促使教师教学观念不断更新，教学策略不断优化，使得教学更有针对性、更加精准；命题可以促使教师自觉研究课标和新课程理念；命题可以促使教师认真钻研教材；命题还能培养教师的问题意识。

（一）考试命题改革背景

试题命制是根据考试目的、考试要求和考试对象的特点，编制符合要求和规范的试题的过程。通过试题命制实现考试目的，对考生的知识、技能和能力进行全面、客观、准确的评价，为选拔优秀人才提供依据。因此，试题命制是考试质量的核心保障，是教育评价的重要手段，对于提高教育质量、促进教育改革具有重要意义。考试命题要求对基本知识和基本技能进行考查，要求注重学生对学科基本思想和方法的感悟，以及在具体情境中的合理应用。学业水平考试是根据学业质量标准的学生学完本课程后的课程目标、达成度，进行终极性的评价。

（二）试题命制存在问题及原因剖析

目前，我国的基础教育影响较大的命题主要有各地的中考试卷和各省的高考试卷、各地各校的中考和高考的模拟试卷以及全省全市的水平性考试（毕业会考）和各校的期中期末考试试卷的命制。在实际教学中，由于工作繁重，多数教师往往习惯于从各地的训练题、模拟题或真题中挑选试题组卷或全套搬用，极少考虑进行原创的试题命制，或偶尔进行原创试题命制但很难确保命题的质量。试题命制存在的问题及原因主要包括以下几点：

一是应试教育的大环境没有本质的改变。尽管中考命题权力下放，旨在照顾教育欠发达地区、利于课程改革和培养师生创新能力，但应试教育的根本问题未得到解决。这导致试题命制时过分强调选拔和甄别功能，而忽视了教育本质和学生的全面发展。

二是试题命制缺乏系统的理论支撑。教师在试题命制过程中，缺乏基于系统理论的科学指导，主要依靠经验进行，这导致了试题命制水平不高，难以真实反映学生的实际能力和需求。试题命制中，教师容易忽略不同类型的考试有不同命题指导思想，如选拔性考试和水平性考试是两类不同性质的考试，其命题的依据、命题的难度、区分度的要求就有很大的不同。同时，教师不清楚命题的性质，不熟悉命题的纲要和标准，不了解命题的基本流程，不懂双向细目表如何制定。另外，教师对命题材料把握欠缺，对社会发展和学生生活变化的动态关注度不够，使得命题的背景材料没有很恰如其分选择学生熟悉的生活以及体现一定的人文精神。教师的时间和精力主要用于如何备课和上课，而没有注重对命题的特点和规律的研究，在各类备考中就没有真正懂得考试的功能、特点和规律，从而影响考生复习备考的质量。

三是模式化的试题结构不能与时俱进。试题的命制呈现模式化趋势，考查手段固化、僵化，不利于学生创新思维和语言能力的培养，也不利于教师试题命制创新能力的开发。试题形式应该多样化，以顺应测评的本质属性，但现实中却往往局限于特定的题型和内容。

四是低阶化的试题缺乏思维深度。试题命制偏向于低阶思维的检查，如记忆和理解，而忽视了高阶思维（应用、分析、评价和创造）的培养。这种偏向导致试题不能有效激发学生的高级思维能力，影响了教育质量的提升。

五是测评理论与实践相脱节。教学方法和测试方法的陈旧，以及测评理论滞后，使试题命制难以紧跟教育改革的步伐，导致试题命制的科学性和有效性受到影响。

这些问题不仅影响了教育评价的有效性和教育质量的提升，也阻碍了学生和教师的全面发展。为了应对各级各类组织的纸笔测试，为了提高备考能力和有效地组织科学备考，各名师工作室学员必须注意研究本学科的教学内容和考试题，并着力提高自身的原创题命制的质量。

（三）试题命制的基本步骤

（1）明确考试的性质和目的：要命制的试题属于什么样的考试，是平时检测、期中考试、期末考试，还是毕业考试、升学考试等，目的是检测诊断，还是为了选拔等，这些都必须首先明确，以便很好地把控命题的水准。

（2）制订命题计划书：要对全卷有个整体计划，需要确定出考试性质、考试目的、知识能力目标、试卷整体构想、试卷结构、题型、数量、基本考点等，为后续的命制试题做准备。

（3）编制命题双向细目表：双向细目表是一种考查目标能力和考查内容之间的联系表。编制双向细目表，需要把每个题的题号、考查内容、能力考点、题型、认知能力层级、分值、预估难度等全部用表格的形式列出，作为命题的依据。后期命题时，严格按照双向细目表的要求去命制全卷。

（4）搜集命题素材：按照分项细目表的要求，首先搜集各个试题需要的背景材料、阅读材料、图表等素材。试题材料的搜集，需要考虑到材料的思想价值是否能够体现“立德树人”的宗旨，材料内容是否适宜考生阅读，文本是否文质兼美，语言是否规范经典，篇幅长短是否合适等因素，也可以根据命题的需要，对所选的材料做一定的修改。

（5）编制试题及参考答案：按照分项细目表对每一个题的要求，精心编写各部分不同试题，客观性试题要表述严密、答案唯一；主观性试题既要有开放性，又要放中有收，不无边际地发散开放。然后，精心编制整合全卷试题，再做出参考答案。开放性试题要有答案示例。

（6）审查修改筛选：命题人审查题目，看是否符合课标要求，是否与多项细目表的要求一致，是否符合学生实际等，根据审题结果，或更换试题，或重新筛选，或反复修改。以此往复，直至满意。

（7）试答全部试题：可让审题人或其他人试答一遍全部试题，检验试题的科学严密程度及难易程度，再根据试答结果调整试题内容。

（8）制定评分标准：试题最终确定后，要制定好评分标准。分值大的主观试题，如何分点或分步评分；开放性试题，如何采意赋分，都要有详细的标准。

（9）积累实测数据：考试结束后，及时收集考试成绩与各种资料，积累难度、区分度等需要的数据，进行试题分析，为以后的命制试题提供借鉴帮助。

（四）试题命制的基本原则

（1）科学性的原则。试题的内容要保证正确性，不要出现知识性错误，与所学的概念、原理、法则要一致，否则会严重影响学生对正确概念的形成，不利于学生对知识的了解与掌握。

（2）清晰性的原则。要在确保不泄露解题依据与思路的前提下，确保题目的语言清楚规范、简明扼要，不要使用深奥难懂的语言，并且要求答案准确清楚，不要引起争议。

（3）全面性的原则。试题的形式与内容要符合测验的目的，对测验的要求要全面反映出来。覆盖面不但要大，还要重点突出，试题要具有代表性，各部分的比例要恰当。

（4）整体性的原则。包括：①要依据测试的要求从整体上恰当确定试题的分量，不能任凭自己的好恶编写试题。要保证试题能够全面反映考生的水平。②学生的能力水平是不同的，这就需要用不同的试题进行考查，要从总体上对试卷的考查能力进行分析。③除了在内容安排与整体功能上有良好的特性，在试题的布局方面，还要求试卷的结构要好，试题的难度要由浅入深，循序渐进。

（5）独立性的原则。试题必须保证各自独立，不要相互有牵连。在一个题目中考查的内容不要在别的题目中重复出现。另外，题目之间不要相互有暗示作用，一个题目中要求解决的问题，若在另一个题目中有答案，将会使测试的效果受到影响。编写试卷后，教师应使用相关软件搜索相关答案，务求在本试卷中找不到答案。

（6）合理性的原则。在编写试题的同时要制定合适的评分标准，评分标准要简明、准确，将无关因素的干扰排除，而且在分数的分配、给分的标准方面要求合理适宜。

（7）时代性的原则。试题要取材于现实生活，真实地反映生活并高于生活。编写试题要联系社会生活实际，联系学生自身经验。

（8）人文性的原则。加强人民精神教育，增强人文关怀。文科试题应加强对民族文化成果和历史人文素材的应用，加强对学生进行优秀文化传统和人文精神的教育。理科试题要通过情境案例加强对科学成果的辩证认识、科学思维的应用，感受科学精神、探究实践的意义。

（9）“三无不”的原则。《中国高考评价体系》已经成为当前及未来高考内容和命题改革的重要指南，为高考命题提供了基本方向，近年来高考命题出现“三无不”的特征和三线的考查逻辑。具体包括：

① 无价值不入题——核心价值线。命题应紧扣核心价值，始终坚持正确的政治方向和价值取向，不断强化育人功能和积极导向作用。

2021年恰逢“两个一百年”奋斗目标的历史交汇期。2021年全国甲卷有关“可为与有为”的作文题，引导学生懂得初心使命，传承红色基因，坚定理想信念。

2022年全国乙卷作文题围绕“北京：双奥之城”组织信息，以表格和数据的形式直观呈现我国的综合国力和新时代建设的伟大成就，呈现国家的跨越式发展，激发考生的爱国热情，引导考生体会奥运会成功举办背后的国家力量和制度优势，坚定道路自信和制度自信，厚植爱国主义情怀。

② 无思维不命题——能力素养线。思维认知能力包括但不限于形象思维能力、抽象思维能力、归纳概括能力、演绎推理能力、批判性思维能力以及辩证思维能力等。高考语文学科考查学生的关键能力有以下表征：信息获取与加工、逻辑推理与论证、批判性思维与创新思维、文学鉴赏与审美、文化传承与理解、语言建构与应用能力。考查的重点放在考生的思维品质、综合应用所学知识分析和解决问题的能力上，进一步凸显高考对考生思维过程与思维品质的考查力度。

2020年高考历史全国卷第27题“内阁首辅张居正”、2019年全国卷第14题“‘一带一路’粤港澳大湾区”、2018年全国卷第25题“藩镇延续了唐朝的统治”等，这些高考试题都是考查审辨式思维能力的代表性题目。通过设置出普通高考学生常识的情境问题，或者是创新设问的角度，以此来引发学生对该类型问题的反思和质疑，从而测试考生能否在符合主流价值的思想理念指导下，结合所学历史知识以及自身思维能力，提升对问题的认识、分析以及解决能力。

③ 无情境不成题——载体串联线。命题通过设计两类情境：生活实践情境和学习探索情境，以情境作为任务的载体和知识能力应用的载体，实

现对学科基本概念、原理技能和思维方法的考查和选拔。情境命题，通过优化考查内容、丰富呈现方式，创新设问角度等途径，突出对关键能力、必备品格的考查，要求考生由解答试题转向解决问题。

近年来中考跟随高考命题改革趋势，强调情境化试题。以2023年广州市中考命题为例：物理试题强调物理知识与生活的联系，如第1题介绍我国古代计量方法之一“掬手为升”，第6题结合学生课外活动“一瓶水提升一个人”的游戏情境考查滑轮组相关知识，寓教于乐。

活动与思考

一、自我反思

请结合2021年中共中央办公厅、国务院办公厅印发的《关于进一步减轻义务教育阶段学生作业负担和校外培训负担的意见》，阐述一名优秀的教师如何在日常教学中按文件要求落实作业总量和作业设计质量。

二、经验分享

组织一次专题研讨会，结合每个人的实际教学情况，谈谈如何挖掘作业评价中的教育内涵。

三、集体研讨

工作室全体成员集体研讨试题命制的关键原则，并编一期工作室简报。

修炼34

学会进行试卷和学业质量分析

试卷和学业质量分析是一种常见的评价学生学习水平、检验教师教学成效、评估学校教育质量的方法和制度，更是激励学生主动学习、引导教师改善教学、推动学校主动发展的重要途径。考试质量分析对教学过程起着反馈与调控作用，是对教学质量监控的重要手段。为什么考试之后还要进行质量分析？一是为了评价教学的质量，了解学生的学情；二是可以获得教学上的各种信息，为进一步改进教学工作提供有针对性的依据；三是能够为改进命题工作提供大量信息，提高试题和试卷的编制质量。

一、理解试卷分析的目的

试卷分析是考试质量分析的一个重要组成部分，是测试阅卷完毕后对学生试卷进行的综合性分析，也是课程考核统计分析工作的重要组成部分。我们规范试卷分析的标准，便于有效进行试卷分析，为教学评估、教学质量监控提供可靠的依据。

一是评价考试质量。标准化的试卷评估体系能定量分析试卷的质量，评判试卷是否做到规范化、标准化，作为此次考试的测量工具是否可靠而有效。

二是发现存在问题。教师通过分析试卷，对数据进一步挖掘，可以发现教学工作中存在的问题与不足，找出班级共性问题，发现学生个性化问题，及时在教学中加以反馈与调节，以便更有效地因材施教，不断地对教学工作进行改进和完善。

三是改进教学工作。试卷分析既是客观、全面进行教学成果鉴定的过程，更是实现考试激励作用的重要环节。

二、明确试卷分析的内容

（一）试题分析

试题分析一般包括命题的指导思想和策略、考查的范围、难易度覆盖面、题目结构、试题分量、分值的分配等。具体分析该试题是否符合考试目的，是否符合课标和教材的要求，是否能够准确考查学生的知识层面、能力和素养水平的达标情况，是否能够区分不同水平的学生。试题分析归纳总结出试题的特点和需要改进的地方，提出改进的意见，逐步提高试题的质量。

1. 从定性分析到定量分析

（1）定性分析。知识能力考查是否符合课标要求和学生实际；题目考查内容是否突出重点；试题的覆盖面、题型、题量是否合适；试题是否科学、准确、规范；试题题目是否有创新性、开放性。

（2）定量分析。具体见表10–2。

表10–2　试题定量分析实施内容表

分析维度	具体内容
内容结构	大题数量、小题数量、题型、分数的分配、知识点分布、各知识点权重，了解学情把握，教学定位是否准确
目标结构	按照课标所列水平，分析组成比例，并且做“内容—水平”的双向交叉分析

续 表

分析维度	具体内容
题型结构	题型与知识能力的对应结构及教学目标达成情况，一般采用列表和文字叙述形式
考试成绩	包括常规数据统计，试卷的难易度、效度、区分度、信度等
纵横比较	横向比较可以在学校与学校或地区与地区之间进行，纵向比较可以在不同学段之间进行
命题质量	就试卷是否符合课标规定，是否强化通性通法的考查，是否反映学科特点和内在联系，是否符合学生实际水平，以及其他特点作出描述和评判

2. 从总体统计到样本分析

（1）学校以年级为单位进行全员总成绩列表统计，采用函数计算出相应数值。教师以班级为单位进行总成绩列表统计，采用函数计算出相应数值。

（2）样本成绩统计分析。设计选择所列项目，按设计项目制作表格，利用Excel将样本成绩登录，采用函数$f(x)$计算相关数据。见表10-3。

表10-3　考生各题得分情况统计表

题号	一	二	三	四	五	六	全卷
题型	填空题	选择题	作图题	简答题	计算题	实验探究题	
本题满分							
应得分							
实得分							
得分率%							
平均分							
及格率%							
优秀率%							
最高分							
最低分							

续 表

满分人数							
满分率%							
零分人数							
零分率%							
难度							
区分度							
信度							
效度							

3. 常模参照性的题目分析

包括难度、区分度、信度、效度等的统计分析。

（1）难度（P）：所谓题目难度是指某一题目的难易程度，通常用答对率P来表示。难度取值范围，一般说来，题目的P值以0.5～0.75为宜。也可以用不通过率Q来表示难度，或用各题难度加权平均求得。

① 客观试题的难度计算。

计算公式：$P=\frac{R}{N}$（P为难度，R为某题答对人数，N为考生样本总人数）

例：一次500人参加的考试中，随机抽取200人的试卷作为样本，对某客观题统计的结果为：答对人数128人，求该题的难度值。

$R=128$

$N=200$

$P=\frac{R}{N}=\frac{128}{200}=0.64$

② 主观试题的难度计算。

计算公式：$P=\frac{X}{M}$（P为难度，X为母题平均分，M为该题满分）

例：某简答题满分为8分，样本学生所得平均分为5.6分，求该题的难度值。

$$P=\frac{X}{M}=\frac{5.6}{8}=0.70\text{（得分率）}$$

难度：$Q=1-P$

（2）区分度（D）：题目区分度是指某一题目对被测水平的区分能力，若某题目能使水平较高的被测得较高分，使水平较低的被测得较低分，该题就有较高的区分度。区分度的常用指标为D，取值为0～1，值越大区分度越好。区分度分析可以采用极端分组法，或者采用相关法，相关法比较复杂。特别需要注意的是对同一试卷或试题，采用不同的方法所得到的区分度的值是不同的。我们可以使用下面的方法计算区分度：

D=（27%高分组的平均分－27%低分组的平均分）÷满分值

运用这个公式进行区分度计算时，我们需要先将试卷或试题原始得分排序，然后计算出排在样本前27%的高分组平均分，排在样本后27%的低分组平均分，再套用公式计算。试题的区分度在0.4以上表明此题的区分度很好，0.3～0.39表明此题的区分度较好，0.2～0.29表明此题的区分度不太好，0.19以下表明此题的区分度不好。

客观题的区分度一般按公式$D=P_H-P_L$计算，其中：D表示区分度，P_H表示高分组难度，P_L表示低分组的难度。主观题的区分度一般按公式$D=\frac{\overline{x_H}-\overline{x_L}}{H-L}$计算，其中：$D$表示区分度，$\overline{x_H}$表示高分组平均得分，$\overline{x_L}$表示低分组平均得分，H表示该题最高得分，L表示该题最低得分。

一般说来，当$D\leqslant 0.20$时，题目的区分度太低，必须淘汰或加以修改；当$D\geqslant 0.40$时，题目的区分度非常好。通常题目的区分度指数值低，在0.2～0.4范围内，题目难度跟题目区分度之间有一定的关联，难度太大或难度太小，都可能使区分度变小，只有难度适中，才可能有较高的区分度。

区分度的评价标准见表10–4。

表10–4 题目区分度的评价标准表

区分度	评价
0.40以上	非常良好
0.30~0.39	良好、如能改进更好
0.20~0.29	尚可、用时需作改进
0.19以下	劣、必须淘汰或改进

区分度与难度的关系：中等难度时，考生分数分布呈正态分布，试题的鉴别力最强，当难度为0.5时，区分度最大。

（3）信度：信度表示测量的一致性、稳定性和测量结果的可靠性。测量时的随机误差越小，测量结果就越接近真实值，其信度就越高。样本统计量越是接近总体参数，其信度越高。信度常用信度系数r_{xx}表示，其值为0~1，若$r_{xx}=0$，表明实得分数完全由偶然误差决定，如$r_{xx}=1$，表明实得分数完全不受偶然误差的影响。一般说来，成绩测验的信度应在0.9以上甚至达到0.95。

（4）效度：效度表示测量跟测量目的符合的程度，是测量准确性和有效性的指标，跟测量目的无关的因素影响越小，测验的有效性及效度则越高。我们尽量施测标准化，评分标准化，采用适宜的分数合成方法，减少与测验的目无关的因素，尽量降低系统误差的影响，则效度会提升。如果题文难以理解、数学计算过于复杂等，均会降低测验的效度。试题太少或覆盖面小、编排不当、试题偏怪难等也都会影响效度。

（5）标准差：标准差是反映学生成绩离散趋势的指标，表示学生成绩的分化程度。计算公式：$S=\sqrt{\frac{\sum(x_i-\bar{x})}{N}}$。公式中：$S$表示标准差，$x_i$表示第$i$位考生成绩，$\bar{x}$表示平均分，$N$表示考生总数。区分度与信度关系：区分度越好，则试卷的信度越高。

对于选拔性考试如高考，一般设置期望难度系数为0.55左右，使其能够较好地区分考生的学业水平，达到选拔的目的；而水平性考试，如高中学业水平测试一般设置期望难度系数为0.80～0.90；平时教学质量检测等考试一般设置为0.70～0.80。另外，试卷的结构是否合理、试题的表现形式是否合适等也是我们需要关注的。应该说，对试卷分析的过程，也是一次学习的过程。能出一份好的试卷，体现的不仅是教师扎实的基本功，也很好地反映了他的教学水平和教育理论素养。

（二）答题分析

（1）总体分析，从整体视域对某次考试情况进行分析。

（2）典型题目分析，从局部视域对某次考试某题或细节进行分析。

（3）得分情况和失分情况分析，对题目得分和失分率进行分析。

（4）考试内容分析。

（5）题型分析。

试卷答题情况分析，可以采取答题情况描述和统计量描述的手段实现。答题情况描述列出频数分布表或频数分布图，统计量描述列出平均分、标准差、优分率和低分率以及某些因素间的相关系数等数据，还可以进一步作各题内容及其平均得分率、标准差、优分率和低分率的双向交叉分析，以便从中发现问题。

（三）成绩分析

从总体分析到抽取样本、登录成绩进行统计计算，列表制图，综合评价，找出问题，制定措施。

一是通过学生的考试分数，找出教学中存在的问题。从平均分看，与同层次班级或与以前的考试相较，如果低于正常值有较大差距，则要反思自己的教学水平、班级管理等方面的问题。

二是从一分三率可以客观看出班级学生的不同层次及学生学习掌握程度。如果差生人数多，说明教学中不够重视补差。如果优分人数少，说明尖子生不够拔尖。从最高分看自己教学的全面性与命题的要求以及兄弟班级还有多大差距，一般来说，同层次班优秀学生的发展是比较均衡的，如果本班的最高分与其他班相差高于5分，那就要反思自己的教学。

三是从得分失分情况可发现学生、教师以及命题等方面的成功与不足之处，并针对存在问题提出改进意见。为了使试卷分析全面、可靠、有效地发挥应有的作用，可实行教师分析和学生自我分析相结合，动态分析和静态分析相结合，定性分析和定量分析相结合。在认真细致分析的基础上，简明扼要，有重点地写出试卷分析报告。

三、学会试卷分析的方法

（一）试卷分析的多种方法

试卷分析方法有按题型分析、按课标要求分析、按学生共性错误分析、按教材知识体系分析，还有效度、信度、难度和区分度分析等。常见试卷分析方法有：

（1）整体分析。从数字分析到性质分析，统计各科因各种原因的丢分数值，找出不该丢的分，分析丢分原因，包括必然性和偶然性。将分析结果以书面形式记录，有助于反思和改进。

（2）问题分析。问题分析必须以数据为依据，深究原因。从每道错题入手分析错误的知识原因、能力原因、解题习惯原因等。

（3）成绩分析。全面分析卷面成绩与同年级的整体水平比较，了解学生的优势和薄弱之处。分析进步与退步，横向和同类班级或学校比较，纵向和过去的测试比较。

（二）试卷分析的四个策略

1. 从逐题分析到整体分析

从一道错题入手分析错误的知识原因、能力原因、解题习惯原因等。分析思路是这道题考查的知识点是什么，知识点的内容是什么，这道题是如何运用知识点解决问题的，这道题的解题过程是什么，这道题还有没有其他的解法。归因分析有：知识不清，就是在考试之前没有把知识学懂学会学透，丢分发生在考试之前，与考试现场发挥没有关系；审题不清，就是对题目的情境分析有误或对问题没有看明白，对回答要求不清晰，与审题能力和审题习惯有关；表述不清，指虽然知识具备，审题清楚，问题能够解决，但表述凌乱，词不达意，作答不规范。三个丢分原因是由低级发展到高级，我们要用数据说话才能得到整体结论。

2. 从数据分析到性质分析

首先，统计各科因各种原因的丢分数值，如计算失误失分、审题不清失分、考虑不周失分、公式记忆失分、概念不清失分等。其次，透过现象看本质，分析是偶然性失分还是必然性失分。最后，从态度到知识到技巧分析，既有显性分析也要有隐性分析。

3. 从教师分析到学生分析

教师上好试卷讲评课，引领学生做好试卷自我诊断分析。

怎样上好试卷讲评课？第一，及时性。考试后，学生有想了解自己学习情况和成绩的热情和迫切心愿，教师要在学生这种热情尚未淡化消退时及时进行试卷讲评，在学生考试后对知识在头脑中留下解答的印象还比较清晰时进行讲评，其效果远胜于拖沓。第二，针对性。试卷讲评不必面面俱到。针对学生在解题过程中共性的典型的错误，帮助其找出错因，明确正确解题思路、方法和规律。对学习困难的学生进行个别帮扶，甚至是一对一的针对性讲评，鼓励学优生进行更多的思考探究，尝试多角度多种解答。第三，参与性。试卷讲评不应是教师的专利，我们可以改变教师一言堂的状态，调动学生共同参与。让答错的学生讲解当时的思路，全班同学帮忙分析思路的问题在哪里。全班同学互相探讨，一起分享解决的方法。第四，激励性。教学中的任何一项工作都是为了激发学生的学习热情，激励其好学上进之心而进行的，试卷讲评也可以成为改变一个学生的契机。

活动与思考

一、集体研讨

工作室全体成员一起选择近三年中考或高考试卷进行分析。

二、个别访谈

对本地区或工作室成员中的1位优秀教师进行访谈，了解他如何运用常模参照性进行试卷分析，访谈后分享自己的体会。

三、撰写行动计划

结合本学期的期中或期末考试，撰写一份学业质量分析报告。

修炼35

落实好“教学评一致性”理念

《普通高中课程方案（2017年版2020年修订）》中明确提出：“准确把握课程标准和教材，围绕核心素养开展教学与评价。”《义务教育课程方案（2022年版）》进一步要求：“促进‘教—学—评’有机衔接。”基于核心素养的“教学评一致性”已经成为基础教育课程改革的重要研究方向。美国教育心理学家科恩的研究发现，教学目标与评价的一致性高，无论是普通学生还是天才学生都能考出好的成绩。

反观传统课堂，师本式教学片面夸大教师的主导作用，无视学生在学习上的主观能动性，弱化学生学习过程和体验；割裂式教学，聚焦碎片化的识记学习与事实性知识测试之间的一致，忽视学生整体性学习目标、完整性学习经历以及形成性评价之间的一致；灌输式教学，关注学生对学科知识掌握，弱化学生高阶思维、创新能力培养及学科的育人功能。这些因素导致课堂“教了却没有学，学了却没有评”，导致“教—学—评”分离的情况司空见惯。

一、理解“教学评一致性”的内涵

（一）概念界定

“教学评一致性”理念源自华东师范大学崔允漷教授提出的“教学评三

位一体”的指导思想，指的是在整个教学系统中，教师的教、学生的学以及对学习过程和结果的评价之间的协调配合程度。这种一致性要求教师在教学设计的过程中，确保教学目标与教学内容的匹配，教学方法与学习目标的适应，并通过评价方式来验证学生对学习目标的掌握程度。“教学评一致性”的实现，取决于教师的课程素养与评价素养，包括坚持素质教育的理念、确定和叙写清晰的目标、选择和组织合适的素材、设计相应的任务活动、采用与目标匹配的方法、实施基于目标的评价等。

“教学评一致性”不是一种特定的教学模式，而是课堂教学设计和组织的理念和指导思想。

（二）内涵解析

《普通高中英语课程标准（2017年版）》对“教学评一致性”的阐释如下：“完整的教学活动包括教、学、评三个方面。‘教’是教师把握英语学科核心素养的培养方向，通过有效组织和实施课内外教与学的活动，达成学科育人的目标；‘学’是学生在教师的指导下，通过主动参与各种语言实践活动，将学科知识和技能转化为自身的学科核心素养；‘评’是教师依据教学目标确定评价内容和评价标准，通过组织和引导学生完成以评价目标为导向的多种评价活动，以此监控学生的学习过程，检测教与学的效果，实现以评促学，以评促教。”

一致性是指两种或更多事物之间的吻合程度，即事物各个部分或要素融合成一个和谐的整体，并指向对同一概念的理解。可以从以下三个维度理解“教学评一致性”：

第一，素养是灵魂。国家课程改革是以核心素养为纲，课堂学习目标是对学科及课程核心素养的进一步具体化的描述。

第二，目标是统领。在课堂教学中，目标既是出发点，又是归宿点，教学评是基于目标开展的课堂专业实践。所以，在教学评一致性中，学习目标是核心。

第三，任务是载体。教是教师引导、推进、帮助学生实现学习目标的活动；学是学生为实现目标而完成任务付出的努力；评是教师和学生对学习过程表现加以评价，以检测学习目标达成的情况，并促进教与学。任务则是教学评三种行为的实现途径和载体。因此，“教学评一致性”的实质是学习目标、学习评价与学习任务三者之间的一致性。

二、理解“教学评一致性”的意义

在新课标出台之前，不少学校和教师已经在做“教学评一致性”的相关尝试，但在实施过程中存在较多问题，如：教学与评价“两张皮”；评价盲目随意，缺乏针对性；评价指标体系缺位，评价形式单一，评价机制僵化；评价内容侧重知识，忽视情感、态度和价值观；等等。基于多维的视角，“教学评一致性”具有重要的意义。

第一，从根本任务的角度看，“教学评一致性”为落实立德树人提供路径支持。受高利害考试评价的影响，课堂教学普遍存在强化碎片化学科知识的学习，忽视学科教学的育人功能的现象。“教学评一致性”的本质是在学习、教学与评价中落实学习目标。学习目标是立德树人转化后的核心素养在课堂中的描述，评价持续给教师和学生提供立德树人根本任务的落实信息，并为更好地实现这一目标提供及时反馈。所以，“教学评一致性”为立德树人根本任务在课堂中细化和落实提供路径支持。

第二，从课程实施的角度看，“教学评一致性”是课程理念转向课堂实施的关键抓手。新课程从理念到实施的逐级转化流程如图10-2所示。

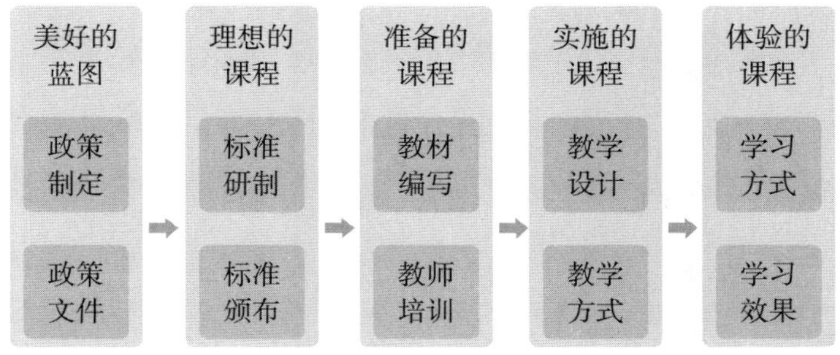

图10-2　新课程从理念到实施的逐级转化流程图

在指向核心素养新课改背景下，学生作为新课改的终端用户，学生学习方式和学习效果是检验改革是否成功的标准。不论课标写得多好，教材编得再好，都无法直接影响学生的学习体验和学习成效。只有通过教师这个转化剂或中介，课程理念和教学内容才能落地，成为学生成长的营养和能量。因此，教学评一体化设计是确保课程成功实施的关键。

第三，从学业标准的角度看，“教学评一致性”为新课改实施提供专业规范。旧有的课改经验表明，如果缺乏可供操作的专业规范，往往出现各级实践主体之间难以形成专业共识，导致改革政策与课堂实施呈现“两张皮”的现象。本轮课程方案修订，为解决过去痛点将“教学评一致性”作为切入口，从课程目标到学习目标，从学习目标到学生体验的落实，教学评一致性为保障新课改实施提供专业规范。

第四，从课堂活动的角度看，“教学评一致性”为教学任务有效达成提供策略引领。新课标中以“学习者为中心”为视角来编制内容标准，这为“教学评一致性”中学习内容的呈现方式提供了依据。新课标中以经验结构化的方式来组织内容标准，这为“教学评一致性”中学习内容的组织提供了重要参考。“教学评一致性”强化学生体验课程的过程，以“怎么学”规范学习方式变革，并建立了学生学习活动标准，为教学任务有效达成提供策略引领。同时，引导教师以生为本位、以学为中心的教学模式，能尽量规避师生主体立场错位、教学逻辑不匹配、学习内容与生活实践相分离、学生发展不平衡等问题。

三、做好“教学评一致性”的实施

（一）设计流程

“教学评一致性”的实施是基于素养、始于目标的逆向教学设计。首先，设计学习目标，确保课堂的核心与方向的正确性；然后，根据学习目标设计评价任务，评价任务用于检测学习目标的达成度，确保教师对课堂效果监控；最后，设计教学活动，在教学活动中内嵌评价任务，通过有序的评价任务和教学活动帮助学生达成目标。具体设计流程如下。

1. 明确学习目标

第一，厘清三要素的关系。在学习目标统领下，“教”是教师为了帮助学生实现学习目标实施的帮助、组织和指导；“学”是学生为了实现学习目标，参与、体验和掌握；“评”是教师和学生依据学习目标和学业质量标准，针对学习表现和成效开展的评价。课程实施是基于教师课堂组织的教育经验，课程评价是基于教师确定学生发展的反馈经验。

第二，以课程标准为依据。从学科核心素养到课堂教学目标，共分为五个层面逐层落实：学科核心素养→课程标准→学期目标→单元目标→课时目标。它们之间的关联如下：学科核心素养融合了原有的三维目标，知识能力、情感态度与价值观是学科育人价值的集中体现，是学生通过学科学习而逐步形成的正确价值观念、必备品格和关键能力；国家课程标准是教材编写、教学评估和考试命题的依据，是国家管理和评价课程的基础，体现国家对不同阶段的学生在知识与技能、过程与方法、情感态度与价值观等方面的基本要求，规定各门课程的性质、目标、内容、框架，提出教学建议和评价建议。课程标准是对教学内容的描述，需要学生经过一段时间的学习之后发生的行为变化，所以不能直接用作学习目标。课程标准经过学期目标、单元目标再到课时目标的分解和细化，才能与课时目标对接。所以我们要把课程标准细化分解为每节课的具体的教学目标，才能使核心素养落实到课堂教学中。

那么，如何对课程标准分解和细化？对课程标准分解，撰写课时学习目标的基本方法可以分为五步。第一步，分析课标文字表达。研究其陈述方式、句型结构和关键词；判断课程标准的陈述方式、表述结构，需要找出动词（行动）和这些动词所指向的名词（核心概念），或修饰它们的形容词、副词等及规定性限制性的条件，予以分类。第二步，分析行为表现。可以从结果性目标倒逼学生的行为表现，采用理论意义展开、概念认知展开等方式扩展或剖析核心概念；可以采用词汇意义展开、学科逻辑展开，或者教师的经验展开等方式扩展或剖析行为动词。第三步，确定行为条件。第四步，预测行为表现的程度。这两者都需要考虑生情、校情、资源等各方面的综合条件。因此，目标应清晰对应具体的学生，符合学校的教学条件。第五步，写出学习目标。经过相同要素的组合，依据课标陈述，规范学习目标的撰写。

第三，科学、精准地表述。为了确保教学评一致性，学习目标的表述应该包含该学、能学、可教、利评四个内容属性，见表10–5。

表10–5　规范学习目标表述分析表

内容属性	规范性表述要求
该学	要研究课程标准、依据课程标准、分解课程标准
能学	要研究本班学情，明确学生的学习起点、学习难点、学习痛点及提升点
可教	要研究教学资源、教学条件和教师经验对目标达成的支持程度和力度
利评	要研究对教与学的活动能进行显性的、具象评价的行为动词

例如，我们在表述学习目标的时候，应多使用具体的动词，如“能说出”“能写出”“能归纳”“会分析”这些可评可测的行为动词，而不建议使用“理解”“感悟”“体会”这些难以评价的行为动词。这样才能够为教学评一致性做好铺垫。

2. 设计评价任务

明确学习目标后，学生能否达到目标及达到的程度如何，是我们在教与学的过程中必须时刻关注的。评价任务是课堂推进的导航系统，对教与学效果的掌握有助于调整课堂教学，从而推进学习目标的达成。评价任务设计需要注意以下几点：

（1）有依据。从随心所欲的设计走向围绕目标的理性关联和系统设计。反复审视原定目标的合理性，以学习目标为归宿设计评价。

（2）有关联。从碎片化的、随意的设计走向围绕目标的、系统性的、理性关联的设计。教学评一致性评价，不是在教学内容结束后进行，而是嵌入教与学的过程。学到哪评到哪，教到哪评到哪；学什么评什么，教什么评什么。

（3）有促进。以评促教，以评促学。在课堂中用评价任务引领学生的学习和教师的教学，不断把学生的学习现状与学习目标相对照，监控学习过程，现场进行教学决策和调整。教学活动会循环出现以下环节：落实评价任务，收集学习信息，研判学习效果，调整教学活动。因此，评价的目的不是给学生一个终结性的结果，而是掌握学生的学习情况，以更好地组织教学帮助学生实现学习目标，优化教学，提升质量。

3. 整合学习活动

教学活动设计是目标的落脚点，需要追求目标实现的最大化。整合学习活动应处理好以下三对关系：

（1）学与教的关系。在教学活动中，教师应着重做好三个内容：一是呈现学习任务，确保学生的学习与教师呈现的学习任务是一致的。二是明确学生的学习策略。教师的指导策略与学生的学习策略保持一致，才能实现教与学的同频共振。三是关注学习目标的达成情况，根据目标达成情况适时反拨和调整教学。

（2）教与评的关系。在教学活动中，教师还应着重做好三个内容：一是认真呈现评价任务，并指导帮助学生理解评价任务，甚至参与评价任务的设计。二是及时收集相关的评价信息，包括学生整体的信息、学生个体的信息，以及学习过程当中的生成性资源。三是处理信息，提供帮助和指引，确保学习能够顺利推进和有效落实。

（3）评与学的关系。在学习活动中，学生应着重做好三个内容：一是明确评价任务，根据评价任务评估自己对学习目标的达成情况。二是完成评价任务，将学习行为及与之相关的信息提供给教师进行综合研判。三是评价分享中借鉴他人的思维方式和学习路径，不断完善自己的学习策略，积累更加丰富的学习经验。

为使教师更好地掌握单元整体视域下的教学评一体化设计，现提供中学数学的教学设计模板，见表10–6。

表10–6　中学数学“教学评一体化”教学设计模板

基本信息			
姓名		学科	
学段		教材	
单元教学设计			
单元名称			
单元设计说明（从课标要求、学生学科素养发展价值、大概念、主题等方面，简要说明教学设计的理论基础）			
单元目标（根据课程标准和学情实际，指向学科核心内容、学科思想方法、核心素养的落实，设计单元学习的目标，明确重难点）			

续 表

<table>
<tr><td colspan="4">单元整体教学思路（介绍单元整体教学实施的思路，包括教学内容或内容整合、课时安排、教学活动规划，评价活动设计等，以结构图或者思维导图等形式整体呈现单元内的课时安排、内容安排及课时之间的逻辑关联等）</td></tr>
<tr><td colspan="4">课时教学设计</td></tr>
<tr><td>课题</td><td colspan="3"></td></tr>
<tr><td colspan="4">1. 教学内容分析（分析本课时教学内容在单元中的位置，学习内容对发展学生核心素养的功能价值，蕴含的学科价值观念，确定的教学主题，已学内容与本科内容的关联等）</td></tr>
<tr><td colspan="4">2. 学情分析（分析学生学习本课时内容的基础，重点从学段衔接角度阐明学生在知识、技能、方法等方面的共性和差异性基础，学生的兴趣与需求，以及拟采取的相应的教学策略）</td></tr>
<tr><td colspan="4">3. 学习目标确定（根据课程标准和学生实际，指向学科核心素养、学科思想方法，描述学生经历学习过程后应达成的目标和评价目标，要具体明确、可观察、可检测）</td></tr>
<tr><td colspan="4">4. 学习重难点</td></tr>
<tr><td colspan="4">5. 学习活动设计（栏目不可改变，不够可增加行）</td></tr>
<tr><td>学习
环节</td><td>学习
目标</td><td>学习任务、情境、活动
（教师呈现学习任务、创设学习情境、提出驱动性问题，引导学生）</td><td>学习评价
（描述学生经历学习后应能够完成的事情及程度）</td></tr>
<tr><td></td><td></td><td></td><td></td></tr>
<tr><td></td><td></td><td></td><td></td></tr>
<tr><td></td><td></td><td></td><td></td></tr>
<tr><td colspan="4">6. 板书设计</td></tr>
<tr><td colspan="4">7. 作业设计（含拓展性作业，关注作业与学习目标的一致性，预计完成时间，发挥作业对复习巩固、诊断评价、引导学生深入或拓展学习的功能）</td></tr>
<tr><td colspan="4">8. 特色学习资源或技术手段分析说明（结合教学特色和实际撰写）</td></tr>
<tr><td colspan="4">9. 教学改进与反思（教与学的经验性总结，对基于学情分析的目标达成度进行“教学评一致性”的对比反思、教学自我评估与改进设想）</td></tr>
</table>

（二）实施策略

1. 课程目标为统帅

教师应具有课程意识，而不仅仅是教学意识。所谓课程意识，就是指课程是由多维要素构成的。课程从理念、目标到学习，学生的学习达成目标、实施和效果检测，所有这些都是教学当中的关键要素。目标是教学评一致的核心。目标在整个教学过程中有“导学、导教、导评”的作用，后续所有的课堂环节都要以它为中心。“教学评一致性”体现为三者的目标保持一致，要有明确的出发点和落脚点。

2. 持续评价来推进

持续性评价是教学评一致性的关键。课堂学习进程中，围绕学生达到什么水平、离目标有多远，设计嵌入式评价任务，教师需要发挥“质量监测员”的作用，根据目标设计真实的评价任务，使用各种方法收集学生达成学习目标的证据，从而了解教与学的效度，为下一步的教和学提供调整和改进的依据。

3. 结构化活动是保障

目标达成的过程是一个解决问题的动态过程，需要结构化的学习活动保证学生围绕目标学习，学习活动设计要体现课程要素之间的逻辑关联。很多教师在教学设计中存在以下问题：缺少课程要素之间的逻辑严谨性，目标设计与实施活动关联度不高，学情分析和学习目标关联度不高，评价分析和活动设计关联度不高，活动与活动之间缺少关联与逻辑，因此使得学习目标难以达成，教学效果不尽如人意。

（三）实践走向

1. 在整体实践中，遵循学习逻辑

教师实施教学遵循学习逻辑，需要重点关注四个方面的内容：关注新课标下的素养目标与学习目标之间的转化和关联，以此作为引领教育教学实践的核心与关键；关注形成性评价，引领推进学习过程；关注学习任务的逻辑性，体现设计的结构化思维；关注学后反思，渗透元认知策略。

2. 在学习方式上，突出学科实践

学习的本质是个体经验在深度和广度上的持续变化的过程，或在原有经验基础上通过自主建构、社会建构形成新经验的过程。新课标强化学科实践，推进育人方式变革。学科实践是根据学科特征对课堂学习方式内涵的深化；学科实践应贯穿于课堂教学和学习的全过程；学科实践落实情况是评估学生学习的重要构成部分。例如，道德与法治学科中的议题式学习、语文学科中的资料查找和访谈调查、地理学科中的地理实践、英语学科中的project等，都是学科实践型的学习方式。

3. 在考试评价上，聚焦情境化测评系统的开发

首先，新课标以具有情境性的核心素养为纲。其次，考试评价的主要参考依据是学业质量标准，学业质量标准是对核心素养的细化与深化。因此，考试评价应该基于情境化的角度来设计，以评价承载学生素养的发展。最后，教师应在学习单元的视角下，将学科知识融入相应的真实情境。

新课改背景下，“教学评一致性”的实践面临以下困境：目标定位不准，重知识轻策略；整体观照不足，重教学轻评价；学习路径不清，重外显轻内隐。教学评一致性是以终为始的逆向设计。落实好“教学评一致性”，学习目标要从似有若无走向核心，统领课堂设计，服务于教学；课堂评价要从随心所欲走向理性导航教学活动，从低效烦琐走向有序开放，对学习信息从熟视无睹走向深度关切和过程引领；教学活动要优化学习活动路径，注重结构化思维的课堂，学生的思维能力、学习能力、综合素养才能在“教—学—评”的和谐发展中得到提升。

活动与思考

一、集体研讨

工作室全体成员一起选择一节国优课进行“教学评一致性”的应用分析。

二、个别访谈

对本地区或工作室成员中的1位优秀教师进行访谈，了解他如何在课例中以评促学，访谈后分享自己的体会，并出一期工作室简报。

三、撰写行动计划

结合本学期的公开课，撰写一份“教学评一致性”的应用课例。

专题11

教学赋能

教师教学能力的提升路径较多，有综合素养培训，也有单项技能训练。其中，教师教学能力大赛是综合培养教师的教学能力和专业素养的一种重要方法，能够引导教师进行系统的知识整合和专业培养。除教育教学综合素养培训外，一些教育教学的单项技能的培训对教师的专业素养提升也有重要影响。

本专题通过分析多个教学能力比赛方案，梳理青年教师教学能力比赛的背景、目的、内容等，引导青年教师通过理解比赛方案，积极参赛、观赛，关注和了解最新的教育理念和教育教学的现状，培养责任意识、创新意识和学习意识，提升青年教师的教育教学综合素养。同时，本专题也介绍了教学设计、教学展示、说题、微课以及跨学科主题教学等具体的单项教育教学技能内容（这些项目也是许多教学能力比赛的重要内容），从了解这些项目的属性（或特点）、理解这些项目的内涵、掌握这些项目设计（制作）实施一般方法等方面进行阐释，以期对青年教师教育教学能力提升有所帮助。

修炼36

解析青年教师教学能力大赛

教师教学能力大赛旨在“以赛促教，以赛促学，以赛促改，以赛促建”，是综合培养教师的教学能力和专业素养的一种重要方法，能够引导教师进行系统的知识整合和专业培养。青年教师大赛方案中往往包含了最新的教育理念和教育教学改革的方向。认真研读方案，理解方案的目的，积极参赛观赛，将方案理念落实到日常教学，这个过程可以帮助青年教师弥补在育人经验、教学艺术和教学技巧等方面的欠缺，引导青年教师关注和了解最新的教育理念和教育教学的现状，为提高教学能力奠定坚实的基础。

一、悟透教学能力大赛方案目的理念

（一）大赛设立背景

近年来，为落实全国教育大会精神和中共中央、国务院《关于全面深化新时代教师队伍建设改革的意见》要求，深入实践关于工会开展劳动和技能竞赛工作的重要指示精神，大力弘扬劳模精神、劳动精神、工匠精神，加强中小学青年教师队伍建设，助力基础教育高质量发展，各级工会和教育主管部门经常联合举办中小学青年教师教学能力竞赛，国家层面的有中华全国总工会和教育部联合举办的全国中小学青年教师教学竞赛等，许多省、区、市也有相关比赛，如北京市委教育工委、市教委、市教育工会联合主办的北京市中小幼“京教杯”青年教师教学基本功培训和展示活动等。

（二）大赛目的

综合分析青年教师教学能力比赛活动方案发现，各地开展青年教师教学能力比赛活动的主要目的是落实党的教育方针，围绕立德树人根本任务，以加强师德师风建设、锤炼教学基本功为着力点，搭建优秀青年教师教学展示交流平台，有效引领青年教师的专业发展，落实新课程标准，激发广大青年教师更新教育理念和掌握现代教学方法的热情；引导广大教师钻研课堂教学，更新教育理念，创新教学方法，优化教学过程，形成良好的教研氛围，加快推进教育现代化，发现优秀教师，培养教学骨干；为教育高质量发展储备人才资源，推动教育高质量发展。

（三）参赛对象

通过梳理青年教师教学能力比赛活动方案发现各地开展的青年教师教学能力比赛活动除了对参赛对象的师风师德有要求外，对教师的教龄和年龄也有限制和要求。例如，上海市举办的中小学教师教学技能大赛体育与健康学科领域就要求参赛教师年龄不超过45岁，有些地区甚至要求参赛教师年龄不超过40周岁。这个年龄段的教师大部分处于教师成长发展的“关注情境”[①]阶段，处于这个阶段的教师通常关注课时压力和教育教学技能技巧，会更加关注个人职业成长和发展机会，积极寻求资源，注重工作环境和条件，并注重自我评估和反思，进取心强，可塑性高。这些特点有助于青年教师不断提升自己的专业素养和教学水平，为未来的职业发展打下坚实的基础。

① 美国学者福勒和布朗提出的教师成长的三阶段理论将教师的成长划分为关注生存、关注情境和关注学生三个阶段。

（四）比赛内容

青年教师技能比赛主要包含教学设计、教学展示等内容，如国家青年教师技能大赛就设置了教学设计、教学展示两部分竞赛内容；有些地区的教学技能比赛还包含教学绝活展示、专业技术技能展示等内容，如广东省青年教师技能比赛的学前青年教师能力比赛就包含了综合素质答辩、游戏活动点评、才艺展示等内容，中等职业学校青年教师能力大赛包含教学绝活展示以及主题演讲等内容。虽然比赛的具体内容不同，但概括起来主要包含教学设计、教学展示、说题、微课以及跨学科主题教学等方面的教育技能。

二、积极参与青年教师教学技能大赛

综上所述，可以发现青年教师教学技能比赛的目的不是比赛本身，而是因势利导为青年教师教学技能提升、职业发展提供训练展示平台，为广大教师在教学中落实课标提供方法引领，让广大教师形成基于新课标的教学理念、教学方法、教学主张。作为参赛者的青年教师可在认真准备比赛过程中广泛涉猎相关学科的理论知识，熟悉新的教育政策和研究成果；同时，在教学比赛的各个环节与其他参赛教师进行广泛的交流，虚心向资深教师、专家及同事们寻求指点、帮助；在赛后吸收资深评委对参赛选手优缺点的评价意见。而非参赛选手也可在指导辅助参赛选手、观赛等过程中深度参与体验，拓展思路，对标学习。对广大青年教师而言，无论是参加初赛，还是晋级复赛，抑或是观赛，都可以在这个过程中有所收获。

名师工作室可以青年教师教学能力大赛为契机，结合青年教师的实际情况，组织指导青年教师积极参赛观赛，强化过程体验，加强对参赛选手教学技能技巧的有效培训，尤其针对青年教师技能大赛里面所涉及的教学设计、微课制作、说课说题、跨学科主题教学等教学技能进行深入指导，在此过程中渗透新的教学观，落实新课标，提升教师教育教学能力。

活动与思考

一、综合分析

部分地区的青年教师教学技能大赛要求有3年以上教龄的教师才能参赛，请结合福勒和布朗的教师成长发展理论分析这样的要求是否合理。

二、经验分享

“他山之石可以攻玉”，邀请参加过青年教师教学技能大赛的教师就参加比赛的过程进行经验分享。

三、集体研讨

请结合青年教师教学能力大赛的要求和青年教师发展阶段的特点，分析青年教师教学能力水平的现状并制订青年教师教学能力提升培训的方案。

四、问题讨论

现场授课是许多教学技能大赛的重要内容，也是日常教学的基本手段，一些专家和教师就“好课的标准”提出了自己的见解，你认为好课有哪些标准?

修炼37

开展教学设计和微课制作

教学设计作为教育教学的基本技能，是许多学校要求教师必须完成的项目，也是许多教学技能比赛的重要内容。无论是常规的课堂教学还是“微课”，都需要设计，都需要依据教学目的、内容和学生的起点等恰当运用教育教学规律等进行教学材料的组织，满足人们对高质量教学的需求。

一、理解教育教学属性并运用于教学设计中

教师要以课程内容为中介，有目的、有意识地引导学生进行教和学相统一的活动就需要进行教学设计，教学设计是现场授课、说课、说题以及跨学科主题学习的基础和支撑点。加涅（Gagne）曾在《教学设计原理》（1988年）中界定“教学设计是一个系统化规划教学系统的过程，教学系统本身是对资源和程序作出有利于学习的安排”。帕顿（Patten）在《什么是教学设计》一文中指出：“教学设计是设计科学大家庭的一员，设计科学各成员的共同特征是用科学原理及应用来满足人的需要。因此，教学设计是对学业成绩问题（performance problems）的解决措施进行策划的过程。”教学设计是利用教育教学原理解决学业成绩问题以满足人的需要的过程，合理的教学设计建立在充分理解教育教学属性和掌握教育教学规律基础之上。所以理解教育教学的属性，掌握教育教学规律，是开展教学设

计工作的前提。

（一）教育教学属性

教育具有多重属性，有其本身所固有的、不可改变的特征，如教育的目的性、育人性，预设性（静态属性）和生成性（动态属性）等，也有固有属性所衍生出来的、与外部环境相关的特征，如永恒性、相对独立性、长期性、生产性、阶级性等。预设性是对教育教学静态的描述；生成性是对教育教学动态的表征；永恒性即教育伴随着人类社会的始终；历史性即教育在不同的历史阶段表现出不同的特点和形态；相对独立性即教育在一定程度上可以独立于其他社会现象而发展；长期性即教育的效果往往需要经过长时间的努力才能显现；生产性即教育是一项潜在的生产力，可以为社会发展提供人才和智力支持；民族性即教育具有鲜明的民族特色和文化传统；阶级性即教育在一定程度上反映和服务于统治阶级的利益和意志。

教学是教育的一个重要组成部分。狭义的教学则专指学校教学，是学校教育的基本途径，旨在通过教师的教和学生的学实现知识的传递、技能的培养、态度的塑造和素养的提升。在这个过程中，学生在教师有目的、有计划的指导下，积极发挥主体作用，主动掌握系统的文化科学基础知识和技能，发展能力，增强体质，提升核心素养。教学的本质是一种双边活动，既包括教师的教，也包括学生的学，两者相互依存、相互促进。教学属于教育的下位概念范畴，具有教育相同的属性，也遵循相应的规律。

（二）教育教学属性与教学设计

教学设计需要依据教育教学的属性（科学原理），教育教学的属性决定了教学设计的样态。例如，教育教学的预设和生成的属性形成了教学属性的两极，在二者之间存在着一个连续的区域，在这个区间里，教学的预设性和生成性以不同的比例和结构方式进行组合，呈现出无数的教学形态，构成了千姿百态的教学谱系。课堂教学常常以预设为基础，借助生成来丰富、拓展、调节、重构课堂，实现对预设课堂的突破、完善、超越与升华，使课堂绽放无限的生机与活力。著名教育家叶澜教授指出，教学过程中强调课的动态生成，但并不主张教师和学生在课堂上信马由缰地展开教学，而是要求有教学方案的设计，并在教学方案中，为学生的主动参与留出时间和空间，要让学生“思考有时间，展示有空间”，为教学过程的动态生成创造条件。因此，当设计完成一个教学方案的同时，备课教师的头脑中就会形成一个完整的授课方案。撰写出来的教学设计方案往往是实施课堂教学过程的基本框架和基本环节，主要包括课程名称、教学指导思想、内容分析、学情分析、教学目标与教学重难点、教学过程设计等基本模块，而不是将课堂中教师所说的每一句话、每一个想法、每一件事都写进去。在课堂教学实施的过程中，会有许多的不定因素出现，这就要求教师根据课堂教学即时生成的资源以及产生一系列非预期的变化来调整后续的设计，对课堂教学目标再聚焦，形成新的教学进程，灵活地达成教学目标。

又如，教育的历史性要求在教学设计时需考虑教育教学思想理念、社会科学技术的发展变化等因素的影响，并根据学生的实际情况、教学的环境、教师自身能力，对教师和学生做到“适材适所”。

再如，教育的阶级性决定了在进行教学设计时需“适时应务”。要求我们必须在教学设计中以党的教育方针为指导、以课程标准为依据，厘清“培养什么人、怎样培养人、为谁培养人”这一根本性问题，深入理解课标，把握好“用什么培养人，培养到什么程度”，落实好培养社会主义建设者和接班人这一根本任务。

综上所述，教师在进行教学设计时需深入理解教育教学的属性，合理应用其特性，遵循其固有规律，适应其衍生规律，以使教育教学更好地满足需要。

（三）教学设计流程

良好的教学要求教师在进行课堂教学时既要依据课程标准指引，又要结合教科书（教材）实施，还要根据学生的实际情况、教学的环境、教师自身能力、社会科学技术的发展变化，以及考虑教育教学思想理念的变化等因素的影响“活用”课程标准和教科书，充分发挥出自己的主观能动性，在课堂教学中展示出自己的特色来。所以在进行教学设计时，一是要领会党的教育方针，读懂课标要求，形成切实的教育理念；二是要理解教育教学及教学设计的属性，遵循规律，建构好设计框架；三是要深入分析教学内容、教学对象、教师及教学环境等情况并结合课堂、比赛等具体要求，撰写设计初稿；四是要对教学效果进行评估反思，依据课标和教学效果修改完善设计。

（四）教学设计注意事项

教学设计通常是一学时设计，但随着教育教学改革的持续推进，有些地区也要求将新的理念融入教育教学，如要求“整体设计+学时设计”的教学设计、融合“教学评一体”的教学设计等。下面对常见的教学设计进行简要介绍。

1. 课时的教学活动设计

依照教学的预设性，一般以一个课时为基本单位对教学活动进行设想与安排。教学设计框架主要包括课程名称、教学指导思想、内容分析、学情分析、教学目标与教学重难点、教学过程设计等模块。

（1）在课程名称设计方面，一般直接采用教材的课程名称即可，若是其他内容，则选取能体现主题的内容作为课题名称，要求名称简洁易懂。

（2）在教学指导思想设计方面需体现为党育人、为国育才和培育核心素养的理念，体现对学科教学规律与学生成长规律的遵循。

（3）在内容分析设计方面需符合课程标准要求，立足学生素养提升，把握核心教学内容，凝练育人价值。

（4）在学情分析设计方面需围绕学习内容，分析学生已有知识和技能、生活经验以及可能存在的学习困难与学习心理。

（5）在教学目标设计方面需全面、科学、具体，既要有实现路径，又要体现学习后能运用所学达成的具体行为表现和程度，具有可操作性和可检测性。

（6）在教学重难点设计方面需依据教学内容、教学目标和学情分析，合理确定教学重点和难点。

（7）教学过程设计是教学设计的重要部分。教学具有生成性，教学过程中强调课堂的动态生成，为学生的主动参与留出时间和空间，为教学过程的动态生成创造条件。在设计教学过程中，一是学习活动设计注重创设情境，激活学生已知，激发学生学习动机；二是教学环节关联递进，注重衔接，引导学生在自主、合作和探究中学习，注重知识建构，运用所学解决真实情境中的问题；三是评价设计要与活动意图保持一致，服务教学目标的达成，具有可观测性、可检测性的特点；四是教学辅助手段要求能恰当利用多种资源或工具（如可视化图形，多媒体、互联网等信息技术和资源平台）助力教学；五是作业设计要具有巩固所学、拓展迁移、诊断和激励的功能，任务表述具体明确，符合学生水平；六是板书设计要体现教学重点，服务学生知识建构，服务于思维发展。

此外，在课时教学的整体设计上要求规范，语言文字表达准确、阐述清楚。

2. 单元或主题的教学设计

单元有多重含义，教学单元有教材单元和学习单元之别。教材单元是由若干相关联的知识点组成的集合，以课时教学的组织形式完成教学任务，实现教学目标。教材单元以“教”为出发点，即教什么，怎样实现知识目标。而学习单元，即单元教学中的“单元”，是结合课标、教材和学情划分的单元，用大问题、大任务、大观念或大项目统整教学任务。单元教学以“学”为出发点，动态性的“学”，发展性的“学”，教随着学的状态和程度而进行适时的调整，侧重学习过程的展开、沉淀和学生能力素养的发展。本专题的“单元”特指学习单元而不是教材单元。学习单元可以按教材内容组织，也可以按学科学业发展和学科核心素养发展的进阶来组织，还可以按真实情境下的学习任务跨学科组织，总之，符合认知规律的逻辑体系皆可。

以单元或主题进行整体设计须以立德树人、发展学生核心素养为宗旨。正确把握课程整体与局部的关系，准确把握单元（或主题）及每一个学时的目标定位，做到重点、难点突出，注重学生的实际获得。其设计一般包含单元（或主题）教学设计说明，单元（或主题）教学背景分析，单元（或主题）学习目标与重点、难点，单元（或主题）学习活动设计，单元（或主题）作业设计，单元（或主题）整体教学结构图，教学设计特色说明与教学反思等方面的内容。下面分别进行介绍。

（1）在单元（或主题）教学设计说明方面需要依据学科课程标准的要求，简述本单元（或主题）学习对学生学科素养发展的价值，简要说明教学设计与实践的理论基础。

（2）教学背景分析包括学习内容分析、学生情况分析、教学方式与教学手段说明、技术准备，以及对前期教学状况、问题、对策等研究进行说明。

（3）在学习目标与重点、难点方面要根据国家课程标准和学生实际，指向学科核心内容、学科思想方法、学科核心素养的落实，设计单元学习目标，明确重点和难点。

（4）设计学习活动时需以单元为实施单位统筹规划，对学习活动及有价值的学习任务进行整体设计。注意体现实践性、综合性和开放性。

（5）在作业设计（小学低年级忽略）方面要针对单元学习目标设计多种形式的作业，精心设计基础性作业，适当增加探究性、实践性、综合性作业，提高作业设计质量。

（6）在评价设计方面要注重评价学生学科核心素养的发展水平，以及学生在学习活动中的参与度、积极性及创新能力等。通过评价随时了解学习目标达成情况、监测与调控学习过程、反馈与指导改进教学。

（7）在整体教学结构图方面一般要介绍单元整体教学设计的思路，以结构图等形式整体呈现单元内的课时安排及课时之间的关联。

（8）在教学设计特色说明与教学反思方面需简要描述本单元（或主题）教学设计的特色和教学反思等。

3. 融合“教学评一体”教学设计

如何在单元教学中落实“教学评一致性”的理念？早年就有人提出了“六项式教案”的概念，即单元教学设计的“教学过程”按照表11-1所示的六个项目来设计和书写。应该说该“六项式教案”的框架很好地体现了教学评一体化的教学设计思想。

表11-1　单元教学六项式教案（教学过程部分）

教学环节	阶段目标	教师活动	学生活动	资源支持	测评技术

教案是教学设计的一个结果，教学设计则是教学方案制订及其不断修正的过程。“一个教师写一辈子教案不一定能成为名师，但写三年教学反思则有可能成为名师。”这是被广为传诵的出自当代教育学家叶澜教授的金句名言。不管是课前的教案还是课后的反思，那些被激发出来的思考都是这些课前、课后文字工作的灵魂，引发思考是做这些事的根本价值。

二、掌握微课的设计和制作方法技巧

微课作为近年来一种新兴的教学辅助方式可应用于在课前帮助学生自主学习、课堂辅助教学、课后复习巩固等多个场景，也可用于各种课型之中，如新授课、习题课、复习课等，其使用灵活方便，适用范围不断拓展，受到越来越多的关注。

（一）微课概说

微课通常是为使学习者自主学习获得更好的效果，基于教学设计思想精心设计的信息化教学，围绕某个知识点或教学环节以短视频形式展示的简短、完整的教学活动。这些活动针对特定的目标人群传递特定的知识内容，可以是教材解读、题型精讲、考点归纳，也可以是方法传授、教学经验等技能方面的知识讲解和展示。“微课”的核心组成资源是课堂教学视频（课例片段），还包含与该教学主题相关的教学设计、素材课件、教学反思、练习测试及学生反馈、教师点评等辅助性教学资源。其具有教学时间较短、资源容量较小、资源结构“情境化”、主题突出、内容具体、多样传播、针对性强等特点。

（二）微课属性与微课教学设计

微课的内容是某个知识点或教学环节，一节微课只学习一个特定的内容，资源容量小，如果该内容又包含了另一个内容，则需另设一节微课学习。所以要求“微课”主题选择要小而精，要体现“微”。

微课本质是完整的教学活动，和其他教学活动一样需精心设计，但其是教学的辅助手段之一，针对特定目标人群，所以不能像新授课一样来设计制作。

微课侧重于解惑，因此需要从学生的角度去设计和制作，要深入研究学生的需求，要体现以学生为本、因材施教的教学思想。

微课的展示形式是短视频，因此需要充分考虑媒体表达。

微课的教学形式是自主学习，解惑而非授业，是对课堂的补充，是教学的辅助手段之一，不能代替课堂教学。

（三）微课设计制作注意事项

微课制作的一般流程为选题—教学设计—制作课件—制作脚本—教学实施与拍摄—后期制作—教学评价反思等。

（1）在选题方面：由于微课传递特定知识内容，内容需要具有明确的教学目标和价值，选题成为微课制作关键的一环。良好的选题是成功的一半，所以要确保选题是教学中的重点难点、关键节点，同时要适合用短视频形式表达。

（2）在教学设计方面：微课虽然只有短短的数分钟，但其自身仍具有系统性，需要良好的教学设计，需要能有效解决实际教学问题，需要能针对性地解惑、启智和调动学习者学习的主动性的设计，需要包含教学目标、教学内容、教学方法等详细信息。在进行微课设计时，一是要明确微课的受众，由于微课针对特定的目标人群，设计需要充分考虑特定的教学对象，不同学科学段的微课对应不同知识能力水平的学生，微课设计不但应有学科学段的分别，还要适应同一学科学段不同水平的学生，力争做到“分层分类”。二是设计必须符合学生认知规律，不同年龄段学生的认知方式有较大差异，良好的微课设计应该遵循教学设计的一般规律，如循序渐进、形象直观和交互停顿等。三是要根据微课内容，选择适合的教学方法和手段，如讲解、演示、案例分析等，同时可以考虑使用多媒体资源、动画、图表等辅助教学手段以提高微课的吸引力和教学效果。

（3）在制作课件方面：一是注意内容设计上要有启发性，对于悬念的设置，一般只放核心内容，不宜内容全部呈现。二是在版面设计时要注意融入美学设计原理。例如，首页与封面设计需要简明扼要地呈现微课标题、作者和主要内容等，可让授课对象一目了然地知道内容框架与作者等基本信息；中间页设计有50%文字，20%图片，30%空白，文字颜色不要超过3种；等等。

（4）在脚本制作方面：需要明确微课的结构和流程。脚本应包括开场白、内容讲解、总结等内容，撰写越详细越好，训练越熟悉越好，以减小后期录制的工作量。

（5）在录制微课方面：注意选择适当的录制环境，确保声音清晰、画面稳定，同时需要准备好摄像头和麦克风，熟悉软件操作，合理运用教学方法和手段，保持讲解流畅、自然。录制背景最好是白色或浅色，不要出现其他杂物，能根据需要调整摄像角度，声音大小合理。

（6）在后期制作方面：对录制好的微课视频进行后期编辑，包括剪辑、添加字幕，根据需要调整视频尺寸、视频格式、音频大小等，有的甚至需要配音。除了常用的剪辑软件，有的还会使用AI技术甚至寻找专业人士合作，确保微课视频质量符合要求。

（7）在教学评价反思方面：微课发布后，收集学生和教师的反馈意见，了解微课的优点和不足，根据反馈意见持续进行改进和优化，提高微课的教学质量和效果。

活动与思考

一、理解分析

如何理解“教学设计是设计科学大家庭的一员”？举例分析教学设计和微课设计制作中蕴含的教育学、心理学原理。

二、案例分析

“取人之长，补己之短”，就近年来在青年教师教学能力比赛中获奖的教学设计和微课作品进行针对性案例分析，总结其优势和不足。

三、拓展实践

“实践出真知”，以主题活动方式选择课题进行教学设计和微课制作，并分享交流总结得失，掌握教学设计和微课制作的一般方法。

四、研究拓展

教学设计除了传统的教案外，近些年还出现了导学案、讲学稿、学历案等新的设计形式，请收集相关资料进行小组分享。

修炼38

积极参与说课和说题活动

说课、说题因能较好地培养教师对课标的理解，培养对教育学、心理学的应用能力而被广泛应用于各种教研活动中，有时也作为教学技能比赛的内容。说课、说题呈现形式相似，但内涵和逻辑起点有较大区别，需要根据各自特点深入理解实施。

一、掌握说课的设计方法和过程技巧

经过多年的不断完善和推广，说课作为一种灵活、快捷、高效的教研活动形式已成为各类学校进行公开课、示范课、观摩课、汇报课等备课过程中的一个重要环节，其有效促进了教师之间的交流，有效引领了教师教学理念更新和教师教学能力提高，目前已广泛应用于日常教研活动中。

（一）说课概说

说课是一种要求教师以教育教学理论、课程标准为依据，针对某一课题的自身特点，结合教育对象的实际情况，口头表述该课题教学的具体设想、设计及其理论依据的教学研究活动。说课需要教师用语言表达具体课时的教学设想及理论依据，也就是一位教师在备课的基础上，向其他教师或教研人员系统地说出自己的教学设想及其理论依据，然后由听者评议，以达到相互交流、共同提高。它是教师自身表达思维活动及心理、生理活动的综合体现，是教师对教育学、心理学和教育理论的再学习、再深化、再实践的过程。说课不仅能反映教师的教学功底，而且能体现教师的教学理论水平，是教师教学准备情况和整体教学水平的一个比较全面的综合外显。

（二）说课特点及说课设计

从上面的分析我们可以看出，作为说课者首先要说清“教什么”和学生“学什么”“怎样教”和“怎样学”，要讲好这四个问题就需要围绕这四个问题准备说课内容材料并精心筛选材料，材料越充实，说课内容越深刻生动，越显内容的厚重。其次，说课的显著特点在于说理，要从理论的高度说出自己为什么这样教和学生为什么这样学，要具有科学性和逻辑性，需要将教学内容与说理有机地融合在说课过程中。此外，说课的呈现方式为口头表达，表现形式单一，听者处于被动接收信息的状态，难以给听者留下深刻的印象，因此灵活采用视觉材料恰当地组合在说课的主体中非常必要。

（三）说课注意事项

1. 说课需要有充实的内容

说课内容一般按课前说课[①]准备，其基本要素包含说教材、说目标、说学情、说思路、说过程、说评价、说板书等内容。应依据课程标准，教育学、心理学原理等对材料进行取舍。

（1）在“说教材”材料准备方面：需要简要说明教学内容及教学内容在教材中的地位，在学科概念中的地位，教学内容与前期学习的衔接以及与

① 有观点认为说课可以分为课前说课和课后说课，一般认为课前说课不包含课后反思，而课后说课则包含了课后反思等部分内容，即课后说课其基本环节包含说教材、说目标、说学情、说思路、说过程、说评价、说板书、说反思（课后说课）等。

后期学习内容的联系，有时还需要说明教学内容在整个教材体系中的地位。

（2）在“说目标”材料准备方面：目标需围绕核心素养的培养，结合学科能力和核心概念全面、科学、具体地阐述，体现学习后能运用所学达成的具体行为表现和程度，具有可操作性和可检测性；在阐述目标时，动作描述词需准确使用，如知识类目标使用知道、举例、说明、说出等词，能力类目标使用表达、分析、解决、收集、整理等词，而态度责任类目标则使用关注、参与等词。若是复习课，目标则是查漏补缺、知识的系统化和结构化以及知识的迁移应用等。

（3）在“说学情”材料准备方面：需要具体说明学生的学习起点情况，包括学生已有知识技能基础、生活经验、学习能力基础、学习心理准备、学习方法、固有“前概念”等。如果是复习课说课还应分析学生前期新授课情况，需要有前测和摸底，以便更好地掌握学生学习起点。

（4）在“说思路”材料准备方面：需要说明设计所依据的教育教学理论、设定突破重难点的依据、突破重难点的有关铺垫材料、教学方法选择的依据等。

（5）在“说过程”材料准备方面：需要讲清“教什么、怎么教、怎么学、为什么这样教和为什么这样学”的问题，这是说课中最主要的部分，需详细介绍。同时阐述清楚为什么设计这些环节，这些环节的用时，设计的创新点、亮点，以及设计的理论依据，等等。

（6）在“说评价”材料准备方面：新课标提倡“教学评”一致性，一般需要既有过程性评价又有终结性评价。过程性评价使用评价量表时需要阐明量表设计的亮点，体现的原理；终结性评价注意和教学目标保持一致，需要阐明监测工具如何表征出教学目标的达成度。

（7）在“说板书”材料准备方面：基于建构主义理论，学习的体系结构化便于记忆和迁移，一般采用结构化板书，可以思维导图形式呈现，如果有比较新意的板书设计，可作为亮点说明。

（8）在说反思材料准备方面：如果是课后说课，要求教师根据课堂教学过程遇到的问题、即时生成的资源以及产生一系列非预期的变化等来调整后续的教学，对课堂教学目标再聚焦，形成新的教学进程，灵活地达成教学目标。课后对调整的新的进程的处理策略、措施及结果等进行反思和总结，以达到进一步完善教学设计和实施的目的。

2. 说课各要素需要严密的整合逻辑

说课需要清晰的逻辑结构，需要在准确把握教材自身内容联系的条件下组织好说课的结构。说课各要素的整合逻辑一般是根据大纲、教材、学情确定教学目标，根据教学目标和学情选择教法学法，通过过程去落实目标，最后是反思完善。其中，教学目标是中心，围绕这个中心去说怎么设计的、怎么实施的、实施效果如何、有哪些优缺点。为了确保既定教学目标的实现，在设计教学程序时，从新课引入到归纳小结，每一个环节的设计都要随时注意教学目标的控制，要与教学目标相呼应，形成“散而不乱”的逻辑结构。

3. 说课需要精彩的呈现

有统计表明，如果说课仅仅是“说”，听者仅使用其听觉的话，接收的信息在3小时后仅能保持70%，3天后仅能保持10%，难以给听者留下深刻印象。说课人在说课中除要运用富有感染力的语言外，恰当使用图表、直观教具、实物或实物图、多媒体等视觉材料可促进听者思考，诱发听者的参与意识，使之随着说者的思路去理解说课的内容。例如，说明教学内容在整个教材体系中的地位，一般可用结构图进行形象的展示；说教学过程，一般在课件上使用流程图展示过程环节，让受众一目了然，从而取得较好的说课效果。这就要求灵活使用视觉材料，将其恰当组合在说课主体中，使说课生动精彩，给人以深刻印象。

二、掌握说题的设计方法和过程技巧

许多地区组织教师与学生一同参加中高考模拟命题比赛、“做题、组题、改题、编题、说题”等系列活动以培养教师评价能力，以期用评价引导教学。说题是近年来兴起的一种教研形式，能通过教师对试题的全面分析，指导课堂教学，提高课堂教学的针对性，引导教师对评价的关注，彰显教学评一致的理念，引导教师深入研究课程标准、教材教法及学生学习规律，切实提升命题能力，已成为许多教研活动和教师教学技能大赛的重要组成部分。

（一）说题概说

说题是类似于说课的一种教育教研展示和讨论活动，其将命题、解题、反思、拓展、论教、论学有机地融合在一起，是说课的延续和创新，是一种深层次备课后的展示，于说题中将研究“教”、研究“学”与研究“考试命题”结合起来。通过“说题”等系列活动，能够促进教师间学习与交流，加强对试题的研究，从而把握考题的趋势与方向，用以指导课堂教学，提高课堂教学的针对性和有效性，提高教师的专业素养。

（二）说题的特点

说题类似于说课但不同于“说课”。二者的类似主要表现在框架类似，都需要精心设计和选用材料充实说的内容，清晰的逻辑结构，精彩的展示，主要不同在于内容的差异。“说题”是要求教师按照课标和考试说明，说清命题立意和题意，说出解题思路和解题过程，说清学生可能遇到的障碍和如何指导学生解题，说出问题的拓展、延伸，说出自己的感想和反思等内容的一种教学活动。

说题活动一般会经历“选题（命题）—做题与析题—规划—说题”等几个阶段。教师在参加说题教研活动的几个环节中，做题与析题环节的工作（特别是“析题”）非常关键，它是第三阶段工作的基础。而说题内容的形成，也可能需要多次反复第二、三阶段的工作，直到形成完备的说题内容。

（三）说题注意事项

如前分析，与说课一样，说题需要充实的内容、严密的逻辑和精彩的呈现。说题内容一般应包含“试题情况说明”“命题立意分析”“学生解答分析”“讲评教学规划”等几个模块。应依据课程标准、考试说明、学生解答情况等对说题内容材料进行筛选。

（1）在试题情况说明方面需要介绍所选试题的内容，指出试题的来源与出处，并简要说明选题的缘由，如题型的代表性、答题的典型性、命题的创新性等。

（2）在命题立意方面需要分析“考查目标”“命题策略”“试题特色”“教学导向”“思路方法”等几个子模块。

“考查目标”需要分析试题考查哪些核心素养，所考查的知识与技能是否为学科核心内容，考查到学科能力何种层次等；

“命题策略”分析需要分析试题采用怎样的命题手法（即选择什么素材、设置哪些问题、通过何种途径）来实现核心素养目标的考查，命题手法能否达成考查目标等；

“试题特色”需要分析试题在编制上有哪些特点，在哪些方面体现命题创新等；

“教学导向”需要分析试题给教与学带来怎样的导向，以及这样的导向是否符合新课程改革与评价的要求、是否符合学生认知水平及课程标准的要求等；

“思路方法”需要分析采用怎样的思路方法（常规的方法、特殊的方法）来解答本道试题等。

（3）在学生解答方面需要分析“思路分析”“结果分析”“结果评价”“教学启示”等子模块。

“思路分析”需要分析预测或阐述学生面对试题将关注哪些信息（已知和未知）、采取怎样的思路来加工处理相关信息，同时调用哪些知识与技能来进行解题。

“结果分析”需要阐述根据学生的解题思路解题，将得出怎样的结果。

“结果评价”需要分析学生的解答过程与结果存在哪些方面的问题，造成这些问题的原因何在（是题目的问题，还是学生的问题；是学生知识缺陷，还是思维障碍等）。

“教学启示”需要分析学生解答中存在的问题暴露了教与（或）学哪些薄弱点，它将给后续的教与学带去怎样的启示。

（4）在讲评教学规划方面需要分析“揭示目标”“阐述思路”“拓展延伸”“学习建议”等几个子模块。

“揭示目标”需要分析根据学生思维障碍所暴露的问题，讲评教学将要达成怎样的目标。为实现这一目标，将采用怎样的教学策略。

“阐述思路”需要分析基于学生思维障碍，讲评时如何进行铺垫，设计哪些导思问题；如何引导学生观察、分析问题，找到切入点；解完题后如何进行归纳、整理，提炼解题规律，总结学习心得。

“拓展延伸”需要分析如何对试题进行改变（换说法、改条件），赋予试题新的内容或情景，并在问题解决过程中探索新的思路方法，实现对试题、考点的延伸和拓展。

“学习建议”需要在分析的基础上进行总结，提出对本考点或题型的学习建议。

由于说题和说课主要区别在于内容的差异，所以在完成“说题内容材料”准备后，和说课一样还需要对这些材料进行逻辑的整合，形成内容和逻辑的统一体。同时，需要基于有效讲评的视角，对说课的整体设计的合理性、连贯性、渗透新课程理念、教学基本功（语言、板书、教态）等进行审视；基于受众视角设计视觉材料等促进听者思考，诱发听者的参与意识；多次进行口头练习和模拟说题，提高表达能力和说题技巧，掌控好语速、音量、语调，以及语言的准确性和清晰度，以提升语言的感染力，呈现精彩的说题效果。

活动与思考

一、综合分析

有人认为"无论说课还是说题，充实的准备铸就内容的厚重，严密的逻辑促使内容组织有序"，请结合案例分析这个观点。

二、案例分析

"以人之厚补己薄"，借鉴他人的经验是成长的有效手段，请就近年来青年教师教学能力比赛中"教学展示"环节的影像资料等有针对性地进行案例分析，总结其优势和不足。

三、拓展实践

了解说课、说题的特点，理解其内涵之后，我们需要"躬身入局"，以主题活动方式选择课题进行说课和说题并反思总结，掌握说课和说题的一般方法。

修炼39

开展跨学科主题设计与教学

《义务教育课程方案和课程标准（2022年版）》提出加强课程综合，注重关联，加强课程内容与学生经验、社会生活的联系，强化学科内知识整合，统筹设计综合课程和跨学科主题学习。加强综合课程建设，完善综合课程科目设置，注重培养学生在真实情境中综合运用知识解决问题的能力。开展跨学科主题教学，强化课程协同育人功能。新课程方案强化了跨学科主题学习，要求各门课程原则上用不少于10%的课时设计跨学科主题学习。跨学科主题学习是综合学习的方式之一，虽然没有综合课程学习综合程度那么高，但要比学科内的综合学习综合程度更高。其不仅在学习方式上推进综合学习，而且强调在学习内容上通过主题学习实现科目间的联结与整合。它既包含学习方式，又包含学习内容，是学习方式和学习内容的统一。

一、理解跨学科主题学习内涵

（一）跨学科主题学习是“跨科目”的主题综合学习

跨学科主题学习中的“学科”不是学术意义的学科，而是指新课程方案中所设置的学校教学科目。跨学科实则是跨科目，旨在加强各科目之间的关联，减轻科目内、科目间的知识以及科目内容与生活之间的割裂程度。跨学科主题学习往往是立足科目A，整合运用至少一门其他科目B的概念、观念和方法，以解决真实情境中的问题。

（二）跨学科主题学习可采用问题学习、项目学习等方式实施

从当下核心素养的育人实践看，以主题为抓手构成诸多学习方式的上位引领，实践中有关学习方式的变革往往表征为问题学习、项目学习等，问题学习是问题导向的，强调具体情境中的问题解决；项目学习是成果导向的，强调作品、制品、产品等结果。新课标提出“真实情境中的问题解决，通常需要综合运用科学、技术、工程学和数学等学科的概念、方法和思想，设计方案并付诸实施，以寻求科学问题的答案或制造相关产品”的主题学习概念。概念中“寻求科学问题的答案”的教学往往表征为问题学习，“制造相关产品”的教学往往表征为项目学习。尽管概念表述、逻辑体系有差异，但主题学习与问题学习、项目学习等内涵是相似的，因此问题学习、项目学习等都可视作主题学习开展的具体方式，也是跨学科主题学习进行内容组织的重要抓手。

（三）跨学科主题学习的样态

依据上述对跨学科主题学习内涵的理解，在设计跨学科主题学习时应以科目之跨为逻辑起点，强调凭借主题整合不同科目的知识、观念与方法，同时要避免单纯强调学习方式变革所带来的“知识缺失”。为让大家更好地实践“跨学科主题学习”，崔允漷教授提出了跨学科主题学习的两种主要样态，一是“科目A跨科目B”型（以科目A为主科目，整合另一门科目B的内容进行深化或拓展学习），二是“科目A跨科目B+”型（以科目A为主科目，借由主题对两门以上科目的相关内容进行整合）。胡继飞教授则非常形象地提出了“基于学科的跨学科主题学习活动”的概念来指导对跨学科主题学习实施样态的理解。

二、深入实践跨学科主题学习教学

落实跨学科主题学习课标要求，实践跨学科主题教学一般也遵循由易到难、循序渐进的原则，依据教学目标可从真实的问题、现象、成果出发，也可从学科的核心素养、概念分析出发进行跨学科主题教学设计。同时，我们可以借助前期综合性学习的一些成果，从开展课题型跨学科主题学习入手，熟悉跨学科主题教学设计的一般方法，然后逐步过渡到新课标要求的“寻求科学问题的答案”和“制造相关产品”的跨学科主题教学。

（一）课题型跨学科主题教学①

课题型跨学科主题教学是比较容易入手的一种方法，也就是各门学科围绕着同一课题（这一课题往往是学生较感兴趣的或是他们自己选的），从不同侧面去探索这一课题。各学科通常保持其独立性，也就是各学科除了教学课题一致外，各科课程设置、教学方法及手段没有多大改变。例如，探讨“人口与环境”这个专题，在科学教育课我们可以着重讨论人口增长过快对环境带来的污染和影响，如二氧化碳在大气中的浓度、酸雨和pH、水质与水源……而社会课可以对人口增多以后社会秩序、伦理观念、经济发展等专题展开讨论，也可做一些社会调查……语文课可选择报刊上有关文章进行讲评，也可以鼓励学生写一些专题文章，如给社会的公开信、报告文学等。这种教学方法由于学生能从不同层次和角度去探讨同一件事物，其教学效果一般是很令人满意的。

① 有部分学者认为这类在主题层面上的跨学科不属于跨学科的主题，只是拼学科的主题或多学科的主题，跨学科主题宜在学科核心素养、概念、能力、本质问题等层面上进行设计。

（二）“寻求科学问题的答案”和“制造相关产品”的跨学科主题教学

新课标为教师实施跨学科主题教学指明了方向。

1.“寻求科学问题的答案”的跨学科主题教学

“寻求科学问题的答案”的跨学科主题教学是比较典型的“有效的证据需要经过验证”样例，可采用科学探究的一般步骤设计和实施。尽管进行科学探究的方式是多种多样的，但一般来说，其基本过程含有提出科学问题，进行猜想和假设，制订计划和设计实验，观察与实验，检验与评价，表达与交流六个要素。可能某些探究过程只包含其中几个要素，而且不一定按上面呈现的顺序进行，但并不妨碍我们使用这个逻辑主线，这在科学探究教学中使用较多，就不再赘述。例如，生物学中论证“吸烟有害健康”就需要数学统计结果的证据、化学学科物质的性质等证据来支撑这个结论。

2.“制造相关产品”的跨学科主题教学

“制造相关产品”的跨学科主题教学可采用技术设计的一般步骤设计和实施。技术设计一般是“确定需求—研究问题—制订解决方案—制作小样①—检查改进并重新设计—交流设计方案”等几个步骤。制造相关产品，一是要确定需求目标，明确所要努力解决的问题，如产品的科学性、可靠性、便捷性、实惠性等；二是要研究问题，确定研究对象所存在的问题后就需要研究并解决这些问题；三是要设计解决方案，包括提出各种设想，考虑解决问题的不同方法，也需要对许多可能的解决办法仔细斟酌、反复比较，最终选择最佳方案；四是制作能够实际运行并用于检验设计效果的模型，检验其运行情况，包括它的工作状态、耐用性以及使用的安全性等；五是找出小样运行过程中出现的问题所在，并针对这些问题进行重

① 小样（prototype）：又称初样，就是能够实际运行并用于检验设计效果的模型。

新设计，当然，与同行专家、消费者和产品使用者进行交流，向他们说明设计生产的新产品，吸纳同行专家建议和用户反馈也是非常必要的。在跨学科教学实践中，眼球结构模型、呼吸模型制作、科学桥梁承重实验等物理、化学和生物学等学科的“系统与模型”类教学就可使用这种方式实施。

活动与思考

一、综合分析

崔允漷教授指出，“对于跨学科主题而言，要避免其在强调学科之跨时退回到传统的讲授教学而无视学习方式的变革，也要避免其以实践学习为路径时陷入‘方法’取向而成为无涉学科知识的虚假实践”，你如何理解这句话？请举例分析。

二、案例分析

“以人为鉴可以明得失”，学习他人案例可以帮助我们更好地理解跨学科主题教学。请就近年来在“跨学科主题教学”教研活动中形成的优秀案例进行针对性分析，总结其优势和不足。

三、拓展实践

“知行合一”，请以主题活动方式进行跨学科主题教学，并反思总结，掌握跨学科主题教学设计实施的一般方法。

专题12

班级建设

班级是现代学校教育系统中一个最具活力的“细胞”，是教育培养人的“前沿阵地”，“守护”这个阵地的班主任是班级的组织者、管理者、引领者、陪伴者，也是家校沟通的桥梁、科任教师协调的纽带和学生德育工作的主力军。建设一个什么样的班集体，直接体现出班主任的综合素质。从某种角度说，班集体的形象就是班主任老师管理能力的真实写照。因此，班主任尤其要加强自身综合素养的修炼。

本专题专门为名班主任工作室成员设置，内容包括三部分：第一部分为“掌握必备的心理辅导知识”，提出班主任必须理解和掌握的九个“心理效应”；第二部分为“掌握班主任工作关键技能”，提出班主任除了须具有敏锐的观察力和洞察力之外，还需具备的6项工作技能；第三部分为“总结好班级文化建设经验”，包括班级文化建设方案的制订及如何提炼班级管理经验等。

修炼40

掌握必备的心理辅导知识

青少年尤其是中小学生正处于生长发育的关键时期。身心健康对于他们来说至关重要。这时的他们就好比是一粒种子，身体健康的种子先天已定，但心理健康的种子就得由我们教师和父母来播种到孩子心灵的土壤里，生发出健康的芽，再不断施肥、浇灌，接受阳光雨露般的呵护和陪伴，茁壮成长，开出健康美丽的花朵，结出饱满香甜的果实。只有涵育学生的“昭昭之心”，才能真正做到培根铸魂、启智润心。倘若忽视孩子心理健康教育，那就有可能结出“歪瓜裂枣”，更可怕的是只因为成绩优秀而“一俊遮百丑”，导致孩子三观的扭曲，从而走向歧途。

一、认同心理健康教育的重要性

不久前，有人预料心理疾病将是21世纪之患，有关调查表明，当前中小学生存在心理问题和心理障碍的比例相当高。国家中小学心理健康教育实验课题组对随机抽取的3万余名中小学生的心理检测结果表明，32%的中小学生心理表现异常。

总体上，青少年抑郁检出率为24.6%，小学阶段的抑郁初见率为10%左右，其中重度抑郁检出率为1.9%~3.3%；初中阶段的抑郁检出率为30%，其中重度抑郁检出率为7.6%~8.6%；高中阶段的抑郁检出率接近40%，其中重度抑郁检出率为10.9%~12.6%。

2020年和2022年青少年重度抑郁风险检出率分别为5.3%和4.0%，轻度抑郁风险检出率分别为13.7%和10.8%，无抑郁风险检出率分别为81.0%和85.2%。

国家卫生健康委员会流行病学调查显示，我国6至16岁学生人群中，精神障碍的患病率是17.5%。近年来，我国青少年心理健康问题甚至出现了低龄化、普遍化趋势。

纵观上述数据，中小学生的心理问题普遍存在。尽管绝大部分有问题的学生没有明显的心理障碍，但如果不给予他们及时的心理疏导和解决，则有可能发展为心理障碍。因此，如何有效地把握学生心理，因势利导地及时解决他们的心理问题是摆在教育者面前的重要课题。要有效解决这些难题，只靠学校里仅有的几名心理老师是远远不够的，也是不现实的，不但顾不过来，更重要的是他们与学生接触的时间有限，而且心理老师的特殊身份，有时无形之中会给学生带来“副作用”。但扮演多个角色的班主任则不同，几乎是24小时都在，既是老师又是家长，既是引路人又是伙伴，他们在前行之中与学生一起成长，因此，班主任在学生心里有着不可替代的地位，也就成了学生最现实、最有效的“心理老师”。

很多研究发现，当前中小学生存在的心理问题主要表现在这样几个方面：①情绪方面极不稳定，喜怒无常；②意志方面表现为优柔寡断，虎头蛇尾，自制能力较差，很容易受到暗示的影响；③性格方面表现出矛盾多样性，如自私狭隘、斤斤计较，自大自负、自以为是，自卑怯懦、孤僻无言、唯唯诺诺；④青春期综合征，如情感上的懵懂，情绪上的不安和烦躁，表现出孤独、忧虑、苦闷或“早恋”等。面对这些纷繁复杂的特殊情况，班主任殊不知该如何应对，但明知前路漫漫也要领着未来的“花朵”向光而行，这无疑给班主任老师提出了更高的要求——心理疗愈。班主任要具备较强的心理辅导知识和能力，对症下药。可是疲于“疗愈”不是优选，最好的办法是预防为主，防患于未然。与“治已病”相比，营造出一个有利于学生身心健康的教育环境更为重要。曾有教育界人士一针见血地指出，现在的学生潜力被过早透支，他们已经累倒在起跑线上了。除了出现心理疾病，他们还会从心底丧失对学习的兴趣，最终很难成长为有创造力的青年。防范重于治疗。我们相信，班主任用心用情用爱的付出就像一道光照进学生的心里，牵着他们走出茫然的十字路口和前行的低谷，从而为学生的心理健康保驾护航。

心理辅导是一种专业的心理健康服务，通过与个体或群体的交流互动，帮助他们认识自己的情绪、思维和行为，解决心理困扰，促进个人成长与发展。

当今社会飞速发展，国际国内经济环境不确定因素太多，给人们的生活工作带来了非常大的影响，许多成年人也很焦虑、烦躁。学校这块“净土”随之也受到影响，再加之教育的不良“内卷”等直接打碎了学生内心的平衡，种种不正常的心理问题就凸显出来，如跳楼自杀的、学校欺凌的、冷暴力的、过度偏执的等。因此，我们教师就要打起十二分的精神，了解掌握每一个学生的思想动态，特别是班主任老师更要成为他们心理健康的“守护者”，尽最大努力减少或杜绝学生在学习成长过程中出现心理上的问题，让他们怀揣一颗积极阳光健康的心生活学习。中小学的心理健康教育，首先是发展性的，包括认识自我、尊重生命、学会学习、人际交往、情绪调适、升学择业、人生规划以及适应社会生活等方面。

心理课需要引导学生增强调控心理、自主自助、应对挫折、适应环境的能力，培养学生健全的人格、积极的心态和良好的个性心理品质。这就需要班主任老师具备一些心理辅导知识。

作为“最小主任”的班主任，不但书要教得好，还要成为一个“小教育家”“大先生”。也就是说，要有仁爱之心、智慧之脑、军师之策、敏锐之眼、演讲家之才、教育家之德、心理学家之法、哲学家之思维等，还要有正确的与时俱进的“三观”和强大的内心世界。因此，作为班主任要不断地学习，掌握丰富的知识和技能，具有较强的能力和敬业精神，这样才能真正地培养出身心健康、全面发展的人。班主任应该具备哪些心理辅导知识呢？

二、掌握必备的心理辅导知识

（一）了解“首因效应”，留下美好的第一印象

首因效应是一种社会知觉效应。人在与他人交往中，往往比较重视最先得到的信息，据此对别人下判断，形成最初的印象；而在形成最初的印象之后，对后来的信息就较不重视了，这种现象叫首因效应。

根据首因效应，班主任在对学生开展的教育过程中，尤其是新班级成立的第一天，或是新开学的第一天，一定要给学生一个良好的“第一印象”。

（二）懂得“期待理论”，让美好的期待变为现实

马丁·路德说过：“世界上所做的每件事情，都是抱着希望而做成的。”人们基于对环境的认识产生了价值感，进而产生需要，而需要又引起动机，但动机是否能引发相应的行为，则取决于行为导致预期目标的可能性有多大。这就是“期待理论”。

运用这一理论，班主任可以把大目标适当分解为多个小目标，降低其难度，从而增大学生实现目标的概率，让学生经常获得实现目标、取得成功之后的喜悦感和成就感。

教育从期待开始，“我要成为什么人？我想成为什么人？我能成为什么人？我的奋斗目标是什么？”这些理念要植根到学生心中。首先教育者

就应该有个美好的期待，在日常教育过程中用潜移默化的方式创设各种情境促使学生向期待的目标发展。

（三）运用好皮格马利翁效应，让心理暗示给力

罗森塔尔和同事选择了美国的一所小学来实施实验，他们从该小学的一至六年级各选了3个班，并对18个班的学生进行了一项“预测未来发展”的测验。测验后，罗森塔尔给学校的教师提供了一份最有发展潜力的学生名单，并强调该名单关注的是学生的“未来发展”，而不是“现在的基础”，并嘱咐教师一定要对名单保密。

8个月后，罗森塔尔和同事再一次来到学校对这18个实验班进行测试，结果发现，名单上的学生果然发展得更好！他们求知欲旺盛，成绩也普遍有所提高；在性格方面，他们活泼开朗，教师对他们的品性评价也更好。而且，在一年后进行的第三次测验结果依然如此。

其实，罗森塔尔对“最有发展潜能”的学生的选择是随机的！他当时只是随手从名单中圈了几个学生，跟“预测未来发展”测验的结果一点关系也没有。

罗森塔尔把实验中的这种期望效应称为皮格马利翁效应。皮格马利翁效应可以灵活使用，比如，在跟科任教师交流时，告诉科任教师，学生对他的教学评价很高，这样就会激发科任教师更高的教学热情，从而使班级课堂氛围更加和谐，教师和学生互通着满满的正能量，学生在愉悦轻松的环境中求知，教师在安静灵动的课堂氛围中传道授业解惑。教和学的良性循环态势也就形成了，学生怎么会产生心理问题呢！

教育部原部长周济指出：教书育人，教书者必先学为人师，育人者必先行为世范。教师高尚的情操、精湛的业务、完美的人格魅力直接影响到学生的健康成长。教育是教师与学生之间心与心的沟通，是一个灵魂唤醒另一个灵魂。在这个过程中，学生会时刻关注教师的一切，如教师的学历

高低、教学水平、兴趣爱好、有何业绩等。如果达到或超过他们的“期望值”，他们就会油然产生一种“钦佩感”和“信任感”，这便为后期的教育教学起到一个非常重要的铺垫作用。在管理中，班主任老师如果能恰如其分地用好这一效应，不但有利于管理，更有利于学生身心健康地发展。

（四）掌握“归因理论”，让“归因”助力

所谓归因，是指人们对他人或自己的行为原因的推论过程。具体地说，就是观察者对他人的行为过程或自己的行为过程所进行的因果解释。根据心理学家韦纳的研究成果，人们的成功与失败主要取决于努力、能力、任务难度和运气四个方面的因素，即内部稳定的不可控因素，如能力高低；内部不稳定的可控因素，如努力程度；外部稳定的不可控因素，如任务难度；外部不稳定的不可控因素，如运气好坏。

在日常教育教学生活中，不同的学生对同一件事的归因是不同的。有的同学经常把失败的原因归为外因，也就是从来不“怪自己”，“都是别人的错”。这种同学往往伤害不到自己，但却很难找到“失败”的真正原因，不利于其健康成长，久而久之或许就成了“怨妇”。有的学生经常把“失败”的原因归为内因，总是在自己身上找原因，如果适度，而且原因找得比较准，是有利于成长的。“每日三省吾身”是个好习惯。但如果不适度或偏颇，就容易造成心理负担，甚至会导致不该发生的事情发生。因此，班主任要对全班学生的心理状况“明察秋毫”，对症下药，及时针对学生，尤其是“特殊学生”的特点进行正确的归因引导，把不该发生的事情消灭在萌芽状态。

班主任老师也应该恰当引导学生进行归因，适度在自己身上找原因，而不是动辄归因为外在原因，自己什么责任都没有。否则，不但对孩子们的成长不利，也不利于培养合格的接班人和建设者。

（五）善于运用“得寸进尺”效应，让跬步至千里

所谓“得寸进尺”效应是指让别人接受一个很大的，甚至是不客气的要求时，最好是先让他接受一个小要求；一旦他接受了这个小要求，他就会接受那个更大的、更不客气的要求。这是因为，人们总是愿意把自己装饰出首尾一致的印象和印象的一贯性。

班主任在教育过程中，可以适时、适度地运用“得寸进尺”效应，对学生提出较低的要求，等他们按照要求做好了，则及时给予肯定、表扬甚至奖励，然后提出更高的要求，使每位同学都乐于无休止地积极奋发向上。对于经常迟到的学生就可以使用这一效应，可以从迟到的时间上提出要求，如经常每次迟到5分钟到仅迟到3分钟，也可以从一周迟到4次到一周仅迟到2次等，慢慢地就达到了一次都不迟到的目的。对于心理上出现偏差的学生，也可以运用这一效应，每天进步一点点，循序渐进地把“阳光”洒进孩子的心里，使偏差得到纠正，使偏颇得到平和。

（六）理解“从众心理”，充分利用“环境”的教育力量

从众，是指个体在团体中不自觉地受到团体压力的影响，而在自己的知觉、判断、行为上表现出符合自己所隶属的同体或社会所公认的某种或全部行为模式、规范或标准的行为。班主任可以通过建立良好的班风和学风，从而通过从众心理规律，“改变或转化”那些“不和谐分子”。

（七）理解“学会放弃”，合理舍才能得

在生活和学习中需要拥有健康的心理状态，所以，班主任应该教会学生一些正确的处世方式，让学生拥有健康的心理状态。班主任应该教会学生平静乐观地对待生活中发生的一切事情，教会学生遇事学会选择、学会沉默，教会学生适时学会放弃，做学习的智者，做生活的能者，让学生在自己今后的职业生涯中越走越远。

（八）理解“蝴蝶效应”，做到“防微杜渐”

在华盛顿特区召开的美国科学进步年度会议上，爱德华·洛伦兹提交了题为“巴西一只蝴蝶拍一下翅膀会不会在得克萨斯州引起龙卷风？”的论文。他认为，一只南美洲亚马孙河流域热带雨林中的蝴蝶，偶尔拍动几下翅膀，可能两周后会在美国的得克萨斯州引起一场龙卷风。其原因在于：蝴蝶翅膀的运动，导致其身边空气系统发生变化，并引起微弱气流的产生，而微弱气流的产生又会引起它四周空气或其他系统产生相应的变化，由此引发连锁反应，最终导致其他系统的极大变化。这就是著名的“蝴蝶效应”。

在班级教育管理中，老师的一句话或者一个眼神，可能会成就一个学生，也可能会毁掉一个学生，甚至给社会带来严重的不良影响。谁承想，一个学生调皮，最终导致多年以后13位无辜之人被残害了性命呢，教育无小事啊！因此，班主任在面对教育中的小事时要慎之又慎，将不好的小事扼杀于摇篮之中，让好的小事真正引起“飓风”。恰当适时的鼓励或者批评都能够收到意想不到的效果。

（九）恰当运用“鲶鱼效应”，让活力倍增

据说挪威人喜欢吃活的沙丁鱼，因此，活的沙丁鱼比死的价格要高好几倍。可是沙丁鱼非常娇贵，极不适应离开大海后的环境。绝大多数从海中打捞上来的沙丁鱼在运输途中因窒息而死亡，打鱼人付出了种种努力，但都无济于事。只有一条渔船总能让大部分的沙丁鱼活着回到渔港。船长严格保守运送沙丁鱼的秘密。直到他去世以后，谜底才真正揭晓。原来是：在装满沙丁鱼的鱼槽里放进一条鲶鱼!

鲶鱼进入沙丁鱼槽后，由于环境陌生，便四处游动，并且鲶鱼是食肉鱼，它的到来使沙丁鱼受到了这个“异己分子”的威胁。于是，沙丁鱼紧张起来，四处游动，使水槽充满了氧气，从而保持了旺盛的生命力。因

此，沙丁鱼就活蹦乱跳地回到海港了。这就是著名的“鲶鱼效应”。

班主任在管理工作中，要善于培养“鲶鱼”，让其引发鲶鱼效应，从而使班级充满活力。班级稳定的环境需要“鲶鱼”来激活，形成新的稳定，在新的稳定的基础上，再培养新的“鲶鱼”，再次激活，形成更新的环境，从而使班级充满了无限的活力。在这样一个积极向上的氛围里，学生的心理问题也会得到有效控制。

活动与思考

1. 一个学生沉迷于网络游戏不能自拔，你怎样做这个学生的工作?

2. 一个单亲家庭的孩子，和母亲生活在一起。母亲是一位医务人员，非常忙，而且三班倒，由于觉得“亏欠孩子”，所以比较溺爱孩子，导致这个学生自由散漫，动辄不到学校上课。对于这个问题，你打算怎样转化这个学生?

3. 一个有“心理问题”（休学一年，尚未真正病愈）的学生马上要插入贵班，你作为班主任，打算如何应对?

4. 你认为班主任要做好心理辅导工作，应具备哪些知识? 请用思维导图或者概念图加以展示。

修炼41

掌握班主任工作关键技能

作为班主任，首先应该具备一颗大爱之心，心里装着满满的爱。爱生如子，有仁爱之心；爱岗敬业，有奉献精神；热爱生活，有丰盈的精神追求；等等。“没有爱就没有教育”，没有爱心就不可能成为一名真正意义上合格的班主任，更不能成为一名优秀的班主任。因此，具有爱心是成为一名班主任的前提条件。

但班主任毕竟不是“保姆”，不是一个“老好人”，而是身上肩负着重要的教育使命。因此，要做好班主任工作除了有爱心，还要会“爱”，“爱”得恰到好处，同时必须具备很强的管理技能。

一、掌握良好的教学技能

作为班主任，首先应该是一位教学能手，甚至是一位教学专家。老师在学生眼里除了要有敬业精神外，还应具备教学能力。因此，作为班主任要想得到学生的拥护和信任，一定要让他们对你的教学非常喜爱，非常佩服乃至“崇拜”。这会为后面顺利开展工作奠定坚实的基础。

二、掌握良好的管理技能

“麻雀虽小，五脏俱全。”班级虽小，可管理却要面面俱到，24小时精细管理，即管理无处不在，无时不有。班级管理又不同于其他管理，一定要有教育性。一个班级几十名学生，要培养好、管理好他们，就必须调动每个学生的思想积极性，充分发挥他们的聪明才智，充分挖掘他们的内在潜力，优化他们的成长环境，培养他们各方面的能力，使他们成长为适应时代要求的各类人才。要实现这一目标，必须依靠作为班级领导者和组织者的班主任和其他任课老师一起，作出长期不懈的努力和实践，通过切实有效的班级管理，才能在“浇花育人”这个伟大工程中描绘出灿烂多姿的前景。

日常管理最能看出一个班主任的工作能力和管理理念。先立后破，没有规矩不成方圆，制定一套严谨、完整、合理、可操作的班级管理制度（也可以说是班级公约）是非常重要的，也是以后实现班级“学生自我管理”的基础。班级公约好制定，但如何执行和落实就体现出班主任的管理基本功了。“言必信，行必果”，这是班主任的执行力，关系到班主任的威信，关系到班主任工作的效率。因此，班主任管理必须讲究方法和策略。建立最大的“统一战线”，“团结一切可以团结的力量”，“争取一切可能争取的力量”，使得每个学生都参与到班级管理中来，互相制约、互相融合，形成一股积极向上的合力，实现“班荣我荣、班耻我耻”，“荣辱与共”的良好氛围，真正地把党的教育方针落实到实际管理工作之中。

班主任的管理技能是治理好班级的必要条件。管理上最重要的是要有策略、有思想、有方法，还要有具体的实施技巧。同时，必须把“启智润心”牢牢地融进整个教育管理过程，而不是单纯盲目刻板地说教。育人是班主任工作的核心，管理的任何技能都离不开这个核心。

三、掌握良好的沟通技能

沟通是人际交往的桥梁，是相互交流想法的通道。善于沟通、有效沟通是班主任的关键技能。

（1）班主任要善于与学生沟通，多理解、多了解他们，通过彼此之间有效的交流走进他们心里。唯有走进学生心里，打开他们心扉，真正的教育才算开始，所谓“亲其师，信其道”！

（2）班主任要善于同科任教师沟通，使老师们的心凝聚在一起，形成教育合力，“一个好汉三个帮”！孤军奋战寸步难行！

（3）班主任要善于与学生家长交流沟通。唯有家校同心，达成教育的一致性，教育才能“威力无比”，不会出现“5+2=0”的现象。

（4）班主任还要善于与学校各部门沟通，如教务、政教、团委、财务、生活老师、保安、校医、后勤以及其他教职员工等。

让教育形成强大合力，应该是班主任追求的目标。为此，班主任必须加强沟通技能，良好的沟通对于学生也是潜移默化的教育。善于沟通，关键是要多创设“沟通的环境”，如家访、锻炼、游戏、活动等，抓住一切机会进行“有效的交流”（所谓的“有效交流”既有现实的价值，也要有“前瞻性”的价值。这里的有效主要是指有效的人群）。唯得春风化雨润，神州处处花开遍。

四、掌握良好的策划技能

策划能力对于一个管理者来说非常重要，对于班主任来说则尤为重要。因为教育不能仅仅停留在语言的说教上，更重要的是要体现在学生的行为和内在的素养中。学校环境中应处处彰显育人功能，班主任应该在班级管理中创造出更多的无声语言润泽学生，让整个班级充满“此时无声胜有声”的良好学习氛围。因此，班级的活动、班会、管理模式、文化，甚至班级学生的座位等都需要策划。唯有精心策划出积极向上的蓝图，才有可能绘就出美好的作品。

五、掌握良好的思政技能

对学生进行思想教育是班主任日常工作的核心。因此，作为班主任必须具有渊博的知识和阅历、正确的“三观”、与时俱进的创新精神，还要具有中华优秀传统文化素养。班主任虽然不一定是学思想政治教育专业，但必须具有相关的知识储备和教育技能，培养什么人、怎样培养人、为谁培养人的目标不能忘。日常讲好思政课也是班主任必须具备的技能。

习近平在党的二十大报告中指出：“我们要坚持教育优先发展、科技自立自强、人才引领驱动，加快建设教育强国、科技强国、人才强国，坚持为党育人、为国育才……”教育事业要牢牢服从和服务于党和国家工作大局，适应党和人民事业发展的全过程。“坚持为党育人、为国育才”是在新时代条件下建设教育强国、实现教育现代化、办好人民满意教育的根本遵循，是中国共产党“为中国人民谋幸福、为中华民族谋复兴”的初心使命在教育领域的有力体现。

作为班主任除了要有过硬的专业技能外，还要不断学习思想理论知识，与时俱进放眼世界，努力成为学生思想的启迪者，心灵的开拓者，真正把自己锤炼成“大先生”，“为党育人、为国育才”。在实践中践行教师的神圣使命。

六、掌握良好的应急技能

应急事件是指那些引起个体产生强烈生理和心理反应的外部情况或事件。这些事件可能源自躯体或心理的刺激，如极端的天气条件、自然灾害、工作压力、家庭冲突、亲人去世或其他生活中的重大变化。在面对这些应急事件时，人体会产生一系列生理和心理反应，如心跳加快、血压升高、情绪紧张或抑郁等，以应对这些挑战和压力。长期的应急则可能导致身体和心理健康问题，如免疫力下降、心理疾病等。

应急事件大概可以分为四类：

（1）自然灾害：由自然因素直接所致，主要包括水旱灾害、气象灾害、地震灾害、地质灾害、海洋灾害、生物灾害和森林草原火灾等。

（2）事故灾难：由人们无视规则的行为所致，主要包括工矿商贸等企业的各类安全事故、公共设施和设备事故、核辐射事故、环境污染和生态破坏事件等。

（3）公共卫生事件：由自然因素和人为因素共同所致，主要包括传染病疫情、群体性不明原因疾病、食品安全和职业危害、动物疫情以及其他严重影响公众健康和生命安全的事件。

（4）社会安全事件：由一定的社会问题诱发，主要包括恐怖袭击事件、民族宗教事件、经济安全事故、涉外突发事件和群体性事件等。

作为未成年的中小学生，具有自我意识强、认知旺盛、情绪波动大、两极分化、偏执等心理特点，难免会有一些偶发事件的发生，有自然因素导致的，也有人为因素导致的。所以，班主任必须具备一定的处置能力和指挥能力，绝不能“在大事面前束手无策”，自乱阵脚，而应该保持高度的冷静，并在第一时间进行恰当的处理。因此，班主任平日就要多学习各种面对“应急事件”的处理技能，做到心中有数。比如，火灾、水灾、地震等组织学生逃生的技能，学生受到伤害了能及时进行简单的救治，学生之间有过激行为和自残行为时能及时疏解和预防，等等。

近期校园欺凌事件不时被曝光，在社会上产生了极坏的影响。钟杰老师说，预防校园欺凌的关键是要“摸清三个问题：学生产生欺凌行为的原因有哪些？哪几类孩子常常被欺凌？欺凌行为有哪些？做好五件事情：第一件事：先表态度，再立规矩。第二件事：重建亲密的人际关系。第三件事：重塑价值观，引导学生‘与人为善’。第四件事：培养优良性格，打造自信、积极、勇敢而有分寸的孩子。第五件事：教授情绪管理方法，与‘情绪’怪兽和平相处”。同时，当遇到校园欺凌时，班主任要具备一些应急技能，如疏散、疏导、临场指挥、报警、事后处理等。

班主任除了具备以上技能外，还要具备较强的信息处理能力。信息化时代，无纸化办公要求班主任具有一定的信息处理技能，如电子黑板的灵活使用、学生成绩的各种统计表的使用、企业微信各种功能的开发、图片的处理、PPT的制作、资料的查询和上传、各种群的管理等，更应具有敏锐的洞察力、观察力。网络是一把双刃剑，既有利也有弊，对于未成年的学生来说是一个挑战，也给班主任提出了问题：如何能够熟练及时准确甄别网络上的不良信息，在第一时间指导他们辨别是非，避免网络上的消极因素对他们身心健康产生影响？

总之，无论是班主任还是任课老师都肩负着神圣的使命，要练就一身育人育才的本领，班主任更要是老师中的佼佼者，是学生心里的良师益友，是学生学习的榜样。因此，不断加强自身修养和学习至关重要。以时不我待、争分夺秒的干劲提升管理技能，为学生的未来创造更大的空间，这是一个永恒的主题。班主任要与时俱进，“终身学习”“见多识广”“博学多才”，唯此，才能不负时代，不负学校与家长、学生的信任，成为学生成长过程的良师益友。

活动与思考

1. 学校决定让你担任高一新生班的班主任，请你设计一个主题班会“开学第一课”。

2. 假设你所带的班级里有一名男生，周一一大早，你发现他的头发烫成黄色卷毛，而且这名男生还不停地“追”班级里的一名女生。你打算怎么处理?

3. 有一个学生“经常搞破坏”，他的家长“胡搅蛮缠耍无赖”，还警告班主任“打12345投诉”，面对这样的学生和家长，班主任需要具有哪些“真功夫”?

4. 请自我评估一下，在上述的班主任工作技能当中，你具备哪些? 哪些还有欠缺? 如何修炼?

修炼42

总结好班级文化建设经验

班级文化建设是班级管理的综合体现，直接反映出学校的管理和育人理念，体现出管理者，尤其是班主任管理的思想方法和途径。“他山之石可以攻玉”，因此加强总结交流非常必要。

一、重视班级文化建设

笔者曾在中国教育新闻网上看到一篇文章《一间教室一束光》，文中说：“教室环境是‘唤醒的教育’‘无声的教育’。小学生年龄尚小，价值取向、审美视角更容易受环境的影响。因此，接班初期，我会思考如何布置教室，打造良好的环境。”这也是很多班主任的实际做法。良好的教育环境有独特的教育功能，可以起到潜移默化的作用，可以达到润物细无声的效果，学校环境、班级环境都是无声的育人环境，教职员工的言行举止尤为重要，正所谓“学校无小事，处处都育人”。这所有的“环境”就构建出校园文化。独具特色的班级文化就是涂抹教育底色，形成良好班级舆论氛围的载体，是提高学生文化自信的基础。

习近平总书记指出：“我们要坚持道路自信、理论自信、制度自信，最根本的还有一个文化自信。”那么，何谓文化自信？文化自信是一个民族、一个国家以及一个政党对自身文化价值的充分肯定和积极践行，并对其文化的生命力持有的坚定信心。文化自信需要我们从学生时代开始培养，班级文化建设必然会产生“蝴蝶效应”。

班级文化是“班级群体文化”的简称，英文Class Culture，是社会群体的班级所有或部分成员共有的信念、价值观、态度的复合体。班级成员的言行倾向、班级人际环境、班级风气等为其主体标识，班级的墙报、黑板报、活动角及教室内外环境布置等则为其物化反映。按照与社会要求的吻合程度，班级文化分为班级制度文化与班级非制度文化（含班级反制度文化）两种成分。按照班级成员的认同程度，班级文化分为班级虚形文化（体现社会要求但尚未被班级成员内化的文化，又称纯制度文化）与班级实体文化（班级实际具有的文化，又称素质文化）两个层面。按照班级成员的占有集中程度，班级文化分为统合型班级文化（班级所有成员或大部分成员共同占有）与离散型文化（班级成员分别占有几种不同性质的文化，且其中任何一种均不占主导地位）两种类型。

概括地说，班级文化包含硬件和软件两部分。新时代，我们应该构建什么样的班级文化呢？那就是要构建以中华优秀传统文化为底色的，以习近平新时代中国特色社会主义思想为指导的，以“为党育人、为国育才”和“立德树人”为核心的班级文化，培养出忠于党、热爱祖国的合格建设者和接班人。党的十八大以来，习近平总书记在多个场合谈到中华优秀传统文化，表达了自己对传统文化、传统思想价值体系的认同与尊崇。

二、学会制订班级文化建设方案

班级文化建设需要有系统性的思考，绝不是随心所欲，想到哪做到哪的。因此，学会制订班级文化建设方案非常重要。

班级文化建设方案首先要有明确的指导思想，如形成什么样的班风、学风，酝酿什么样的“集体舆论氛围”，形成什么样的特色，等等。同时要有明确的目标，如“营造环境温馨的家庭氛围”“营造励志激发的感召氛围”“营造规范行为的教育氛围”“营造中华优秀传统文化传承的氛围”等。

方案的内容包括通过什么载体去实现目标，即要有具体的路径，如教室环境的布置、班级主题活动的设计等。班级文化建设方案的制订，不但要来源于班主任本人的思考，也要“群策群力”集思广益，与任课教师、班级学生、家长交流，达成共识。这样不但会使“方案”更加完善和“切合实际”，更有利于方案的实施和落实。同时，方案的制订也要与校园文化相协调，与学校倡导的育人方向相一致。方案的内容还包括班徽的设计，班歌的选取或编创，班训、班级名片、班级制度的制订，班级刊物的设计，等等。然后，在班主任的亲自组织领导下，凝聚所有任课教师和学生的智慧共同努力来完成班级文化建设方案的制订。

三、学会提炼班级管理经验

班级文化建设是一项长期坚持的日常工作。建设班级文化，需要有明确的目标、方案和具体实施步骤。总结好班级文化建设经验，提炼班级文化精髓，形成更加多样化、经典化的班级文化意义重大，也是班级管理经验的综合体现。班级文化巡礼就是一种总结交流的好形式，也是促进班级文化建设的手段。通过“巡礼”取长补短，汲取精华，交流借鉴，激发灵感，提炼班级管理经验。

班级文化巡礼是学校通过一定的要求，按照一定的标准，组织相关部门的专人对各班级文化建设的检查评比。各班级可以采取各种形式向学校汇报班级文化建设的情况，有展示、有讲解、有表演……

提炼班级管理经验，重在提炼精华，把适合于本班的具有典型性、新颖性和有效性的“精华”学到手。

班级文化巡礼不仅会促进班级文化建设的规范发展，也是班级文化建设的一个汇报总结交流的好形式。通过评比，班与班之间取长补短，学生在活动中得到多方面的锻炼，也提高了自我管理、自我教育能力。总结好班级文化建设的经验也会促进校园文化的繁荣。在良好的文化氛围中，在耳濡目染、润物细无声、潜移默化中提升学生的文化自信，积淀和升华他们的思想境界，无疑是非常好的方法。

活动与思考

1. 请你结合你所带班级的实际，设计一个班级文化建设的方案。

2. 请你设计一个班徽，为班级取一个具有深刻含义的名字。

3. 邀请优秀班主任来工作室做专题报告或进行经验交流。

4. 工作室组织一次圆桌会议，大家谈谈自己对班级文化建设的理解和建议，并形成一份工作简报。

专题13

学校治理

一个好的校（园）长不仅是一个优秀的教育管理者，更是学校（含幼儿园）愿景的规划者、教育质量的推动者、教师团队的引领者以及学生全面发展的倡导者。一个好校长以其远见卓识、管理智慧和人格魅力，对学校的整体氛围、教育质量乃至社会声誉都有着深远的影响，因此说“一个好校长就是一所好学校”不无道理。作为学校的管理者，校长掌握必备的管理学知识和具备管理者的核心素养尤为重要，这样才能在学校的管理中探索出自己的路径和特色。

本专题为名校（园）长工作室成员增设，内容包括三部分：第一部分关于新时期校长的角色定位，提出校长是担当者、领导者、引导者、示范者；第二部分关于校长必备核心素养，提出校长必备的6种能力；第三部分关于学校管理的路径与特色，介绍了学校管理的理念，提出了学校管理的实施路径，即价值取向、趋势把握、组织运营、人才发展。

修炼 43

理解新时期校长的角色定位

现代管理学之父彼得·德鲁克认为：管理就是界定组织的使命，并激励和组织人力资源去努力实现这个使命。管理学是一个以人为主轴的事业，是一套有组织的知识体系。管理的本质是激发和释放每个人的善意与潜能。校长作为学校的领导者，需要掌握一定的管理学知识，明确使命，建立信任，激励团队，推动变革，培养人才，以确保学校的顺利运行和持续发展。

一、理解校长是现代管理的担当者

校长要做一位“社会生态学家”，一位“旁观者”。校长的水平，由其视野的高度、奉献精神和诚实正直的品格决定。每位校长都需要开发自己的领导力，要经常思考如何激励每一位教师主动思考，敢于担当；注重采取有针对性的策略释放每个人的潜能，肯定教师在工作中的贡献，关心教师的自我价值感。

校长既要为学校的未来负责，还要为学生与教师的未来负责，这三个方面是缺一不可、互补互促的有机统一体。也就是说，校长要回答好三个问题：建设什么样的学校？培育什么样的学生？培养什么样的教师？

二、理解校长是战略管理的领导者

校长现在的决策决定了学校的未来。做决策又往往与校长的勇气与领导力有关。有位成功学家说："有了目标，内心的力量才会找到方向。"寻找并确定目标，找到团队共同的价值追求是校长做决策最重要的一步。确定发展目标可围绕三个问题思考：我们的学校是什么？我们的学校将来会是什么？我们的学校应该是什么？规划战略蓝图可围绕以下五个问题思考：我们的使命是什么？我们的服务对象是谁？我们的服务对象重视什么？我们追求的成果是什么？我们的计划是什么？通过SWOT分析（优势、劣势、机会、威胁）整合内外部信息，为学校制订战略提供依据。

（1）坚持问题导向。可通过问卷调查、走访座谈、SWOT分析等方式，把学校发展的优势、存在的问题等弄清楚，在原有优势的基础上发现并解决问题，实现学校新的发展。

（2）传承文化基因。学校的发展要传承历史基因，弘扬优秀传统，并将其凝练渗透到愿景目标中。

（3）紧扣立德树人根本任务。立德树人，为党育人、为国育才是当前教育的根本任务，在确定学校愿景目标时必须优先考虑以国家任务为统领。

（4）要有鲜明的时代性。一代人有一代人的"长征"、一代人有一代人的担当。教育的发展要与时俱进，紧跟时代，着眼服务国家建设与民族振兴，确定学校愿景目标要充分体现时代性。

（5）目标要高远且能实现。这里所说的"高远"是说愿景目标要目光长远，站得高看得远才能引领前行。此外，目标要跳一跳够得着，而非不切实际、好高骛远。

（6）制订配套实施计划。例如，组织变革、制度运行、评价创新等。

全方位地革新，保障愿景目标的落实落地。

当然，在战略规划的实施过程中，如果发现与实际情况存在较大偏差，校长需要及时调整战略规划。

三、理解校长是变革管理的引导者

校长要时刻关注内部和外部的变化趋势，并在变化带来冲击前有所预见和规划。引领变革的目的是创造未来，需遵循变革原则：有组织地放弃昨天、有组织地改进、有组织地挖掘成功经验、系统性地发现创新机会。下面笔者以自己所在学校的情况为例具体阐述。

（一）以技术赋能新理念变革

新意识=新认识+新意愿+新意志，以国家政策、学校发展规划、课程课堂主张、项目研究推动等促进教师观念转变。

学校聚焦“让生命舒展与创造同行”的办学理念，理念指向对新优质教育、新优质学校的大胆践行与敢为人先的创新。确立“e教育”品牌发展思路，承载“教育数字化”“教育信息化2.0”“人工智能”等时代元素，创设优美、智能的学习环境，凝练与时俱进的办学理念，构建让学生适应社会发展的课程体系，打造专业、创新、仁爱的师资团队。让孩子们在享受学习和创造的乐趣中成长，学习力、创造力、生长力成为他们的核心竞争力。以新理念引领教师发展方向，并借势广东省中小学教师信息技术应用能力提升工程2.0项目、新课程标准推行、《教师数字素养》教育行业标准等推动看前沿、学技术、提意识，增强教师成长的紧迫感。

（二）以技术赋能新课堂变革

学校以教学方式变革为抓手，以智慧课堂、翻转课堂、慕课创新推动课堂革新。通过定成长规划、常组织培训、梳课堂模式、搭展示平台竞赛等方式促进教师成长。

第一，订成长规划。每位教师制订个人三年成长规划，并分解成每年具体的目标，学校定期组织成长分享会。

第二，常组织培训。在教师专业创新培训方面，充分发挥技术突破时空限制的功能，组织教师在平台上参训，助力 e 型教师成长。

学校定期开展技术应用研修：学平台（如国家教育资源公共服务平台）、学资源应用（如希沃白板5、AI小飞、点阵笔、ChatGPT应用等）、学经验案例（有专家培训、同伴分享、课例观摩、课题培训等形式，有几天沉浸式、半天专题式、一课时微课式或随时随地的灵活式等不同时长，有线下、线上或线上线下相结合读名著分享、主题论坛等方式），全方位研修了解技术、掌握技术、互通技术。

第三，梳课堂模式。借助平台与资源实现数据诊断支持和精准教学。在学习方式创新方面，充分利用各种平台定向推送学习资源及在线作业，从而开展线上线下相结合的学习活动；在教学模式创新方面，共享优质资源，保障起点均衡。

通过学习、上课、反思、改进，再学习、上课、反思、改进的螺旋上升，不断研究与创新教学模式与学习方式。每学期定任务、定人员、定时间、定目标磨课，体现数字化教学应用、体现教学实施过程、体现学业评价特点、体现协同育人。课堂具有个性化、智能化、精准化的特点。

第四，搭展示平台竞赛。在协同教研创新方面，借助技术开展精准化教学研讨活动，协同备课、协同教研、协同评课、协同赛课。学校要想方设法搭建展示的平台、分享的平台、竞赛的平台、课题研究的平台、创先争优的平台等，务求教师的获得感与成长体验可视化。

（三）以技术赋能新评价变革

在机制上，通过明确应用规则、绩效评价、应用奖励评选等方式推动教师实践研究。借助课堂平台数据管理辅助决策，实现精准管理，基于平台分析不同层次的教学与教研数据，实时监测、评估和支持教师成长，便捷、精准评估和智能决策。将平台应用数据纳入学校绩效考核标准，引导与激励教师常态化使用。

教学改革不被技术牵引，但技术一定可以帮助教师找到变革的新思维和自我成长的路径。我们踏上数字化转型的新征程，为减负、提质、增效赋能。

四、理解校长是创新管理的示范者

创新是有意识地寻找机遇、周密地分析新的构想和勤奋努力地工作，进而创造出新价值的过程。创新需要才能、知识和独创性，创新的目标不是科学或技术本身，而是“新”价值的创造，把“创造成果”放在最核心的位置。

承接前面的例证，蓝图已描绘，关键是落实。带领一所传统的学校走向变革，创新是必由之路。笔者迅速将那根小小的网线连接课堂，创新管理，开阔师生视野，带领全校师生跑入新赛道。

第一，破解经费紧张。最紧张的时候，我能动用的资金只有6000元。逆水行舟，不进则退。为了推动学校素质教育步伐，笔者首先通过自己的人脉资源，免费引进了25台电钢琴和相应资源，组建了线上钢琴教学班。紧接着，取得企业的支持，引进人工智能设备并获得师资支撑。后来还引进翻转课堂及点阵笔设备与平台，采用人工智能技术，实现高性能、低成本的智慧教育。这样，语文、数学、英语等学科的课程都能借助大数据分析和AI推动教学，显现效果。

第二，转变管理方式。破冰之旅，超乎想象，最难的在于转变教师的思想观念。为了升级学校管理，笔者积极引进企业微信平台来对学校进行管理。在推行平台管理的过程中，笔者发现学校教师有畏难情绪，自信心不足。在笔者耐心的说服与鼓励下，学校教师终于从最简单的操作开始，一点点使用，慢慢地纠正、扭转。架构建立起来，先过渡，再深度使用，逐渐实现了利用平台进行科学规范的管理，千方百计提高教师整体的自信心，转变教师传统的思维方式。

第三，拓宽师生视野。往年六一儿童节，学校会组织一个例行的晚会，大家对此也已是司空见惯。笔者以此为契机，精心创新设计晚会，务求通过一场活动，实现一次精彩的亮相，颠覆师生原有的印象。为此笔者走访社区争取资金支持，接着聘请专业公司进行会场策划，搭建了宏大的舞台，布置了高大上的场景和灯光，对节目也做了重新梳理和安排，除了传统的学校舞蹈队表演，还加入了“430课堂”的内容和党建类的节目。与此同时，笔者精心准备了一份有关办学理念和治校方略的腹稿。当晚，华丽的舞台，别致的内容，精彩的演出，特别是笔者在舞台上即兴演讲的十分钟，传递出黄草朗小学办学升级的信号，让全场观众彻底沸腾。全校的师生和家长们有了一个全新的感受：学校的明天，光辉灿烂；常规的事情，用心就可出彩。

第四，探索项目式学习。结合新课标中跨学科教学的指引，笔者将莔草这一极具生长性特征的植物作为学校的“主打色”，推动学校项目化学习研究。

“蓬勃莔草赋能朗e”项目化学习实际上是一种生态美的教育，也是一种生态式的学习方法，即根据不同的学科特点，创造性地开发研究学习。例如在语文课上，讲述诗意莔草的意向，让学生吟诗唱诗，拓展学生的想象空间；数学课上，老师带领学生开垦了不规则形状的土地，种上莔草，实地学习测量、计算，培养学生的数学思维，增加学生的科学知识；在科学课上，一方面带领学生种植莔草，观察莔草的生长规律，学习撰写研究分析报告，制作电子《莔草报》，另一方面教孩子自己动手用莔草编织草帽、斗笠以及各式工艺品；在音乐课上，教师带领学生唱葥草歌等，笔者还创作了一首歌曲（《葥草的梦》）作为校歌，让孩子们在歌声中获得更多对葥草顽强不屈的优良品性的领悟；在体育课上，学生可以“跳草”，运动嬉戏，尽情挥洒天真和快乐。此后，我们还开展了“多元智能”“美丽中国”“茶文化”等项目式课程的研究。通过项目式学习，学生在快乐中学习，在学习中成长，在德智体美劳各方面都有不一样的收获。

创新是引领发展的第一动力，只有革故鼎新才能永葆生机。雨果说过：“科学到了最后阶段，便遇上了想象。”敢想敢干，勇于破难关，把教育变革的时代需求变成实实在在能够看得见、摸得着的教育，是我一直的追求。

管理学知识对校长的重要性不言而喻，它对于学校的管理、发展和教育质量的提升也具有深远的影响。校长应该注重学习管理学知识，不断提升自己的管理能力和水平。

活动与思考

1. 校长为什么要掌握管理学知识？请用思维导图或概念图将校长应具备的管理学知识加以整理，并在工作室分享。

2. 校长要充当什么样的角色才能更好地带领学校发展？请组织一次研讨活动进行交流，并编辑一期工作简报。

修炼44

培育校长岗位必备核心素养

2020年7月，笔者到东莞市茶山镇第二小学担任校长。到岗之前，笔者了解到这是一所拥有20多年办学历史的乡村老校，来到这里才发现，学校虽然办学历史悠久，但却有很多不尽如人意的地方。例如，第一次召开全体教师会议时笔者才发现，学校竟然没有一个相对较大的会议室，教师不得不挤在狭窄的会议室里开会。如果要面向外部召开更多人参与的会议，就根本没有理想场地，整个校园呈现出的是典型的乡村老学校的样子：占地面积很大，场所很多，但是场地陈旧，功能不完善。

学校是在20年前按照广东省一级学校的标准建设的，占地面积达到76亩，但除了36间教室和部分功能场室外，没有其他多余的场室。笔者接手时，学校有36个教学班，1600多名学生，没有什么办学特色，不仅看不到学校的办学优势，还面临着很多需要解决的问题：教室里的课桌椅已非常破旧，还在使用投影效果不佳的老式投影仪，老师的办公空间缺乏合理规划，学校的办学成绩在茶山镇公办小学中排名垫底……

想让学校的硬件条件有所改善，必须拿出一套整体改革方案。笔者开始思考如何改造乡村老校，让它重新焕发生机。将乡村老学校改造成一所现代化、高品质学校，笔者深知这是在这里担任校长的职责和使命。

那么，校长岗位的必备核心素养是什么呢？如何运用校长岗位的必备的核心素养来改造条件落后且办学效果不尽如人意的乡村老校呢？笔者想起了自己过往的经历，希望能从中汲取经验和智慧。担任东莞外国语学校小学部初创负责人时，小学部的所有顶层设计都是笔者亲自规划并落地的。经过三年的努力，东莞外国语学校成为一所东莞市优质品牌学校。社会对学校的关注度非常高，学校的社会口碑也非常好，适龄孩子的父母都希望将自己的孩子送到东莞外国语学校来读书。在东莞市万江街道担任万江第二小学的创校校长时，笔者带领筹备小组在一块50亩的空地上建造了一所环境优美、功能齐全、设施先进的现代化学校。现在来到茶山二小担任校长，笔者的使命就是带领团队将这所落后的乡村老校改造成现代化的学校，进一步推动学校高质量发展。

笔者认为，校长岗位的核心素养是创造思维和创新能力。笔者决定运用校长岗位的核心素养，来解决学校提质进程中遇到的诸多问题。于是，笔者带领团队对学校进行了一系列创造性改造，历时三年，成功将茶山二小改造成具有现代化特色的学校。在这个过程中，校长岗位的必备核心素养——创造性思维与创新能力，发挥了极为重要的作用。

一、具备规划学校发展的创造思维与创新能力

要想实现乡村老校向现代化学校的蜕变，必须创造性地解决影响发展的一系列问题，如校门口的交通拥堵问题、学生的午餐午休问题、校内场地规划问题、学校以评价带动高质量发展的问题以及推动全校的特色活动问题等。这些问题都需要校长运用规划学校发展的创造性思维来解决，破旧立新，进行顶层设计。

二、具备营造育人文化的创造思维与创新能力

校长需要广泛调研、精准把脉，了解学校发展的瓶颈所在。如何营造

文化，通过文化带动学校高质量发展，治理这所学校？校长应围绕特色校园文化建设，打造适合学生发展的具有浓厚育人文化的校园环境，影响全体师生，实现学校智育的价值提升和高质量发展。

三、具备领导课程教学的创造思维与创新能力

校长要关注学校的课程建设与教学过程，引领教师运用创造性思维推出特色课程，满足学生的个性化发展需求，也要利用现代化信息技术赋能教学，减轻教师的工作负担。通过变革课堂教学的新样态，搭建学生成长的平台，培养学生的学习能力。

四、具备引领教师成长的创造思维与创新能力

一所学校的发展离不开教师的成长，校长需要发挥创造性思维引领教师发展，通过教师发展筑牢学校发展堡垒，进而将学校做大做强。为了实现这一目标，校长需要推动对骨干教师的培养，解决师资配备问题，提升教师的幸福感，推动教师智慧共享，以此来调动教师的积极性，从而打造一所通过团队活性来筑牢堡垒的学校，以创造性思维和见解办好学校、做强学校。

五、具备优化内部管理的创造思维与创新能力

要提升内部管理水平，必须创造性地解决管理过程中的一些困扰或阻碍学校发展的系统性问题。因此，校长需要运用创造性思维来推动空间管理、工作管理、群体管理、信息化管理以及岗位管理和特色管理。通过优化管理的创造性思维，实现校长的创想，优化学校的发展，从而带动学校高质量发展，推动学校向优质学校发展。

六、具备调适外部环境的创造思维与创新能力

外部环境对学校的发展具有一定的制约作用。校长要创造性地调适外部环境，实现学校功能齐全、场所先进的同时，积极寻求与校外企业合作，共同打造宜人的校园环境，协调学校与外部的人力资源，减少外部环境给学校带来的困扰。

笔者从“校长六大专业标准”的角度，运用校长岗位的必备核心素养——创造性思维和创新能力，对茶山二小进行脱胎换骨的改造，使学校在短短三年内从落后的乡村老校发展成现代化的学校，变成了一所环境优美、设施完善、师资力量雄厚的学校。学校还一举拿下了许多省、市级的荣誉，成为东莞市的品牌课堂实验学校、东莞市首批科普教育示范学校、东莞市劳动教育特色学校、东莞市信息化建设样板学校等。学校不仅得到了周边兄弟学校及上级主管部门的高度赞许，更吸引了广东省教育厅的特别关注，甚至教育部也来学校开展调研工作。为进一步提升教育品质，学校还成立了东莞市教育家型校长工作站、东莞市名校长工作室以及广东省名师工作室，打造了优秀的教学团队。这些举措不仅优化了学校的运营管理，更在全面改善办学条件的基础上，形成了特色办学思想——童创教育，并以此为核心，构建了以童创教育为顶层设计的办学体系，形成了鲜明的童创教育品牌特色。

茶山二小的三年创意蜕变，源于校长岗位的必备核心素养——创造性思维与创新能力，源于校长运用创造性思维带领团队攻坚克难、突破瓶颈、夯实基础、筑牢堡垒、踔厉奋发、砥砺前行。校长的创造性思维和创新能力在乡村老校的改造中可以说起到了至关重要的作用。校长只有具备创造性思维和创新能力，才能解决制约学校发展的困难，才能有效推动老校快速发展，才能通过顶层设计推动学校的创意蜕变，使学校实现高质量

发展，成为老百姓家门口的好学校。

当校长掌握了岗位的必备核心素养——创造性思维与创新能力，即便是乡村老校也会迎来创意蜕变，转型为现代化、高品质学校。

活动与思考

1. 你认为任职校长所需的必备核心素养要如何通过学校的日常管理工作逐步培养出来？组织一次经验分享会进行交流。

2. 除了创造性思维和创新能力外，你认为任职校长还应该具备哪些核心素养？组织一次研讨会进行讨论，并编辑一期工作简报。

修炼45

探索学校管理的路径与特色

学校管理，是指在学校这一教育机构中，管理者（如校长、副校长及各职能部门负责人等）在特定的社会环境条件下，依据教育科学理论和管理学原理，采用规划、组织、领导、协调和控制等手段和措施，带领和引导全校的师生员工，有效利用校内外的各种资源与条件，以实现教育目标和学校工作目标的系统组织活动。其核心目的是创造良好的教育环境，促进学生的全面发展，提升教育质量和办学效益。学校管理的具体内容广泛，涉及教育、教学、科研、学生事务、人力资源、财务、后勤保障、家校共育等多个方面，通过制定合理的规章制度、构建高效的组织结构、营造积极的学校文化、优化资源配置等策略，确保学校日常运营的顺畅，同时推动学校的持续发展和教育创新。学校管理既是一种实践活动，也是一个研究领域，即学校管理学，它探究学校管理的理论、方法和规律，旨在不断提升管理的科学性和有效性。

教育部于2017年12月印发的《义务教育学校管理标准》是对义务教育学校管理的基本要求，适用于全国所有义务教育学校，“全面改进和加强义务教育学校管理工作，促进学校规范办学、科学管理，整体提高教育质量和办学水平，加快推进教育治理能力和治理水平现代化”。《义务教育学校管理标准》突出充分发展的要义，变“管学校”为“制定标准、顶层设计、甄别经验、培育典型、统筹推进”。国家宏观政策的调整，给中小学深化教育改革提出了明确的思路。

综上所述，如何践行学校的管理理念，探索学校管理的路径和特色，是摆在每一位校长或学校其他管理者面前的现实问题。其实施路径如下：价值取向、趋势把握、组织运营、人才发展。

一、价值取向：描绘发展愿景，建立共同价值观，组建学习型组织

价值取向是组织或团队发展的基石，它为所有成员提供了一致的目标和行为准则。在描绘发展愿景、建立共同价值观以及组建学习型组织的过程中，以下几个步骤至关重要：

一是明确发展愿景。要清晰地定义组织的长远目标和愿景，这包括设想组织未来希望达到的状态，如学校的办学目标和育人目标等。愿景应当具有吸引力、鼓舞人心，并且能够激发成员的内在动力。

二是建立共同的价值观。基于愿景，学校应确立一套价值观，形成以学校办学章程为基础的价值体系。这些价值观反映了学校的文化和办学思想。共同的价值观有助于成员间建立信任，促进团队合作，影响学校的办学实践和行为，营造良好的教育生态，办未来的教育。

三是沟通与共识。通过各种渠道和方式，如团队会议、工作坊、名师大讲堂等，不断传达学校发展愿景及价值观，确保每位成员都能深刻理解并认同这些理念。鼓励开放讨论，收集反馈，让每个成员都有机会参与到价值塑造的过程中来，从而增强归属感和参与感。

四是组建学习型组织。在共同的价值观下，创建一个鼓励持续学习、知识分享和创新的环境。这意味着要提供培训资源、建立导师制度、鼓励跨部门合作、举办研讨会和工作坊等，以促进个人成长和组织整体能力的提升。

二、趋势把握：把握发展趋势，创新实施策略，聚焦问题解决

把握发展趋势，对于学校的发展至关重要，对于学校管理也是一种探索。这不仅要求我们具备前瞻性的眼光，还要与时代的发展同频共振。作为学校，需要关注国家的教育方针和教育发展的趋势，找准抓手，抢占教育的制高点。

课程是教育质量的基石。优质的课程设计能够确保学生获得全面、系统的知识和技能，为学生的终身学习和发展打下坚实的基础。通过不断优化课程内容，融入最新的教育理念和技术，可以提高教学的有效性和吸引力。

一是增强学校特色与竞争力。通过特色课程的建设，学校可以形成独特的教育品牌和文化，吸引更多的学生和家长关注，提升学校的知名度和影响力。例如，开发STEM（科学、技术、工程和数学）课程、艺术特色课程或拔尖人才培养课程等，能够满足不同学生的发展需求，增强学校的差异化竞争优势。

二是响应社会需求与未来趋势。随着社会经济的发展和科技的进步，教育也需要不断调整以适应未来社会的需求。课程建设应落实立德树人根本任务，培养学生的创新思维、批判性思维以及解决实际问题的能力，为学生将来步入社会做好准备。

三是促进学校管理与文化建设。良好的课程体系建设还能够促进学校内部管理的规范化和精细化，加强各部门之间的协调合作，形成积极向上的学校文化氛围。通过课程实施的反馈与评估，学校能够持续改进教育管理和服务，实现学校的可持续发展。

总之，“以课程建设为抓手立校、兴校”意味着通过高质量的课程设计与实施，不仅能直接提升教学质量，还能带动教师成长、塑造学校特色、适应社会发展，从而全方位地促进学校的建设与繁荣。同时，不同的

学校在管理的过程中，可以基于学校的办学理念，选择以“文化”“科研”“评价”等作为抓手，来促进学校的发展。

三、组织运营：建章立制，流程管理，通过实践与反思，优化过程管理

在组织运营过程中，“建章立制，流程管理”是确保组织高效运作、可持续发展的重要环节，也是学校管理做真做实的重要途径。在这个过程中，可以实施闭环式的管理模式。

一是建章立制。建章立制指的是制定和完善组织内部的各项规章制度、管理流程规范以及行为准则等，确保所有成员都明确各自的权利、责任和义务，并了解各项工作应该如何进行。规章制度应当涵盖组织架构、岗位职责、决策流程、人力资源管理、财务管理、风险管理等多个维度，为组织日常运营提供法律和制度保障。

二是流程管理。流程管理是指对学校内各项教育教学活动进行系统化梳理和标准化设计，形成一套明确、可操作的工作流程。流程管理的目的在于提高工作效率，减少错误和遗漏，确保资源的有效配置和协同工作。

三是实践与反思。在规章制度和流程落地实施后，组织需要不断地通过实际操作检验流程的有效性和合理性。通过对实践过程的监控、反馈和总结，发现并修正存在的问题，同时积极汲取成功的经验，吸取教训，持续优化流程设计。

四是优化过程管理。基于实践与反思的结果，组织需要不断迭代和优化已有的管理制度和工作流程，引入先进的管理理念和技术手段，以适应学校内外部环境变化，提升组织的整体效能和竞争力。

综上所述，一个优秀的组织不仅要在初期建立完善的制度和流程，更要在长期运营中保持动态调整和持续优化，从而促进组织健康、有序、高效地运转与发展。

组织运营的优化是一个循环迭代的过程，需要管理层的重视、全体员工的参与以及适应变化的灵活性，以达成提升整体运营效能的目标。

四、人才发展：持续指导，总结提炼，辐射引领，促进学校和师生发展

学校管理的路径和特色探索最终目的是促进人的发展，其主体是教师、学校、学生。人才发展，特别是在教育领域，是推动学校进步和学生成才的核心动力。在学校管理的过程中，我们应做到以下几点：

一是持续指导。教师的专业成长是一个长期且持续的过程，需要系统的培训和定期的指导。这包括教学技能的提升、教育理念的更新、新技术的应用等方面。学校应提供个性化的教师发展规划，安排经验丰富的导师进行一对一指导，或组织工作坊、研讨会、名师大讲堂等形式的学习活动，确保每位教师都能得到适时的支持和反馈。

二是总结提炼。鼓励教师在日常教学和研究中不断反思和总结，提炼有效的教学方法和案例。这不仅是个人经验的积累，也为同事间的分享和学习提供了宝贵的资源。可以通过撰写教学日志、分析案例、参与学术会议、发表论文等方式，将实践中的成功经验和教训转化为可传播的知识。

三是成果推广。将优秀的教学成果和创新实践通过校内外的平台进行展示和交流，可以增强教师的成就感，同时促进教育理念和方法的传播。这包括在教育论坛、期刊上发表文章，参加学术会议，或是通过网络平台分享教学视频和课件，形成良好的示范效应。

四是辐射引领。鼓励优秀教师成为学科带头人或教育变革的推动者，通过他们的影响力带动更多教师成长，形成积极向上的团队氛围。这包括承担教师培训任务、主持教学改革项目、参与教育政策咨询等，让先进的教育理念和方法辐射到更广泛的教育群体中。

五是教师成长。建立健全的激励机制，表彰在教学、科研、服务等方

面表现突出的教师，可以有效激发教师的内在动力。这包括物质奖励、职称晋升、职业荣誉等多种形式，让教师感受到个人努力被认可，从而更加积极地投入自我提升和教育事业中。

教师的成长最终将直接或间接地促进学校的整体发展，提升教学质量，丰富课程内容，创新教学模式，从而更好地满足学生的多样化学习需求，促进学生全面发展，提高学校的竞争力。

综上所述，人才发展策略的实施是一个系统工程，需要学校管理层的精心规划和全力支持，以及全体教师的积极参与和持续努力，共同营造一个有利于人才成长和教育创新的良好环境。

活动与思考

1. 制订学校的发展规划是学校管理中很重要的环节，请你根据学校的实际情况，制定一份学校的发展规划。

2. 无论是新学校还是转型中的“名校”或“老学校”，都需要根据教育的发展不断蝶变和创新。作为校长，你会将哪些方面作为抓手来实现学校管理的转型和发展？请组织一次经验分享会进行交流。

3. 从学校管理的角度思考，你会选择哪些路径来促进教师的发展，从而实现学生的成长？请组织一次研讨会进行讨论，并形成一份工作简报。

◎ 专题1

[1] 林焕新，赵秀红，梁丹，等. 半熟的“桃子”怎么熟起来——透视名师工作室培育成员教师专业成长[N]. 中国教育报，2020-07-25（1）.

[2] 胡继飞. 名师工作室建设指南[M]. 北京：北京教育出版社，2023.

[3] 李新翠. 从大数据看名师如何炼成[N]. 中国教育报，2018-09-05（10）.

[4] 王惠，李文送. 何以点亮教师成长之灯[J]. 当代教育家，2023（5）：46-47.

[5] 应从祥，周祥林. 名师工作室助力学科教师共同体建设[J]. 江苏教育，2024（2）：54-56.

[6] 张晓容，谢永平，徐光德，等. 名师工作室科技教育改革创新的实践与探索——成都市科技创新名师工作室[J]. 中国科技教育，2023（10）：26-29.

[7] 田茂琴. “互联网+教育”背景下网络教学名师工作室的建设推进策略研究[J]. 教育信息化论坛，2023（5）：18-20.

[8] 胡继飞，刘鹏. 首届“全国名师工作室品牌建设论坛”综述[J]. 当代教育家，2023（9）：60-63.

[9] 张灏. 中小学名师工作室中名师引领的行为结构及提升策略研究——基于活动理论的分析[D]. 武汉：华中师范大学，2022.

◎ 专题2

［1］霍雨晴. 法国行政合同的仲裁制度［D］. 重庆：西南政法大学，2019.

［2］曾微. 江西省高校体育教师教育者教学能力研究［D］. 南昌：江西师范大学，2022.

［3］田应仟，李辉朋，潘晓波. 行动学习：基于“名师工作室”的教师能力提升策略［J］. 教育理论与实践，2019，39（26）：39–41.

［4］杜静，常海洋. 教师专业学习共同体之价值回归［J］. 教育研究，2020，41（5）：126–134.

［5］全力. 名师工作室环境中的教师专业成长——一种专业共同体的视角［J］. 当代教育科学，2009（13）：31–34.

［6］张聪，韩爽. 名师工作室与教师专业发展——基于名师工作室成员的调查［J］. 教育理论与实践，2014，34（17）：24–26.

［7］叶颖. 不同成长阶段教师专业发展的现实困境与对策——基于TALIS2018上海数据结果的实证分析［J］. 上海教育科研，2020（9）：58–62.

［8］刘捷. 教师专业标准及其达成：以中国为例［J］. 课程·教材·教法，2011，31（2）：80–88.

［9］佐藤学. 课程与教师［M］. 钟启泉，译. 北京：教育科学出版社，2003.

［10］卢真金. 教师专业发展的阶段、模式、策略再探［J］. 课程·教材·教法，2007（12）：68–74.

［11］王水玉，刘学伟. 依托“名师工作室”的教师网络学习模式探讨［J］. 当代教育科学，2011（14）：27–29.

◎ 专题3

［1］熊丙奇. 瞄准教育现代化 提升教师数字素养［J］. 甘肃教育，2023（4）：5.

[2] 吴砥，桂徐君，周驰，等. 教师数字素养：内涵、标准与评价 [J]. 电化教育研究，2023，44（8）：108–114，128.

[3] 毛少华. 以社会主义核心价值观引领师德修养探论 [J]. 中学政治教学参考，2022（39）：18–20.

[4] 吴振东. “人民教育家”于漪：教文育人　德智融合 [N]. 人民日报，2019–10–08（6）.

[5] 黄友初. 教师专业素养：内涵、构成要素与提升路径 [J]. 教育科学，2019，35（3）：27–34.

[6] 史宁中，李广平. 中学教师专业标准（试行）解读 [M]. 北京：北京师范大学出版社，2013.

[7] 袁磊，叶薇，徐济远，等. 新课程标准下中小学教师跨学科素养的基本内涵及提升路径 [J]. 现代教育管理，2024（1）：85–95.

◎ 专题4

[1] 周慧玉，唐海康，代显华. 名师成长的影响因素与路径探寻 [J]. 四川教育，2021（20）：10–11.

[2] 迟毓凯，邹裕，施佳文. 阅读与进修：名师成长必经之路 [J]. 班主任之友（小学版），2021（Z2）：85–89.

[3] 于漪. 累寸不已　遂成丈匹——我的读书之乐 [J]. 江西教育，2007（24）：47.

[4] 陈双双. 课堂教学是名师成长的立身之本 [J]. 现代教学，2015（13）：11–12.

[5] 李如密. 特级教师课堂教学艺术的研究价值及学习路径——《特级教师课堂教学艺术丛书》总序 [J]. 江苏教育，2019（78）：75，78.

[6] 郭燕，张增龙. 全方位打造魅力课堂——记全国教学名师、中国人民

大学教授方福前［J］. 中国高等教育，2007（1）：43–45.

［7］郭道胜. 名师成长：要从“教研”走向“科研”［J］. 教育家，2017（46）：29.

［8］王亚兰. 以名师工作室引领教师幸福成长［J］. 中学政治教学参考，2022（14）：76–78.

［9］何芳. 论教师的自我专业意识及其专业发展［J］. 枣庄学院学报，2010，27（1）：110–115.

［10］谢丽英. 名师工作室效能发挥的创新探索［J］. 才智，2020（21）：72–73.

［11］张艺菲. 教师团队“凝聚力”研究——以黎薇小学音乐名师工作室为例［D］. 长沙：湖南师范大学，2018.

［12］周景坤. 教学日志法如何有效帮助新手型教师成长研究［J］. 内蒙古师范大学学报（教育科学版），2015，28（9）：47–50.

［13］陈怡帆. 乡村小学教师工作价值观对职业承诺的影响研究［D］. 南昌：南昌大学，2018.

［14］凌湘心. 中等职业学校职业生涯规划教育模式探讨［J］. 现代职业教育，2019（18）：296–297.

［15］谭晓虹. 高职院校教师职业倦怠心理的成因与对策［J］. 大连教育学院学报，2008（2）：70–71.

［16］葛婧琳. 教师职业倦怠的标准化测量及影响因素分析［J］. 中国标准化，2024（4）：190–192.

［17］纪莉莉. 中小学教师职业倦怠的心理学分析与自我应对策略［J］. 中小学心理健康教育，2012（20）：11–13.

［18］赵华. 中学教师职业倦怠状况及应对策略［J］. 中小学心理健康教育，2012（10）：31–33.

[19] 郭韶玲. 教师职业倦怠及其自我调节 [J]. 闽江学院学报，2005（6）：135–138.
[20] 侯广艳. 职业倦怠与中学教师心理健康 [J]. 青海教育，2006（12）：7–8.
[21] 佟宇. 吉林省高校中年教师职业倦怠的调查与思考 [J]. 产业与科技论坛，2012，11（5）：123–126.

◎ 专题5

[1] 于素梅. 关键把握：科研成败重在选题 [J]. 中国学校体育，2016（6）：56–59.
[2] 胡继飞. 如何寻找生物教育研究的课题 [J]. 中学生物教学，2004（12）：4–6.
[3] 王雄. 教学研究论文撰写的“三个视角” [J]. 中学物理，2022，40（16）：17–20.
[4] 董友军. 高中物理新授课练习教学策略 [J]. 中学物理，2017，35（23）：23–26.
[5] 董友军，夏良英. 运用物理高端备课，促进教师专业发展——以人教版“加速度”为例 [J]. 课程教学研究，2016（9）：75–78.
[6] 董友军. 正确理解“静止”避免应用错误 [J]. 物理教师，2017，38（4）：60–61.
[7] 胡继飞. 现行课程标准“目标分类”的问题与建议 [J]. 中小学教师培训，2008（12）：28–30.
[8] 赵赟. 如何进行论文投稿 [J]. 江苏教育研究，2022（26）：46–49.

◎ 专题6

郑日昌，崔丽霞. 二十年来我国教育研究方法的回顾与反思［J］. 教育研究，2001（6）：17–21.

◎ 专题7

［1］李臣之. 校本课程开发［M］. 北京：北京师范大学出版社，2015.

［2］胡继飞. 找寻校本课程开发的规则与范式［J］. 心事，2014（15）：13–14.

◎ 专题8

［1］JOYCE B，WEIL M，CALHOU E. 教学模式［M］. 荆建华，宋富钢，花清亮，译. 北京：中国轻工业出版社，2002.

［2］胡继飞，古立新. 论教学模式继承与创新的路径与方法［J］. 课程·教材·教法，2015（11）：37–42.

［3］李方. 一般教学模式与学科教学模式［J］. 课程·教材·教法，2001（5）：21–26.

［4］吴爱琴，杨兰芳. 浅析教学模式与教学方法［J］. 文教资料，2007（9）：181–183.

［5］李力. 现代远程教育论［M］. 广州：南方日报出版社，2001.

［6］贺慧，张燕，林敏. 项目式学习：培育核心素养的重要途径［J］. 基础教育课程，2019（6）：7–10.

［7］吴成军，张敏. 美国生物学“5E”教学模式的内涵、实例及其本质特征［J］. 课程·教材·教法，2010，30（6）：108–112.

［8］毕宁. 中学翻转课堂教学模式效率问题研究——基于重庆市聚奎中学案例研究.［D］. 重庆：西南大学，2016.

[9] 罗少华. 中美翻转课堂实践案例比较研究［D］. 西安：陕西师范大学，2015.

[10] 秦炜炜. 翻转学习：课堂教学改革的新范式［J］. 电化教育研究，2013，34（8）：84–90.

[11] 亚伦·萨姆斯. “翻转课堂”让学习更自然［J］. 上海教育，2015（13）：46.

[12] 李允. 翻转课堂中国热的理性思考［J］. 课程·教材·教法，2014，34（10）：18–23.

[13] 魏曙寰，耿俊豹，刘晓威. BOPPPS教学模型的内涵及运用方法探析［J］. 教育教学论坛，2019（1）：198–199.

[14] 何嘉媛，刘恩山. 论证探究式教学模型及其在理科教学中的应用［J］. 生物学通报，2012，47（10）：27–31

[15] DEMIRCIOGLU T，UCAR S. Investigating the Effect of Argument-Driven Inquiry in Laboratory Instruction［J］. Educational Sciences：Theory &Practice，2015，15（1）：267–283.

[16] 王金旭，朱正伟，李茂国. 成果导向：从认证理念到教学模式［J］. 中国大学教学，2017（6）：77–82.

[17] 张学新. 对分课堂：大学课堂教学改革的新探索［J］. 复旦教育论坛，2014，12（5）：5–10.

[18] 李吉林. 小学语文情境教学——李吉林与青年教师的谈话［M］. 北京：人民教育出版社，2003.

[19] 胡继飞，古立新. 论教学模式继承与创新的路径与方法［J］. 课程·教材·教法，2015，35（11）：37–42.

[20] 胡继飞. 多轮认知结构教学模式的建构［J］. 教学与管理，2011（36）：128–130.

[21] 刘娟娟，马路平，王后雄. 多轮认知结构教学模式及其在化学教学中的应用［J］. 教育理论与实践，2013，33（35）：52–55.
[22] 孙孔懿. 学校特色论［M］. 2版. 北京：人民教育出版社，2007.
[23] 贺雯. 教师的教学风格及其发展研究［J］. 外国中小学教育，2008（7）：18–21.
[24] 王称丽，贺雯. 教师的教学风格研究及其进展［J］. 上海师范大学学报（基础教育版），2010，39（2）：7–12.
[25] 李如密. 教学风格论［M］. 北京：人民教育出版社，2002.
[26] 贡振羽. 谈高校教师的教学风格［J］. 科学之友（B版），2007（2）：121–122.
[27] 杨立刚. 教师教学风格与学生学习风格的相关性研究［J］. 教学与管理，2011（21）：65–66.
[28] 颜宪源，东波，付晓东，等. 高校教师教学风格对大学生成长方向的规约作用［J］. 大庆师范学院学报，2010，30（2）：143–146.
[29] 黄敏卫，邓铸. 教学风格偏好的测量研究［J］. 江苏高教，2012（5）：99–100.
[30] 李德显，李利，许涵，教师教学风格形成的社会学解读［J］. 辽宁师范大学学报（社会科学版），2016，39（6）：49–54.

◎ 专题9

[1] 中华人民共和国教育部. 义务教育课程方案（2022年版）［M］. 北京：北京师范大学出版社，2022.
[2] 王云生. 大单元教学的设计、规划和组织——以高中化学课程教学为例［J］. 基础教育课程，2022（20）：4–12.
[3] 肖雅君. “双减”背景下基于大单元教学的初中英语课后作业设计——

以牛津译林版初中英语教材七年级下册“Unit 7 Abilities”为例［J］．华夏教师，2023（34）：36–38.

［4］熊丽乔．大单元教学在小学语文课堂中的应用——以统编教材四年级上册教学为例［J］．语文教学通讯·D刊（学术刊），2023（11）：83–85.

［5］王轩．基于大概念的大单元教学设计探究——以统编版高中语文必修下册第二单元为例［J］．汉字文化，2023（S1）：196–198.

［6］杨树峰．初中数学大单元教学的意义、特点和策略［J］．教师教育论坛，2023，36（12）：42–44.

［7］黄振浩．基于核心素养的小学语文大单元教学策略研究［J］．华夏教师，2023（31）：64–66.

［8］黄鹰．初中数学大单元教学设计的原则与策略——以北师大版上册第二章为例［J］．福建教育学院学报，2023，24（12）：40–42.

［9］陈有昌．基于大概念的小学数学单元教学［J］．华夏教师，2023（35）：91–93.

［10］季晓云．基于大概念的初中化学单元教学设计与实践研究［J］．教师教育论坛，2023，36（12）：57–59.

［11］王华．基于“化学变化”的大单元结构化教学设计——以“燃料及其利用”单元为例［J］．基础教育课程，2023（24）：63–70.

［12］王爽，于瑶．基于UbD理论的高中数学大单元教学设计探索［J］．大连教育学院学报，2023，39（4）：40–42.

［13］史鹏辉．思想政治教学中大单元教学设计现状研究［J］．现代商贸工业，2024，45（3）：218–220.

［14］中华人民共和国教育部．义务教育小学科学课程标准［M］．北京：北京师范大学出版社，2017.

[15] 张黎. 线上实验教学的策略研究——以《设计与制作：简易肺活量计》为例［J］. 湖北教育（科学课），2020（4）：56–58.

[16] 刘颂豪. 义务教育课程标准实验教科书科学三年级下册教师教学用书［M］. 广州：广东教育出版社，2004.

[17] 陈海亮. 分层多元评价——让所有的学生都能摘到属于自己的果实［J］. 科学大众（科学教育），2018（4）：4–5.

◎ 专题10

[1] 戴维·乔纳森，乔伊·摩尔，罗斯·弥拉，等. 学会用技术解决问题：一个建构主义者的视角：第2版.［M］. 任友群，李妍，施彬飞，译. 北京：教育科学出版社，2007.

[2] 冯建军. 学业质量标准引导“教学评”改革［N］. 中国教育报，2022-06-17（9）.

[3] 文俊. 全面深入把握作业的育人功能［J］. 江苏教育，2022（75）：22–25.

[4] 缪海飞. “双减”背景下初中道德与法治作业设计路径探究［J］. 教学与管理，2024（7）：45–48.

◎ 专题11

[1] 胡继飞. 生物教育心理学［M］. 北京：北京大学出版社，2017.

[2] 刘波. 教案一定要手写吗［J］. 人民教育，2024（6）：28–29.

[3] 崔允漷，郭洪瑞. 跨学科主题学习：课程话语自主建构的一种尝试［J］. 教育研究，2023，44（10）：44–53.

[4] 陈华彬，梁玲. 小学科学教育概论［M］. 北京：高等教育出版社，2003.

◎ 专题12

［1］傅小兰，张侃．中国国民心理健康发展报告2019—2020［M］．北京：社会科学文献出版社，2021.

［2］郭菲，王薪舒，陈祉妍．2022年青少年心理健康状况调查报告［R］//傅小兰，张侃．中国国民心理健康发展报告（2021～2022）［M］．北京：社会科学文献出版社，2023.

［3］胡珉琦．周忠和委员：先有孩子们的健康，再谈科学教育［N］．中国科学报，2024-03-07（4）.

［4］刘儒德．班主任工作中的心理效应［M］．北京：中国轻工业出版社，2012.

本书的出版得益于众多名师工作室及其成员们的建议。首届全国名师工作室品牌建设论坛于2023年8月在兰州大学成功举行，《名师工作室建设指南》新书发布成为论坛的一大亮点 。该书被业界誉为“我国第一本系统研究名师工作室建设理论与实践问题的专著”，受到广大名师工作室的推崇，也得到了众多媒体的关注。是否可以专门为工作室成员再续写一本书？一些急需专业成长的骨干教师和青年教师发出呼吁，于是便有了今天这本《名师工作室成员的45项修炼》匆匆面世。

本书的定位与框架是与全国名师工作室品牌建设论坛刘鹏副秘书长及其团队共同商讨确定的。同时，应邀出席首届全国名师工作室品牌建设论坛的专家、学者也对本书给予了关心与指导，包括教育部基础教育司原司长王文湛教授、江苏省教育科学研究所原所长成尚荣研究员、天津市教育科学研究院红桥分院常务副院长徐长青正高级教师、兰州市教育科学研究所副所长高国君正高级教师等。此外，北京教育学院余新教授、澳门大学魏冰教授、华东师范大学郑晓蕙教授、重庆师范大学林长春教授、湖北大学卢晓梅教授、华南师范大学彭虹斌教授、广东第二师范学院于慧教授、广东嘉应学院温茹淑教授、河北师范大学李秋石副教授、新疆师范大学董秋瑾博士、广东省中小学校长培训中心谈心博士、教育部名师名校长领航工程工作室主持人丁玉华正高级教师、广东省佛山市第三中学校长刘水明正高级教师等也给予了指导与支持。在此谨致谢忱！

本书是集体创作的成果，作者均为省级名师工作室主持人及其核心成员。主编胡继飞教授负责全书框架的设计和各专题的统稿与修改。具体分工如下：前言由胡继飞（广东第二师范学院科学教育研究所所长、教授）执笔完成；专题1“建设任务”由李余仙（广东省中山市东区教育和体育事务中心副主任、正高级教师、特级教师）执笔完成；专题2“岗位职责”由詹海洲（广东省中山市雍景园小学副主任、高级教师）执笔完成；专题3“职业素养”由郭鲲鹏（广东省东莞市中小学教师发展中心研训师、高级教师）执笔完成；专题4“成长路径”所属三大部分（修炼10至12）分别由李晓耘（广东省湛江市霞山区教师发展中心教研员、正高级教师、特级教师）、龙文婷（湛江市第三十四小学市级骨干教师）和洪淑贤（湛江市寸金培才学校科学科组长）执笔完成；专题5“论文写作”由董友军（广东省广州市教育研究院东部分院教研员、高级教师、多家教育期刊审稿人）执笔完成；专题6“课题研究”由肖春琳（广东省东莞市横沥中学高级教师、香港教育局中学校本课程发展内地专家）和胡枝子（广东省广州市棠福学校初中部市级骨干教师）执笔完成；专题7“课程开发”由肖小亮（广东省东莞市东莞中学初中部副校长、正高级教师）执笔完成；专题8“教学建模”由万妍（广东省广州市执信中学高级教师、人教社新教材培训专家）执笔完成；专题9“单元整合”由张黎（广东省中山市柏苑中心小学高级教师、市中心教研组成员）执笔完成；专题10“质量测评”由陈迪（广东省广州市天河中学副校长、高级教师）执笔完成；专题11“教学赋能”由曾剑波（广东省广州市白云区教育研究院教研员、高级教师）执笔完成；专题12“班级建设”由黄永刚（江苏省南京师范大学附属实验学校高级教师、国家级奥赛教练员）执笔完成；专题13“学校治理”所属三大部分（修炼43至45）分别由陈爱华（广东省东莞市大朗镇黄草朗小学校长、